刑事司法と精神鑑定

北潟谷 仁

現代人文社

はしがき

　本書は私の乏しい思索の記録である。収載したものは1980年代のものから本書の書きおろしまで長きに亘り、色々な機会に書いたり話したりしたものであるが、内容の一部が重複していることは御容赦いただきたい。

　私は弁護士登録以来、国選事件を中心として刑事事件を担当してきた。今般全担当事件の判決を集計したところ1004件（国選913件、私選91件）で、このうち無罪判決は10件（人違い起訴4、実行行為ないし犯意否定3、責任無能力2、過失事件1）であった。無罪件数はさほど多い方ではないであろうが、無罪率は約1パーセントであり、統計的には若干の意味があるかと思う。それは私の無罪事件が全て地域の国選事件として機械的に受任したもので、問題事例を選んだわけではないから、我が国の実情の一端を反映しているということである。否、真実は無実の事件はもっと多いであろう。私は主として法医学的視点から事案を見てきたが、他の視点からの検討が不十分であったことは私の自認するところで、無罪件数よりも、そうなすべくしてなしえなかった事件の方が多いと思うからである。従って、世に喧伝される有罪率99.9パーセントが実態から遠いことはもとより、我々は冤罪被害者のせいぜい10人に1人しか救済しえていないことを自覚しなければならない。

　私は登録と同時に法医学のささやかな勉強を始めたが、誤判防止のためには身体病理学的な法医学のみでなく、精神病理学的な法医学も求められると思うようになった。主として自白批判のためである。本書に収めた自白の精神病理学的批判の拙い論稿はその一端を記したものである。御批判いただけると幸いである。

　本書を　故佐伯千仞博士
　　　　　故森田匡彦博士　に献げたい。
（お二人はともに歴史的人物なので、以下敬称を略する。）

　佐伯は学生時代の師で、刑法学の初歩の指導を受けた。本書の22頁にも記したが、私の記憶を述べることをお許し願いたい。学生時代のゼミナールで佐伯教授から「責任能力とは人間の類型の問題である」との説示を受けたことがある。これに対する「なぜ類なのか。なぜ個において人間の属性をとらえられ

ないのか」との私の質問に対して、佐伯は「不可知論である」と答えた。それは〈違法判断は類型的に、責任判断は個別的に〉という一般的通念に対する佐伯の責任判断の類型性の理論の一環であろうが、人間の認識能力の限界と弱さに対する直視からなり、かくして期待可能性の思想は深化された。この思想は刑法の謙抑主義を体現するもので、クルト・シュナイダーの精神医学的な不可知論もこれに一脈通じるところがあると思う（本書27頁参照）。

　佐伯の可罰的違法性論はデモクラシーの論理学を、期待可能性論はデモクラシーの心理学を表現しているように思われる。可罰的違法性論のとくに可罰的違法阻却の面は、民衆の行動が国家権力と対峙する接点において、その行動の処罰の可否を問うものであり、期待可能性論は責任論において正に人間の限界を問うものだからである。日高六郎はデモクラシーの論理学だけでなく、その心理学が必要であることについて、「ここの言葉でいえば、正しさとやさしさと翻訳してもよい。無限の歴史と有限の個人との関係と言いなおしてもよい」と述べているが（日高六郎「断想——歴史と個人」朝日新聞社編『わが思索わが風土』〔朝日選書、1973年〕）、佐伯の刑法学はこの両者を一身の中で融合した稀有の存在であったと言えるのではないか。

　森田（もと札幌医科大学法医学教授）からは法医学に限らず親しく指導を受けた。札幌弁護士会有志が隔月で開いていた法医鑑定研究会で毎回講義してくれたほか、個人的にしばしば研究室を訪ねて会話することは非常に楽しい経験であった。当時私はカール・ヤスパースやオイゲン・ブロイラーを読んでいたので、その知見を伝えると、森田はちょっと首をかしげ、「僕は精神医学も心理学も全くの素人だから」といいながら、その症例に対する身体医学的な立場からの感想を述べてくれた。私は多くの精神医学者から教示を受けたが、精神医学を医学として学ぶうえで、森田との会話がその基盤を作ってくれたように思うのである。

　最後に、本書の出版に関しては企画から編集まで現代人文社編集部の北井大輔氏に大変お世話になった。深く感謝する次第である。

2018年9月

北潟谷　仁

目次

はしがき　ii

第1部　精神鑑定と刑事司法

第1章　精神医学と精神鑑定　2

Ⅰ　はじめに……………………………………………………………… 2

Ⅱ　刑事司法の実体面における精神鑑定の寄与……………………… 3
　1 犯意 ／ 2 オートマティズム ／ 3 過失犯における注意義務 ／
　4 正当防衛における防衛の意思 ／ 5 強姦被害者の抗拒不能性 ／
　6 強盗被害者の抗拒不能性

Ⅲ　精神鑑定における疾病観と刑事責任論……………………………… 8
　1 疾病観についての基本的見方 ／ 2 力動論ないし精神分析理論の評
　価をめぐって ／ 3 いわゆる反精神医学をめぐって ／ 4 人間精神の
　全体性と部分性とをめぐって ／ 5 疾病観の近時の傾向と責任能力論
　の規範化 ／ 6 病的酩酊の診断基準をめぐって ／ 7 精神鑑定から見
　た死刑問題

Ⅳ　刑事司法の手続面における精神鑑定の寄与……………………… 31
　1 自白の精神病理学的批判 ／ 2 精神鑑定と事実認定の関係 ／ 3 否
　認事件における鑑定 ／ 4 鑑定手法の限定 ／ 5 初期鑑定の重要性 ／
　6 集団事件における鑑定

Ⅴ　精神鑑定と誤判……………………………………………………… 44
　1 誤判事例とその問題点 ／ 2 精神鑑定が誤判防止に寄与した事例 ／
　3 精神鑑定の悪用

Ⅵ　おわりに…………………………………………………………… 51

第2章　精神鑑定・情状鑑定・犯罪心理鑑定
——裁判員裁判における重罪事件の弁護のために　56

I　はじめに……………………………………………………………… 56

II　精神鑑定………………………………………………………………… 57

　1　鑑定採否の実情と精神鑑定の必要性　／　2　鑑定の形式——鑑定請求か当事者鑑定か　／　3　鑑定請求と鑑定書の在り方　／　4　精神鑑定の適正手続要件　／　5　犯意及び訴訟能力　／　6　パーソナリティ（人格）障害　／　7　重要判例　／　8　死刑事件において「規範的立場」から責任能力減免を抑制する傾向　／　9　最近の文献

III　情状鑑定と犯罪心理鑑定…………………………………………… 75

　1　犯罪心理鑑定の意義　／　2　情状鑑定の意義　／　3　鑑定人の人選　／　4　情状鑑定の一例——前橋の連続強盗殺人事件から　／　5　犯罪心理鑑定の一例——宮崎家族3名殺害事件から

IV　責任能力と再審……………………………………………………… 82

　1　事件当時、限定責任能力（心神耗弱）であった場合　／　2　刑確定後の病勢の進展によって事件当時の病理性が顕わになる場合

V　受刑（死刑適応）無能力者に対する死刑執行停止………………… 84

第3章　刑事責任能力——鑑定と処遇の諸問題　90

I　はじめに……………………………………………………………… 90

II　精神鑑定における疾病観と刑事責任論…………………………… 90

　1　疾病観についての基本的見方　／　2　疾病観の近時の傾向と責任能力論の規範化　／　3　病的酩酊の診断基準をめぐって　／　4　精神鑑定から見た死刑問題

III　鑑定手続上の諸問題………………………………………………… 99

　1　鑑定資料としての自白　／　2　自白批判の方法　／　3　精神鑑定と事実認定の関係　／　4　否認事件における鑑定　／　5　鑑定手法の限定　／　6　初期鑑定の重要性　／　7　集団事件における鑑定

Ⅳ　おわりに……………………………………………………………… 105

【別紙（レジュメ）】……………………………………………………… 107

第4章　弁護活動と精神医学 114

Ⅰ　はじめに…………………………………………………………… 114
Ⅱ　実体的問題について……………………………………………… 115
　1 責任能力と犯意 ／ 2 オートマティズム ／ 3 正当防衛 ／ 4 強姦・強盗被害者の抗拒不能性 ／ 5 強姦被害と解離現象 ／ 6 情動性朦朧状態 ／ 7 過失犯
Ⅲ　手続的問題について……………………………………………… 121
　1 訴訟能力 ／ 2 鑑定手続の問題──鑑定手法の限界 ／ 3 自白の精神病理学的批判 ／ 4 司法精神医学からみた死刑問題 ／ 5 重大な集団事件における精神鑑定
Ⅳ　おわりに…………………………………………………………… 132

第2部　精神鑑定の誤用・悪用と誤判

第5章　鑑定の誤用
　　　　──共産党スパイ査問事件における悪性格の立証　136

第6章　鑑定の悪用
　　　　──弘前大学教授夫人殺し事件における鑑定留置の違法

141

第7章　帝銀事件被告人平沢貞通の精神鑑定　154

第3部　自白の精神病理学的批判

第8章　拘禁反応下の自白 164

第9章　異常心理体験下の自白 180

 I はじめに ……………………………………………………………… 180
 II 私のケース──もうろう状態下の妻殺し事例Y・S ………… 182
 III 異常心理体験下の自白の任意性 ……………………………… 187

第4部　訴訟能力

第10章　刑事裁判と訴訟能力 202

 I はじめに ……………………………………………………………… 202
 II 訴訟能力論の諸相 ……………………………………………… 203
  1 訴訟能力の本質とその存在時期 ／ 2 個別的訴訟能力論と部分的責任能力論
 III 訴訟能力の認定 ………………………………………………… 206
 IV 訴訟無能力者の訴訟行為の効力 …………………………… 208
 V 被疑者の訴訟能力と自白の任意性 ………………………… 209
 VI 訴訟構造論と訴訟能力論 …………………………………… 210
 VII おわりに ………………………………………………………… 212

vii

第11章　被疑者の訴訟能力　214

I　はじめに……………………………………………………………… 214
II　捜査の進行について被疑者に訴訟能力が求められる理由

……………………………………………………………………………… 214
III　捜査段階の刑事手続の諸相と訴訟能力………………………… 215
IV　訴訟能力なき被疑者の自白の任意性…………………………… 215
V　おわりに……………………………………………………………… 216

第5部　オウム真理教事件に見る精神鑑定

第12章　死刑と精神鑑定
——集団事件における鑑定の採否　218
＊秋元波留夫との共著

I　はじめに……………………………………………………………… 218
II　麻原彰晃の精神病理……………………………………………… 218
III　司法精神医学から見た死刑問題………………………………… 222
IV　死刑が想定される集団事件における鑑定…………………… 223
V　おわりに……………………………………………………………… 225

第13章　訴訟能力と精神鑑定
——麻原彰晃被告人の訴訟能力　228
＊秋元波留夫との共著

I　はじめに……………………………………………………………… 228
II　控訴審の審理過程………………………………………………… 228
III　麻原彰晃にかかる精神医学的知見…………………………… 230
　1　多数提出された鑑定書、意見書／2　西山詮医師の鑑定主文／

3 西山鑑定に対する秋元の所見

IV 本件における訴訟能力と精神鑑定……………………………… 235

1 鑑定採用手続の問題 ／ 2 西山医師の鑑定人適性の問題 ／ 3 西山鑑定の鑑定手法の問題 ／ 4 鑑定資料と裁判資料の問題 ／ 5 日常的動作と訴訟能力の落差の問題 ／ 6 意識の変動と一時的訴訟無能力の問題

V おわりに——弁護の問題にふれて……………………………… 239

事件索引 242
著者略歴 246

ix

初出一覧

　　＊本書収録にあたり、適宜修正や加筆を行った。

第1章　「弁護実務から見た司法精神鑑定と今後への期待」法と精神医療15号
　　　　（2001年）
第2章　「精神鑑定・情状鑑定・犯罪心理鑑定（上・下）重罪事件の弁護のために」
　　　　季刊刑事弁護90～91号（2017年）
第3章　「刑事責任能力──鑑定と処遇の諸問題」日本弁護士連合会編『現代
　　　　法律実務の諸問題（平成16年版）（日弁連研修叢書）』（第一法規、2005年）
第4章　「弁護活動と精神医学」同上書
第5章　「精神鑑定について⒀」札幌弁護士会会報1989年6月号
第6章　「精神鑑定について⒁」札幌弁護士会会報1989年7月号
第7章　「精神鑑定について⑸」札幌弁護士会会報1987年5月号
第8章　「精神鑑定について⑿」札幌弁護士会会報1989年2月号
第9章　「精神鑑定について⒂」札幌弁護士会会報1991年3月号
第10章　「刑事裁判と訴訟能力」中谷陽二編『責任能力の現在』（金剛出版、
　　　　2009年）
第11章　本書書きおろし
第12章　「死刑と精神鑑定──オウム事件を素材として」季刊刑事弁護42号
　　　　（2005年）＊秋元波留夫との共著
第13章　「訴訟能力と精神鑑定──オウム事件を素材として」季刊刑事弁護47
　　　　号（2006年）＊秋元波留夫との共著

　　＊本書において「付記」とは初出時に付加されたもの、「追記」とは本
　　　書収録にあたり付加されたものであることを示す。

第 **1** 部

精神鑑定と刑事司法

第1章　精神医学と精神鑑定

Ⅰ　はじめに
Ⅱ　刑事司法の実体面における精神鑑定の寄与
Ⅲ　精神鑑定における疾病観と刑事責任論
Ⅳ　刑事司法の手続面における精神鑑定の寄与
Ⅴ　精神鑑定と誤判
Ⅵ　おわりに

Ⅰ　はじめに

　司法精神鑑定はわが国においていかに活用され、また、いかなる課題を負っているか。刑事司法において大多数は責任能力判定を目的とし、若干数が被告人の訴訟能力や受刑能力判定のために用いられてきた。心神喪失者等医療観察法の下においては、「この法律による医療を受けさせる必要」の存否が鑑定事項になるであろう。

　ところで精神医学は誤判防止の見地から刑事司法に寄与すべき多くのものを有しているのであるが、現状においてこれが十分に活用されているとはいえない。例えば手続面においては被疑者の訴訟能力（その中核は取調に対する防御能力である）と自白の任意性・信用性認定や、証人の証言能力と信用性の評価資料などを得るうえで有益であり、実体面においては犯意の認定等に寄与しうる。しかしながら、他方においては精神鑑定もまた誤判原因たりうることを忘れてはならない。事実、そのような誤判事例も少なくないのである。

　以下、本稿においては、刑事手続の実体面と手続面の双方における司法精神医学ないし精神鑑定の寄与について概観するとともに、両者を論ずるうえで不可欠の疾病観の問題について述べたうえ、誤判問題と精神鑑定の関連性を検討し、更に誤判防止のうえで極めて重要な自白の精神病理学的批判について触れたいと考える。

II 刑事司法の実体面における精神鑑定の寄与

　前述のとおり鑑定の大多数は責任能力判定を目的としているが、精神鑑定の機能はそれにとどまるものではない。継続的あるいは一過性の精神障害が人間の認識能力・判断能力に与える全般的影響を考えれば、このことは容易に理解されるであろう。

1 犯意

　認識能力もしくは判断能力の低下が犯意の成立にも影響することは自明であろう。限定責任能力制度をもたず（なお、歴史的に限定責任能力制度の採否は法系によって異なり、英米法系と旧社会主義諸国では概ね不採用である。限定責任能力論の研究として浅田[1]参照）、かつマクノートン・ルールを基本として免責範囲の狭い英米においては、partial responsibility ないし diminished capacity が責任能力よりも謀殺と故殺をめぐる犯意の理論（故殺の限度でのみ犯意を認める責任減縮理論）として機能しているが、わが国の実務上も有益な視点である。

　また、わが国においても2005年施行の医療観察法によって犯意と責任能力の関係は重要な問題とならざるをえない。かねて両者の判断の順序は刑事法学上の一論点であったが、医療観察法下においてはそれが処遇の要否判断に直結するのである。すなわち行為者が錯乱状態下にあって自己の行動や対象を全く把握していないときは犯意と責任能力のいずれも認めることは困難であるところ、医療観察法は心神喪失・耗弱者のみを対象とし、犯意なきゆえの無罪者は否だからである。この問題は立法過程において検討されるべきであったが、国会で議論された形跡はない。

> マクノートン・ルールは英国における1843年のマクノートン事件（D・マクノートンが迫害妄想下でピール首相を殺害せんとして誤って秘書を射殺）において形成された責任能力の準則。生物学的要素と心理学的要素の混合的方法をとるが、後者については知的要素＝弁識能力のみをもって構成し、これが存しないと insanity を理由として免責するが、制御能力を不問とするところに特質がある。

> 医療観察法の立法過程において犯意と責任能力の関係について検討が加えられなかったことは遺憾である。
> 医療観察法は殺人罪等の特定の犯罪類型（構成要件）に該当する行為を行なった者を処遇の対象とするものであるところ、我が

国においては構成要件的故意論（故意が責任要素であるのみなら
ず、構成要件要素でもあるとする）が支配的であり、殺人の故意
（犯意）がなければ殺人罪の実行行為とはいえないのである（なお、
本邦の「故意」と英米法系の「mens rea」の両概念にはずれがあり、
これを区別する趣旨で後者が「犯意」と訳されることもあるが、
ここでは多くの実務例に従って「故意」と「犯意」を同義に用いる）。

　疾病の類型にそくして具体的に考えよう。第1に、てんかん発
作やアルコール性せん妄等による重度の意識障害（錯乱）下にあ
って対象を人間と認知せずして殺害したような場合であり、第2
に、妄想患者が通行人を殺人者と誤解して防衛の意図で殺害し
たような場合である。前者は故意の不存在を承認しやすいであろ
う。後者は問題がより微妙であるが、違法阻却事由（例えば正当
防衛）の表象も消極的な故意の成立要件とする（従って、誤想防
衛は故意を阻却する）通説的立場にあっては、同様に故意を否定
することが自然であろう。実際、佐伯（佐伯千仭「裁判官と精神
鑑定——責任能力の判断をめぐる裁判官と精神病学者の対話」平
場安治ほか編『団藤重光博士古稀祝賀論文集第1巻』〔有斐閣、
1983年〕）の伝えるドイツの論争においてハッデンブロック判事
は斯様な場合に誤想防衛として責任が阻却されるのみならず、実
行行為性自体を疑問視しているのである。而して、医療観察法の
立法者はかかる問題の存在自体を認識していなかったように見受
けられるが、それで良いのであろうか。素朴に心神喪失も故意阻
却も危険性に変わりはないとする立場もありえようが、しかし、
それは刑法理論の自殺行為に帰するであろう。

　筆者は、第2の場合は非常に難しい問題であるが、第1の場合
は対象の認知自体がなく、しかも意識障害の原因をなす身体的疾
患の治療が重要であるから、これを医療観察法の適用外とし、必
要に応じて既存の措置入院を適用し、両者を有機的に運用するこ
とが好ましいと考える（医療観察法の対象行為の認定について、
最三決平20・6・18は「対象者の行為が対象行為に該当するか
どうかの判断は、対象者が妄想型統合失調症による幻覚妄想状態
の中で幻聴、妄想等に基づいて行為を行った本件のような場合、
対象者が幻聴、妄想等により認識した内容に基づいて行うべきで
なく、対象者の行為を当時の状況の下で外形的、客観的に考察し、
心神喪失の状態にない者が同じ行為を行ったとすれば、主観的要
素を含め、対象行為を犯したと評価することができる行為である
と認められるかどうかの観点から行うべきであり、これが肯定さ
れるときは、対象者は対象行為を行ったと認定することができる」
と判示し、対象行為性の判断は当該行為を外形的に見て判断すべ
きであり、対象者の主観的認識を基準とすべきでないとしたが、
この解釈は同法2条2項2号が対象者を刑法39条1項の規定
により無罪の確定判決を受けた者とし、対象者は責任能力以外の犯
罪成立要件を充たしていることを前提としていることを整合しな
いきらいがないとはいえない。いずれにしても、この決定は医療
観察法の対象行為性の認定に関するものであって、刑法の解釈に
関するものではないから、精神障害が犯意の認定に与える影響が
重要性を失うものではない）。

　なお、犯意について論ずる以前に、犯人性の誤認や、正当防衛
等による犯罪不成立のときは、処遇の対象外であることに疑問の
余地はないが、医療観察法は対象行為の認定手続が厳密性を欠
き、誤判防止の自覚を欠くところに基本的な問題がある。また、
審判手続や処遇の実際面についても不分明な点が多く、その具体

的内容について更なる議論が必要である。処遇制度についての主要な研究として加藤久雄『人格障害犯罪者と社会治療』（成文堂、2003年）、川本哲郎『精神医療と犯罪者処遇』（成文堂、2002年）。本法については立法当時から多くの批判があったが（精神科医によるものとして中島直『犯罪と司法精神医学』（批評社、2008年））、現在の法の運用については日弁連刑事法制委員会編『Ｑ＆Ａ 心神喪失者等医療観察法解説〔第２版〕』（三省堂、2014年）参照。

2　オートマティズム

さらに、医療観察法はわれわれにautomatismについての検討を迫るように思われる。英米の刑事司法は伝統的にinsanity defense（精神障害の抗弁。英米の責任無能力抗弁は一般にこれを指す）の外にautomatism defense（自動症の抗弁）を有している。もっとも近年の後者の活用例は少なく、法学的にもあまり研究されているとはいえない。ただ、automatismは薬物酩酊やてんかん発作などの急性・一過性の精神障害について論じられ、その多くは意識障害によって犯意の存在が疑われるとともに、速やかな回復（例えばアルコール酩酊の場合）や一般的臨床治療の適性（例えばてんかんの場合）によって、他害行為を理由とする強制入院の相当性を制約するからである。

Automatismについては、Fenwick, P.：Automatism, In：Principles and Practice of Forensic Psychiatry (Bluglass, R. and Bowden, P. eds.)，Churchill Livingstone, 1990、五十嵐禎人「オートマティズムの抗弁」季刊刑事弁護32号（2002年）および林美月子「一過性の障害および主観的犯罪要素の鑑定」同号参照。

なお、これに関連して筆者が考えているところを述べて諸家の示教を求めたい。

オートマティズムは古来意思の自由や人格の主体性に対立する概念として用いられてきたようで、私の知る限りでも近世の哲学者スピノザがこれを用いている。Ｊ・Ｈ・ジャクソン（秋元波留夫訳）『神経系の進化と解体』（創造出版、2000年、原著1874年・1884年）、Janet, P.：L' automatisme psychologique, 1889（村上仁ほか『異常心理学史の代表者たち　ジャネ（異常心理学講座〔4-3〕）』（みすず書房、1958年から再引）およびＧ・ドゥ・クレランボー（針間博彦訳）『精神自動症』（星和書店、1998年、原著1920年）が精神障害の核心を自動症と呼んでいるのもこのような伝統を反映しているのであろう（例えば、ジャクソンはてんかん後精神障害をdreamy stateとautomatismとして把えている）。さらに、Ｈ・エーほか（小池淳訳）『精神医学マニュアル』（牧野出版、1981年、原著1978年）はクレペリン的な疾病分類と異なり、精神病を急性精神病と慢性精神病に大別しているが、前者の中にオートマティズムの思想が生きているのではなかろうか。

筆者がこのことに関心を持つのは、それが精神保健福祉法の措

置入院要件や医療観察法の強制入院要件の解釈に示唆を与えると思われるからである。かつては措置入院が非常に長い年月にわたる事例も少なくなかったが、近年は急性精神病状態の改善とともに措置要件も消滅したとみなされて医療保護入院や任意入院に変更されることが多くなったと思われる。医療観察法の強制入院要件についても基本的には同様に解すべきであり、精神保健福祉法の諸入院制度と有機的に運営されるべきであると考える。医療観察法は人格障害による他害行為は完全有責ゆえに対象外としている（政府は国会でそのように答弁した）のであるからなおさらである。もし医療観察法が有責の場合の刑期に相当する入院期間を当初から予定するとすれば、それは文字どおり保安処分であって、医療の自殺行為であるといわねばならない（なお、人格障害に加えて一過性の精神障害によって他害行為をなすときは医療観察法の適用上困難な問題が生ずる可能性がある。人格障害犯罪者の責任能力と処遇につき加藤・前掲『人格障害犯罪者と社会治療』参照）。

　さらにいえば、精神障害ゆえに人格の深部から発する攻撃衝動は自己と他者のいずれにも向かいうるし、しばしば両者の間を転化する。このことは多くの鑑定事例を通じて経験的に認められる事実である。而して、措置入院要件の「自傷又は他害のおそれ」は深い人間知をもってこのことを把えているが、医療観察法は他害性の面からのみ行為者をみており、疾病観ひいては人間観の一面性を否定できないように思われる。

　また、医療観察法は最長入院期間の定めを欠く点において、「療養」の名のもとに隔離を強制した旧らい予防法（平成８年廃止）と同様の優性学思想の影響を受けていると考えるのは杞憂であろうか（現在、医療観察法の運用のために比較的短期間の処遇プログラムが検討されているが、医療の立場に徹した運用を期待したい）。

3　過失犯における注意義務

　注意義務の内容をなす予見義務と回避義務が一定の認識能力と判断能力を前提とすることも説明不要であろう。わが国の実例として、国鉄三河島事件（1962年の国鉄常磐線三河島地区における二重衝突事故。死者160人の大惨事）の第二事故における過失責任を問われた乗務員について、実は第一事故による脳震盪性意識障害に陥っていたため、自動症の状態下で一見合理的な行動と言動をしていたにすぎないにかかわらず、法律家がこれを看過した故の誤判である旨の三輪和雄の指摘がある[2]。

4　正当防衛における防衛の意思

　急迫不正の侵害による生命の危機は原始反応としての驚愕・恐怖反応を招きやすい。かかる場合、錯乱もしくは昏迷状態に陥って、思考能力・行動能力を

失ったり、事後的に記憶障害を残したりするので、目撃者がない限りその状況を証明することは至難であり、それ故の誤判も少なくないはずである。しかるに、わが国においてこの問題は全く検討されていない。

激しい情動とくに驚愕・恐怖は身体的麻痺症状を招くことが多い。古来、「驚いて腰を抜かす」とか「蛇に睨まれた蛙」等の格言はその事情を伝えている。第1次大戦における戦争神経症を検討したクレッチマー（西丸四方ほか訳『医学的心理学〔10版〕』〔みすず書房、1955年、原著1950年〕、吉益脩夫訳『ヒステリーの心理〔6版〕』〔みすず書房、1961年、原著1958年〕）は、戦場における恐怖反応としての錯乱や昏迷は単細胞動物から人間に至るまで全動物界に普遍的な生物学的反応であり、前者は1羽の鳥が室内に閉じ込められたときバタバタと右往左往に運動の嵐を乱発する運動暴発、後者は虫をつつくと死んだようになる擬死反射と同種の本能行為の一種であるという。第2次大戦におけるグリンカーらの報告（Grinker, R. & Spigel, J. : War Neuroses, Arno Press, 1945）も同様で、しばしば統合失調症の急性症状のごときであったという。而して、筆者は、戦場ならずとも、急迫不正侵害の被害者・強姦被害者にもこれが生じうると考える。

情動を代表する憤怒・恐怖・不安のうち、憤怒は恐怖・不安と質を異にする。トルストイは作品『クロイツェル・ソナタ』（1891年）の中で、妻の密通現場を目撃して逆上し、妻を刺殺したロシア貴族に、「憤りの発作にかられると自分のしていることをおぼえていない、なんて言う人がいますけれど、あれはでたらめです。…自分の内部の憤りをますます強く煽りたてれば煽りたてるほど、意識の光がいっそう明るく燃えあがるので、その光の下では自分のしていることのすべてが見えぬはずはないのです」（原卓也訳）と言わせているが、憤怒は社会性を反映して意識の表層も下層と同時にある程度働いているに対し、生命の危険による恐怖は下層の原始的レベルに直接的な影響を与えるので、同列には論じられない（なお、ここに意識や人格を層構造をもって把えるのは現代精神医学・心理学の一般的知見であるが、比喩的な表現であって、物理的な構造とする趣旨ではない。社会を〈階級〉や〈階層〉の概念をもって把握するのと類似の方法であるといえよう）。

また、キルケゴールのように不安について思索した人は不安と恐怖の分離を真剣に考える傾向があり、「不安の概念」（1844年）におけるそれは原罪の可能性に対する果てしなく戦慄的な不安であり、これに比べれば特定のものに対する恐怖など色褪せてしまうのであろうが、ここでは実存哲学的な意味を離れ、自己の生命を危機にさらす具体的対象に対する恐怖を考える。

5　強姦被害者の抗拒不能性

強姦被害状況も正当防衛者の生命の危機に類するであろう。積極的な抵抗行為がないとして和姦の如く扱われた事例のなかには、驚愕・恐怖反応による思考・行動停止状態であったものも少なくないのではあるまいか。

強姦被害にあっては解離の機制も無視しえないであろう。解離
は圧倒的な脅威の事態を「ひとごと」のようにやりすごすことに
よって生命だけは維持するための無意識的な防衛機制であるが、
中井久夫『徴候・記憶・外傷』（みすず書房、2004年）は「司法
関係者はレイプ裁判において被害者が途中で抵抗しなくなる場合
に解離という機制を忘れないでほしいものである」と述べている。

6　強盗被害者の抗拒不能性

　強盗被害状況も強姦のそれに類する場合がありうる。犯行目的は財物である
が、暴行・脅迫は被害者に向けられるので、同様の事態が全くないとはいえな
いであろう。

Ⅲ　精神鑑定における疾病観と刑事責任論

1　疾病観についての基本的見方

⑴　鑑定理論の対立を通じて基礎にある疾病観の差異が浮き彫りにされること
があるのは周知の事実である。しかるに、それと刑事責任論との関連性にかか
る自覚的議論が乏しい現状は、我国における法学と精神医学の対話の不足を反
映しているといわなければならない。

　而して、筆者は、法律家にとって大切なことは、法理論が社会不安や突発的
な事件による性急な世論に便乗しないこと、また、司法が医学的知見を中心と
する社会のコンセンサスを尊重することは良いが、個別事例を離れて司法の側
から特定の立場の採否を一般的に決すべきではない、という点にあると考え
る。前者については、社会不安のもたらす性急な議論が司法を歪める惧れが大
きいからであり（かつての魔女裁判が中世よりも15〜17世紀という近代初期のも
のであり、またカトリックよりもプロテスタント諸国で猖獗を極めたことを想起さ
れたい。ナチ・ドイツ初期の法改正も同様。英米のマクノートン・ルールは1843年
の突発的事件を契機として形成されたものであったが、1981年のヒンクリー事件後
におけるアメリカ社会の反応については一層その感を深くする。刑事責任論は夕暮
れに飛び立つミネルヴァの梟の思索に委ねるべきものであって、夜明けとともに鳴
く鶏の喧騒に左右されるべきではないのである）、後者については、それが権力に
よる学問の公定に外ならないからである。

(2)　医学の側からも疾病観の対立を超える視点が提示されることがある。精神障害はその実体が不明確であるため、時代に流行する哲学の影響を受けて、「次から次へと新しい見方が出滅するように見えるが、根本的には症状群論と疾病単位論、身体論と精神論、自然科学的因果論と精神医学的意味論の反復である」（西丸）[3]との指摘は精神医学の全てを語っているように思われる。

　また、中田[4]は責任能力概念の起源はごく日常的な人間の経験の中にあり、精神障害者や幼少者に責任能力の減免を認めるのはヒューマニズムにもとづくと述べているが、いかなる立場をとるとしても、かかる認識が基本になければならぬであろう。

　これに対して、世界の一部（特に英米）には責任能力概念を廃棄し、犯意のみの抗弁に還元できるとの意見もないではない。これはマクノートン・ルール自体が主知主義的心理学の影響を受け、行為者の認識能力の面のみをみて、行動（制御）能力の面を軽視してきたことの延長上にあると思われるが、人間精神の全体がこのようにして把えられるものであろうか。アイヌ民族のイムのような存在論的危機に発する行動が正当に評価される可能性は殆んど失われてしまうであろう。カント以降の近代認識論（認識の自己反省・人間理性の認識能力の自己批判）は我々の認識が現象界・経験界に限られることを教えたが、それを超える世界の存在を否定する趣旨ではないのである。

　　　アイヌ民族女性のイム現象については内村祐之ほか「あいぬノいむニ就イテ」精神神経学雑誌42巻1号（1935年）に詳しい。クレッチマー（吉益脩夫訳）『ヒステリーの心理〔6版〕』（みすず書房、1961年、原著1958年）も写真入りでこれを紹介している。これによれば、言語刺激によって猛然と襲いかかった女性の大半は数分を超えない発作後には特記すべき健忘をのこさず、発作中の自己の行為を恥じさえしたというのである。従ってイム女性が発作中にも一定の弁識能力を有していたことは否定できないが、だからといってこの行為について（限定的にせよ）責任能力を肯定する人がいるであろうか。刺激語は意識の表層の識別機能をこえ、深層に「存在の呼び声」（ハイデガー）となって存在論的危機をもたらしたのではないか。筆者は現代においても同様の現象が（稀ではあっても）生じうると思うのである。責任能力論において制御能力の問題が重要性を失わぬ理由である（制御能力論として安田拓人「制御能力の鑑定」季刊刑事弁護32号〔2002年〕参照）。
　　　而して、英米とくに近時の米国の刑事責任論が斯様な人間行動を適切に評価しうるとは思われない。問題の解消を主たる課題とする現代英米哲学は、問題の提起を本来の使命とする哲学（それは〈驚き〉とともに始まった）の本流からは遠く、そのことが責任論にも影響しているのではないか。諸家の示教をえられれば幸いである（近年の英国の犯罪学につき瀬川晃『イギリス刑事法の現代的展開』（成文堂、1995年）、川本哲郎『精神医療と犯罪者

処遇』〔成文堂、2002年〕、米国につき林美月子『情動行為と責任能力』〔弘文堂、1991年〕、岩井宣子『精神障害者福祉と司法〔増補改訂版〕』〔尚学社、2004年〕、横藤田誠『法廷のなかの精神疾患』〔日本評論社、2002年〕参照）。

2 力動論ないし精神分析理論の評価をめぐって

⑴ ここは力動論ないし精神分析理論を総体的に検討すべき場ではないし、筆者にその用意もない。そのためにはジルボーグ（神谷美恵子訳）『医学的心理学史』（みすず書房、1958年、原著1941年）、エレンベルガー（木村敏＝中村久夫監訳）『無意識の発見（上・下）——力動精神医学発達史』（弘文堂、1980年、原著1970年）、および中井久夫「西欧精神医学発達史」懸田克躬ほか編『現代精神医学大系（1-A）』（中山書店、1979年）にみられるような精神医学史・力動精神医学史の文脈に照らした歴史的検討はもとより、哲学史の光に照らされることが不可欠であるが、精神分析家の論述は技法論に終始して、自己の立場に対する認識論的反省は一般に乏しい。

　　フロイトはその豊かな天分にもかかわらず、哲学的な意味での厳密さをもって表現することをしなかった。生涯に亘ってフロイトとの友情を維持したビンスワンガーの報告（竹内直治ほか訳『フロイトへの道——精神分析から現存在分析へ』〔岩崎学術出版社、1969年、原著1956年〕は極めて興味深い。曰く、「フロイトの次の言葉は非常に思慮深い示唆に富んだ言葉であった。〈我々は一方では自我と意識過程を、他方では無意識と性本能過程を同時に考えるという習慣を身につけていないのです〉……この同時に考えるという要求こそ、意外にもフロイトが真の哲学的天分の持主であることを示していた。しかし、フロイト自身はそれに気づいていなかった。むしろ彼は哲学に暗い素人と同じように、哲学的とか哲学というものを究極的事物に関する純粋思弁の意味に受けとっていた」。……筆者には、この同時性の認識が催眠法から自由連想法への転回を可能にしたように思われる。自由連想法は深層と表層を同時に把えようとするものだからである。

　　フロイト自身に対しても妥当するが、追随者たちの恣意的な解釈に対しては無数の批判がある。ここでは指導的精神分析家の１人であったアレキサンダーの反省を引用すれば十分であろう。「精神分析の創始者らは、内臓に発生するものを含めて全ゆる心因性身体障害に対して転換ヒステリーの基本概念を適用しようとした。その見解によれば、血圧上昇や胃出血には象徴的な意味があるとされ、そのさい、植物臓器は自律神経によって支配され概念形成と直接的関係がないことは無視された」（Alexander, F. : Psychosomatic Medicine—Its principles and Applications, 1950）。

認識論的反省欠如の傾向は我国においても同様である。弘前事件における丸井清泰鑑定の精神分析理論は論外であるが（拙稿「精神鑑定について(14)」札幌弁護士会会報1989年8月号、本書第6章所収参照）、求道的実践家であった古澤平作もその例にもれない。土居健郎（精神神経学雑誌55巻7号〔1954年〕）はダルビエの「原因と結果の等質性」の論理をもってヤスパースに対する反批判を試みており、筆者には十分な反論たりえているとは思われないが、学問的論争の試み自体は貴重である。丸井鑑定は別論としても、後述の福島理論にも見られるように、精神分析理論ないし力動論は我国の実務にも大きな影響を及ぼしており、諸家がこれに取り組むことを期待したい。その際、（ダルビエの共同研究者でもあった）宮城音弥の研究（『精神分析入門』1969〔岩波書店、1959年〕）、山下格の経験と批判（臨床精神病理16巻3号〔1995年〕）、熊倉伸宏による土居理論研究（『「甘え」理論の研究』〔星和書店、1984年〕）等が参照されるべきであろう。

(2)　ここでは、司法実務にとって有益と思われる最少限度の認識として、力動論のうち代表的なフロイト理論につき、その多面性と発展のいくつかの可能性について言及するに止めたい。

i　壮大な思想の例にもれず、フロイト理論も多くの相貌をもっている。

　医学理論として心的活動を重視した故に唯心論的であるとするバリュック[5]、これに一脈通ずるがユダヤ神秘主義カバラの影響を指摘するバカン[6]やドイツロマン主義の文脈の中に把えるトーマス・マン[7]、逆に因果論的・決定論的側面を重視して唯物論的であるとする見方などがあるが、いずれも一面の真理を把えているように思われる。筆者としては西洋古典学との関連性に興味を覚えるが、機会を改めて検討したい。

　　　バリュックは精神分析学と条件反射学は唯心論と唯物論の両極をなすという。尤も、フロイト自身は「我々は心理学における仮定がいつかは器質的な基礎過程に根拠づけられるであろうことを考えねばならぬ。特殊な物質や化学過程によってその働きをコントロールできるようになるだろう」と述べている（L.C.Kolb: Modern Clinical psychiatry, 10th ed., 1982から転用）。生理学から出発したフロイトとしては当然のことであろう。因みに、米国のマルクス主義哲学者ウェルズは、フロイトの無意識は大脳半球の代用品にすぎず、パヴロフの高次神経活動の科学によって人間の心は唯物論的に解明される段階に達したと述べているが（H. K. Welles: Pavlov and Freud Ⅰ, 1956; The Failure of Psychoanalysis, 1963)、認識が甘いといわざるをえない。また、筆者にはパヴロフがこのような唯物論者であったとも思われない。折衷的に見えるかもしれぬが、司法の立場としては吉井直三郎「精神分析と条件反射」思想1952年12月号のように相補的見地の方が有益である。

第1章　精神医学と精神鑑定　11

フロイトは哲学者ヘーバーリンに対して「カントの物自体は自分の考えている無意識と同じものではないか」と質問し、両概念は全く次元の違うものであると一笑に付されているが（ビンスワンガー・前掲『フロイトへの道』）、物自体は我々の主観的観念にすぎないと考えたショーペンハウエルの特異なカント解釈（西尾幹二訳『意思と表象としての世界』〔中央公論新社、2004年、原著1819年〕）はフロイトに近いかもしれない（ショーペンハウエルの意志は盲目的なそれであり、フロイトの無意識につながる）。トーマス・マンはこのようなロマンチシズムの線上にフロイトを見ている。ドイツ思想のロマン主義的ないし神秘主義的性格はルター神学にはっきりと刻印されていると思うが、かのマルクスの「貫徹された自然主義すなわち人間主義」（藤野渉訳『経済学・哲学手稿』〔大月書店、1963年、原著1844年〕）との主張も、後期シェリングの自然哲学に酷似するロマン主義的な思考パターンを示している（木田元『反哲学史』〔講談社、1995年〕参照）。ロマンチシズムはそれ程にゲルマンの伝統に根ざしているのであろう。マルクスもフロイトも、ユダヤ人であるとともに、深い意味においてドイツ人であったのであろう。

　また、これとは視角が異なるが、「フロイトの意識と無意識の分離は、経験的性格と本体的性格とのカントの区別が形而上学的地平において果したと同じ役目を経験心理学の地平で果した」旨のJ・P・サルトルの批評（竹内芳郎訳「情緒論素描」『サルトル全集〔23〕』〔人文書院、1957年、原著1939年〕）もフロイトの直観を評価するものといえるだろう。

　精神分析学成立の書、ブロイエル＝フロイト（懸田克躬訳）「ヒステリー研究」『フロイト著作集(7)』〔人文書院、1974年、原著1895年〕におけるカタルシス法がアリストテレス「詩学」の悲劇論から示唆を受けていること、エディプス・コンプレックスがソフォクレスの悲劇をもとに命名されたことは誰の目にも明らかであろう。なお、フロイトははっきり述べていないが、〈昇華〉概念は「饗宴」におけるプラトンのエロス（プラトニック・ラブ）から、更にはフロイトの心的構造論自体が「国家」9巻末の人間の内部に棲息する奇怪な動物から示唆を受けているようにも思われる。プラトンのいう怪物を自己自身のうちに養っている我々は、どんな動機をも自分自身のうちに析出することができるはずであるから。（田中美知太郎は「精神分析などというもののたわいなさがそこにある」という。『時代と私』〔文藝春秋、1984年〕）。

　なお、ベテルハイムは sublimieren の語をドイツ語にもたらしたのはゲーテであるという（Bettelheim, B.: Freud and Man's Soul, 1984）。ただ、ベテルハイムは出典を明示しておらず、ワイマール版ゲーテ全集の索引にも出ていない。教示いただければ幸いである。

ⅱ　フロイト理論に対して、それが汎性欲説であるとする批判がある。性欲論が人間における精神と身体の存在論的問題と直接かかわっていることは事実であろう。また、エレンベルガーは時代背景との関連を、バカンはカバラの性表現との類似性を指摘している。ただ、筆者には、フロイトの表現法自体は修

辞学におけるシュネクドケー（帆と船の関係のように部分をもって全体を表わす）の如きものであったとするリーフ[8]や金子[9]の見解が最も核心をついているように思われる。

iii　フロイトの直接的治療と研究の対象は神経症患者であったが、ユング[10]が早発性痴呆患者にその理論を適用し、ブロイラー[11]の精神分裂病（現在の総合失調症）概念形成に寄与した。ブロイラーは、早発性痴呆の全観念はクレペリンに由来するが、追加した努力の主要部分はフロイトの思想の適用にほかならないこと、また Autismus（自閉）はフロイトの Autoerotismus（自体愛・自己色情性）とほぼ同義であり、自閉という名称はジャネが現実感喪失と呼んだものを肯定形で表現した旨を述べている。

　而して、クレペリンの早発性痴呆に比して、ブロイラーの分裂病は経過の重要さが少し薄められ、心理学的徴候によっているので、診断基準の弛緩を避けられないが、ヤスパース[12]によって方法論的反省が加えられるとともに、シュナイダー[13]によって再び診断基準が厳密化され、かかる疾病観のもとに司法精神医学のコンベンション（慣例）が形成されたと考えられている。我国の司法が無批判にこれに従う必要はないが、精神病理学の歴史に学ぶことは必要である。

　　　ヤスパースはフッサールの現象学を（それがさらに展開されて本質直観になるのをしりぞけながら）方法として受け容れ、またディルタイの提唱する記述的分析的心理学の核心を了解心理学と呼んで、心的現象の発生的連関、意味関係、動機等を把握しようとなし（重田英世訳「哲学的自伝」『ヤスパース選集』〔理想社、1965年、原著1958年〕による）、異常な精神現象において真に存在するものは何か、われわれは何を知るのか、それをいかにして知るのか、そして何を知らぬのかを突き詰めて考えていった。もって精神医学は自己の内部に認識批判をもつに至り、学としての精神病理学が始まった。その意味においてヤスパースの精神病理学はカントの批判哲学に相当するといえる。西丸四方は「ヤスパースの精神病理学に相当する心理学書はまだない」（「異常心理学史の代表者たち　ヤスパース」『異常心理学講座（4-1）』〔みすず書房、1954年〕）と述べているが、全く同感であり、現在もその状況は変わらない。
　　　ちなみに、ヤスパースはフロイトから教育分析を拒否されたために精神分析に批判的になった旨の風説を述べる人がいるけれども、仮にそれが事実であるとしてもヤスパースの学問は何らその価値を減じないのみならず、事実問題として、それはありそうもないことである。
　　　ヤスパースは1908年にハイデルベルクの精神医学教室に入るとともに、フロイトとホッヘという（個人的には会ったことのない）2人の異質な権威者を自己の乗り越えるべき論敵と考えた旨述べているが（『世界観の心理学〔4版〕』〔1954年〕の序文）、

第1章　精神医学と精神鑑定　13

ドクトル論文「懐郷と犯罪」(1909年)、「嫉妬妄想——人格の発展か病的過程かの問題」(1910年)、「妄覚の分析——実体性と実在判断」(1911年)、「精神病学における現象学的研究方法」(1912年)等によって方法論的反省を深めるとともに、『精神病理学〔初版〕』(1913年)においては、「フロイトの研究は、意識外の出来事のこのようなでっちあげである限り(大部分はそうなのである)、どんな批判にも堪えないが、了解的関連が実際あらわれていることを明白に記述する点では(いくつかの象徴化、抑圧など)、時として驚くべき洞察を示す。フロイトは今日の精神医の中では疑いもなく了解心理学者の最もすぐれた人の一人である」と述べ、認むべきは認め批判すべきは批判してフロイトに対する自己の立場を明確にしているのである。尤も、ヤスパースは、ハイデガーとの関係にもみられるように、学問的には開かれた立場を堅持していたから、あるいはフロイトとの間にも何らかの交信はあったかもしれない、しかしながら、上記著作やその後の『世界観の心理学〔初版〕』(1919年)、『哲学』(全3巻、1930〜1932年)等を読む人は、その著者が精神分析に没入しようとしたり、それらが容れられずして正反対の立場に移ったりするものか否か、容易に判断できるのではあるまいか。

　また、この風説はフロイトの人格をも汚すものである。精神分析医が分析内容(問診内容)を外部に明かすことは守秘義務違反であり論外であるが、誰かが自分に分析を求めたが拒否したということも、それに準ずる事実ではないか。フロイトが得意になってそのことを弟子達に述べたのであろうか。筆者にはフロイトがそのような人とは思えない。小此木(小此木啓吾＝河合隼雄『フロイトとユング』(思索社、1978年、講談社学術文庫版2013年)もこの風説を伝えているが、我国の代表的精神分析学者によってこのようなことが話題にされること自体、斯学にとって不幸なことである。正面からヤスパースと対決することを願うのは筆者だけではあるまい。

iv　フロイト理論の多面性に対応するかのように、精神分析運動はいくつかの方向に発展した。ロシアにおいては革命前から唯物論的心理学であるとして一定の評価を受け、革命後もデボーリン等の指導的哲学者によって検討されたし、我国のマルキストにおいても同様であったが、1920年代にトロッキーによってパヴロフが評価され、これが公定の学問とされるとともに、フロイト理論は反動的とみなされようになった。

　米国においても1909年頃から導入され、1930年代にナチの弾圧を避けて移住した多数の亡命学者によって第2次大戦後における精神分析流行の基礎がつくられたが、E・フロムやK・ホルナイ等のネオ・フロイディアンと呼ばれる人達の多くは亡命前にドイツ・マルクス主義と親しんだ人達であった。

　このようにマルキシズム哲学とフロイディズムの間には発想において共通の部分もある。

安田一郎訳編『フロイトとマルクス』（誠信書房、1971年）は
ユリネッツとライヒの論争等を収める。デボーリンもユリネッツ
もスターリン時代に粛清された。また、それを免れた精神分析家
も大半がユダヤ人であったため、独ソ戦の初期に侵入したナチ・
ドイツ軍に殺害されたといわれる。因みに、ユング心理学の形成
に極めて大きな貢献をなし、また後期フロイトの死の本能理論形
成にも寄与したザビナ・シュピールラインもソ連邦においてドイ
ツ軍に殺されたと解されている。ユング学者の多くが（ユングと
の男女関係にこだわってか）シュピールラインに深く学ぼうとし
ないことは遺憾という外はない。

　市村今朝蔵「社会心理学」大宅壮一編『社会問題講座（5・6）』
（新潮社、1926年）はフロイト学説が「本能の固定的解釈を破
り、……唯物史観に好個の基礎をさえ与える」と述べ、寺島一夫
「マルクス主義は精神分析学を摂取しうるか」プロレタリア科学2
巻4号（1930年）は行きとどいた文献展望を行なっている。寺
島論文は今日においても学問的検討に値する労作である。

　安田一郎「ベルリン精神分析研究所とフロイト左派」現代思想
4巻13号（1976年）。寺島や安田の研究は貴重であるが、我国
の精神分析学者がこれを咀嚼しているとは見なしがたい。また、
逆に、我国の社会主義者には、トロツキーがパヴロフを評価した
こと自体を意外視する人が多い。

(3)　次に、精神分析理論と司法の関係を考えるうえで、植村判事の見解[14]を検
討したい。曰く、「精神分析派の中の一派に属する鑑定人（特に心理学者）の中
には、我々の行動（犯罪）のすべてを無意識的な——従って制御できない——
欲動より生ずる、盲目的結果と看做してしまう論者がある……この種鑑定人
は、責任刑法の正当性を全く否定し、被告人に責任を問うこと自体を背理と考
えるのであるから、刑法の基本原理を否定する者であって、この点からも鑑定
人となる資格がない（同旨、R. ランゲ、E. シュミット）」と。而して、ランゲ
らの意見にはナチ時代にフロイト理論を唯物論であるとして批判したブムケ[15]
を想起させるものがあるのみならず、この理論が持っているもう一つの側面を
看過していることを指摘しなければならない。即ち、精神分析理論は人間行動
の無意識的欲動性を指摘するが、同時に了解の範囲を拡大する努力でもあるの
であり（それは、当時の正統精神医学の治療無力論に対する、精神療法による新た
な治療の試みであった）、また了解可能性は共通の規範意識の存在をも期待させ
るから、可罰性の範囲を拡大する一面を有しているのである（これを精神分析
理論の矛盾として批判することは必ずしも相当でない。矛盾するものの同時性とい
うことは人間存在の根本にかかわることである。我々は矛盾の中に生き、我々自身
が矛盾を体現しているのであり、このことは古今東西の哲学の教えるところである。

第1章　精神医学と精神鑑定　｜　15

そうでなければヘーゲルの自己疎外的精神、マルキシズムの階級的矛盾あるいは西田哲学の絶対矛盾的自己同一が弁証法の論理を要請する理由も理解に由ないであろう。精神医学におけるアンビバレンツの概念もこのことを前提にしているのである）。

> ブムケ自身は1910年代から一貫してフロイトを批判しており、ナチズムと特段の関係はない。ただ、ナチス期における反唯物論・反ユダヤ感情が精神医学の領域においてブムケの権威を利用した面は否定できない。なお、唯物論的性格を理由とする批判は、刑法学上の法益説をも唯物論であるとして攻撃したナチス期のキール学派において著しい。

⑷　フロイト理論と事実認定の関係も無視しえない問題である。フロイト[16]もこのことを直接的テーマとして論文を書いているし、ヒルシュベルク[17]は精神分析によって認識が深められ誤判から救済された事例を紹介し、フロイトを高く評価している。

　ただ、精神分析的解釈は一義的ではないから、罪体認定にこれを用いることは危険な場合の方が多く、従って精神分析的推論によって被告人の犯人性を断定するなどは論外であって（弘前事件の丸井清泰鑑定は悪しき典型）、精神分析を含む心理学的接近は有罪認定の抑制原理もしくは情状原理としてのみ有意義であると考えるべきであろう。また、フロイディアンでありアメリカ・リアリズム法学の論客であったフランク判事[18]は、裁判官たらんとする者は精神分析を受けるべしとするが、裁判官がそれによって自己を深く知り、少しでも自己の偏見から解放されることは望ましいことである。

⑸　結局、司法の立場としては如何なる理論をも拒まず、もとよりこれに迎合せず、批判的に対応しなければならない。鑑定人の理論傾向は鑑定意見の採否において論ずべきであって、鑑定人資格の問題とすべきではない。尤も、鑑定人として一定の学問的水準と経験を要請されることは当然であるうえ、いかに優れた人であっても非医師の心理学者単独では鑑定人適性を有しないというべきである（被鑑定人の医学的障害の探査が最初の鑑定作業であるから。従って、医師である鑑定人との共同鑑定は可能であると考える）。

　以上のとおり、筆者の考えは非常に平凡な結論に帰する。刑事責任論が警戒すべきは一時的流行による性急な議論であって、その意味で現代精神医学百年の歴史とともにある慣例の正確な理解と吸収を第一の課題とすべきであろう（もとより、それに盲従する必要なきことは勿論であるが）。精神障害という人間存

在の根底にかかわる問題については、平凡な立場こそが繰り返し顧みられねば
ならず、また、裁判官の自由心証に対する合理的な制約として、それが不可欠
だからである。

3　いわゆる反精神医学をめぐって

(1)　1960年代に世界的に流行をみたいわゆる反精神医学は、精神病（統合失
調症）の疾病性を否定し、それを社会関係に還元しようとするのであるが、精
神障害者差別の非人間性を訴える患者自身の声とも呼応するところがあって、
今日まで一定の影響を及ぼしている。

　しかしながら、いくら言葉のうえで否定しようと、我々は精神障害の実在性
と悲劇性を否定することはできない。エー[19]もいうように、「人間の正常・異
常のあらゆる態様に共通の因子に還元して一般化すると、確かに正常と異常を
分ける抽象的な境界はなくなってしまうだろう。しかし、病的精神形態の実在
性までは消去できない。すなわち反精神医学は、問題を解決せず消去してしま
う諸々の主張を結びつけ発展させる。反精神医学は前精神医学に帰着する」の
である。

(2)　反精神医学の基調は反自然（反医学）、反理性、反文明にあり、それは反
哲学の立場に立つ20世紀中葉の実存主義運動の精神医学版であるとみなすこ
とができるであろう。レインやクーパー[20]がサルトルの強い影響を受けている
ことも偶然ではないのである。サルトル[21]は実存主義のテーゼとして〈実存は
本質に先立つ〉と主張するが、かかる思想は古来種々の形態をもって主張され
たものであるところ、時代の基本的思想と制度を支えるに足るものではない。
それは各時代に支配的な思想に対する抵抗原理としての意義は有するが、経験
的には危ういものであり、その危うさは反精神医学にも明らかに認められるよ
うに思われる。

> 　〈本質〉と〈実存〉は形而上学の伝統的概念である本質存在（エ
> ッセンティア。日本語の「…である」に相当）と事実存在（エク
> システンティア。「…がある」に相当）の謂であり、前者は本質性を、
> 後者は現実性を、相俟って存在の二側面を表現している（因みに
> 〈実存〉は事実存在を短縮した九鬼周造の造語である（九鬼周造『実
> 存哲学（講座哲学）』〔岩波書店、1933年〕参照）。
> 　本質性の世界は古典ギリシャのコスモス（それは宇宙であり秩
> 序である）や聖書（とくにカトリシズム）に明瞭に表現されてい

第1章　精神医学と精神鑑定　17

るように私には思われる。それが人間にとって残酷な面を有することは事実であり、デューイはそのことを鮮やかに示している。曰く、「事物が自己の本性に従って属する異なった諸階級は、一つの上下関係の秩序を形作っている。自然の中にカストがある。宇宙は、貴族政治的な、いや、封建的な計画に基づいて構成されている。……その清浄を汚すものは、規則や形相への完全な服従を拒む頑な物質の存在から来る個体の不規則な変化のみである」（J・デューイ〔清水幾太郎ほか訳〕『哲学の改造』〔岩波文庫、1951年、原著1920年〕）。すなわち、コスモスの世界にあっては事物は永遠に同じ形相を保つ。人間にあっては、貴族は永遠に貴族であり、奴隷は永遠に奴隷である。

サルトルの命題がこれに対する反逆であることは明らかであろう。それは主体性の思想であり、主体性の回復を願う病者が「自分は精神障害者ではない。人間である」「自分は障害者として免責を求めない。人間として処罰を求める」と叫ぶとき、自己の本質性よりも現実性（人間としての存在感）を主張しているのであって、実存主義に通じることがわかる（筆者もシンポジストとして参加した1999年5月の日本精神神経学会・触法精神障害者問題シンポジウムにおいて、壇上を占拠した人たちは事実このように述べていた）。

本質存在と事実存在の分裂は存在の根幹にかかわることである。両者の合致は完全な存在すなわち神的な存在においてしかありえず、人間は誰もが多かれ少なかれ自己の存在の不全感に耐えなければならない。それは社会改革の放棄ではなく、その持続性の前提である。青年マルクスは共産主義社会における事実存在と本質存在の対立の真の解決について述べているが（『経済学・哲学手稿』（1844年〕）、地上におけるその不可能性は経験的に証明されている。サルトルの実存主義は上記の持続性の放棄に帰結するのであり、そのことは反精神医学が現実の悲劇性に対して無力であったことに明瞭に表われているといえるだろう。

存在論に関する透徹した思索はE・ジルソン（安藤孝之訳）『存在と本質』（行路社、1986年、原著1948年）にみることができるが、ここではブレイエの平易な講演を引用しよう。「実存主義は、現代の特徴となっている学説崩壊の最も明白な徴候の一つであると思われます。人生に意義を認めるということは、われわれ自身の生活を、その態度および方向において、それよりも遥かに広い全体の要素と考え、その全体がわれわれの生活にその任務や、いわば共同作業の割りあてを指定するものとみることであります。従ってある意味では、自分の実存から外に出て、自分の実存を、人類とか家族とか祖国とか科学とかその他あらゆる目的というような、もっとひろい事象の中に浸っているものとしてみなければなりません。われわれをまわりからしめつけているのは無ではなくて、事象であると感じなければなりません。そうやってはじめて人間は運命をもつことになります。しかしそうなると、存在論は人間の実存研究を超越してしまいます」（E・ブレイエ〔河野與一訳〕『現代哲学入門』〔岩波新書、1953年、原著1951年〕）。

結局我々は精神障害者を〈病者〉（それは悪性でも魔性でもなく、疾病性である）として本質を把握するとともに、上記学会シンポジウムにおける患者の発言については、そこに込められている彼の人間的尊厳に共感しつつ、医療の向上と司法上の責任能力制度の維持に努めるべきと考える。疾病による行動について免責することは、彼の人間性を否定することではないのである。

(3)　反精神医学が刑事責任能力論に及ぼす影響は、サズに一つの典型をみることができる。サズは精神病の実在性を否定するとともに、精神病による免責に反対し、その主張が近時の米国（モンタナ州）の司法に影響を及ぼしたとされるが、精神病についての固有の主張は思想の自由に属することであるとしても、それが病的精神形態の実在性を否定する根拠はない。刑事免責の撤廃が司法および病者の医療と福祉に何をもたらしたか、実証的報告がなされるべきであろう。

> Szasz, T.S.: Psychiatry, etics .and the criminal law, Columbia Law Review 58-183, 1958. T・S・サズ（石井毅ほか訳）『狂気の思想』（新泉社、1975年、原著1970年）。同（河合洋ほか訳）『精神医学の神話〔2版〕』（岩崎学術出版社、1975年、原著1974年）。
>
> 筆者は、サズを読むたびに、対蹠的な人としてブロイラー（E・ブロイラー〔飯田真ほか訳〕『早発性痴呆または精神分裂病群』〔医学書院、1974年、原著1911年〕）を想起することが常である。ブロイラーは統合失調症患者と文字どおり寝食をともにしながら思索した人であり、紙背に患者の息づかいまでが伝わってくる感を受けるのであって、真に医学の古典の名に値する。サズは入院患者との接触は浅かったと思われるうえ、（レインとは異なり）自分自身の実存的危機体験を経ているようにもみえない。一種の社会批評として読むことは可能であろうが、医学ないし法制度論としては非常に軽い印象を否定することができない。

(4)　我国においても佐藤の責任能力論に反精神医学の影響が認められるように思われる。佐藤が我国の判例の思考様式を〈了解的構成〉と呼び、「〈動機の異常性〉は、被告人が〈異常〉であることを前提とした場合には責任非難を軽減させる方向に、逆に〈正常〉であることを前提とした場合には責任非難を増大させる方向にはたらくという奇妙なダブル・スタンダードを構成している」と指摘するのは、現状の矛盾を正しく把えているが、我々はこの矛盾（それは刑事司法と医療の本来的な矛盾の現象形態である）を自覚しつつ、両者の境界において解決を求めてゆく外はないであろう。この矛盾を回避しようとすれば、佐藤のように「さしあたり正常／異常判断を保留」せざるをえない。尤も、佐藤は「なにも〈精神障害者〉にもっと刑事責任を」と主張するのではなく、上記判断を保留したうえで責任減軽ないし免責を考えたいとするが、結局のところ「ほとんどの精神病は〈了解〉可能とされることになるから、実質的に帰責能力であつかわれる問題は、年少者の問題だけになる」との結論が導かれるのであって、責任能力制度は否定されることになる。それでよいのであろうか。

筆者は上叙の中田[22]の論述の方に人類の経験と叡智が宿っていると思うのである。

佐藤直樹『共同幻想としての刑法』(白順社、1989年)。
佐藤はフッサール現象学の影響も受けているようで、そのことも了解の拡大に寄与しているのであろう。19世紀の要素主義的な認識論に対するアンチテーゼとして、すなわち要素よりも構造を求める思想として、フッサール現象学は精神分析やゲシュタルト心理学と共通の基盤に立つと思われるからである。
なお、率直にいって筆者はフッサールをよく理解できない。その理由は理解力不足に加えて、筆者が翻訳しか読んでおらず、しかも作品によって訳者が区々であることも影響しているかもしれない。ただ、フッサール自身の思想が変遷し、未整理のまま終わった面もあるのではないか。中期の思想について、木田元は「当時のフッサールの還元についての考え方にはどこか曖昧なところあったにはちがいない。その超越論的観念論は、主観的観念論と同一視される危険がたえずあった」(木田『現代哲学』(日本放送出版協会、1969年))と述べているし、井筒俊彦も「現象学的還元と形相的還元の二重操作を経て本質直感的に把握した本質は、窮極的にはマーヒーヤ(普遍)だったのだろうか、フウィーヤ(個体)だったのだろうか、と戸惑う」(井筒『意識と本質——精神的東洋を索めて』(岩波書店、1984年))としていることが参考になろう。
以上のとおり、筆者はフッサール自身はもとより、佐藤のフッサール解釈についても何もいう資格がない。ただ、疑問に思うのは、宇都宮地判昭40・12・9判時437号(殺人被告事件において、3人の鑑定人が統合失調症を指摘したが、判決は心神喪失を否定して心神耗弱を認定したのであるが、そのさい「それどころか利害の判断等は極めて正常であるという感じさえ抱かせるのである」と判示した)について、佐藤が「この場合〈感じさえ抱〉いたのは、つまり〈本質直観〉したのは、〈超越論的主観〉としての裁判官(の意識)である」と述べて、肯定的に評価していることである。佐藤はこの裁判官における主観的現象をフッサールの本質直観と同視しているが、本質直観が裁判官の単なる主観的な感覚や偏見(それは彼の偶発的な経験にもとづく場合もあれば、疾病に対する無知や誤解による場合もあろう)から区別される保証は如何にして得られるのであろうか。佐藤直樹「責任能力の判断基準と〈主観/客観〉問題——フッサール現象学をてがかりとして」横山晃一郎先生追悼『市民社会と刑事法の交錯』(成文堂、1997年)参照。

4　人間精神の全体性と部分性とをめぐって

(1)　モノマニー学説

　いかなる学問もその例に漏れないが、われわれが疾病観について考えるときにも歴史的反省が不可欠である。ここでは近代精神医学の成立とそれが司法に及ぼした影響を刻印するモノマニー学説について考えることとしたい。

モノマニー学説については、影山任佐『フランス慢性妄想病論の成立と展開』（中央洋書出版部、1987年）参照。これは近代の人間中心の思想、さらに要素主義的な認識論なくしては理解が難しい。これに対して、精神分析は、「分析」という語を用いてはいるが、分析的というよりも総合的な見方に本領があり、また、それは要素よりも構造を求める思想としてゲシュタルト心理学やフッサール現象学とも共通の面をもつと思われる。

19世紀前半のエスキロールを主唱者とするモノマニー学説は精神の全体性を真っ向から否定し（それは人間精神の全体性・人格の統一性を自覚的に強調するキリスト教的人間観に対立するごときである）、司法にも大きな問題を提起した。殺人・放火・窃盗などの行動自体が殺人狂（モノマニー・ホミサイド）・放火狂（ピロマニー）・窃盗狂（クレプトマニー）などの部分的狂気の徴表であるという思想を内含し、かつモノマニーの診断は被告人を免責するからである。これは司法の危機を招くものであり、「この学説はモノマニー・ホミサイドの流行を生じ、バスチーユ監獄のようにシャラントン病院を殺人者で満員にさせる結果をもたらす」[23]という当時の法律家の反論も故なしとしない。また、ヘーゲル学派全盛時代である当時のドイツにおいては、法学と医学の別を問わず、この学説に対する反発が強かったことも周知のとおりである。

而して、モノマニー学説は19世紀中葉の単一精神病論、次いで19世紀末から20世紀初頭に至る現代精神医学成立の中で克服されてゆく訳であるが、その思想は幾つかのクッションを経てパラノイア論において初期のモノマニー論とは全く別個の役割を果たすことになる。すなわち、初期のモノマニー論は免責の原理として作用したのであるが、今度はツィーエン[24]のパラノイア論が司法的には部分的責任能力論として、クレペリンを中心とする現代精神医学の確立期においてオーソドックスな疾病観のもたらす免責を制限する役割になったのである（ツィーテン説は特異な立場であり、疾病単位論による現代精神医学確立期において症候論すなわち現象論を徹底させ、クレペリン[25]をして、「ツィーエンは様々な因子から同じ精神病が現われてきることは明らかだという意外な原理をかかげた」と言わせている。また、正統的な司法精神医学からの批判はアシャッフェンブルク[26]に詳しい）。

(2)　部分的責任能力論

以上の点は（ツィーエンを援用する）わが国の団藤重光[27]の部分的責任能力論も同様で、パラノイアにおける疾病の部分性が可罰性の理由づけに用いられている。例えば、好訴妄想者が妄想と直接的には関係しない動機から殺人を犯した場合に有責を認めるが如きである。このように、パラノイア論や部分的責任能力論は現在のわが国の刑事司法にも大きな影響を及ぼしている。中田修[28]は、犯行が幻覚・妄想などの病的体験に直接支配されていなければ免責を認めないという多くの裁判例は部分的責任能力論であるとして、これを批判している。筆者は疾病の全体性・部分性という問題と、病的体験と犯行の因果性（疾病起因性）の問題は区別すべきであると思うので、わが国の判例が部分的責任

能力論を採用しているとは考えないが、しかし、多くの裁判例の思考が発想においても適用の結果においても部分的責任能力論と共通のものを有することは事実であり、共通の批判を免れないと考える。

　　　団藤はツィーエンを援用するが、両者の思想には大きな隔たりがあるようにみえる。ツィーエンは現象論的な疾病観・人間観にもとづいているが、団藤はそうではなく、有責行為能力としての責任能力論を徹底せる行為時（極論すれば行為の瞬間）における人格の統一・人格の収斂による実存的な自由が考えられているように思われるのである。かかる思想は（団藤自身が引用するところであるが）強制収容所の過酷な状態においてもなお失われることのなかった人間の内的自由を伝えるフランクル（『夜と霧』原題『強制収容所における一心理学者の体験』1947年）に通じるところが多く、その意味において楽観的な人間観を要請するといえるだろう（フランクルは、自分を最も困難な状況に耐えさせたものはオプティミズムであったと記している。このオプティミズムは高潔な人格および深い人間理解とともにあり、皮相な人間観とは無縁である）。この自由は現代の実存主義よりもカントの実践理性に近いと思われるが、行為の時点における実践理性の要請が行為者に困難を強いることも事実であり、通説が部分的責任能力論に否定的なのは理由があると思う。
　　　なお、団藤と対照的なのは責任判断の類型性の立場に立つ佐伯千仭であろう（『刑法に於ける期待可能性の思想』〔有斐閣、1947年〕、『刑法講義（総論）』〔有斐閣、1968年〕）。ここで、筆者の記憶を述べることを容赦されたい。学生時代のゼミナールで、佐伯教授から、「責任能力とは人間の類型の問題である」旨の説示を受けたことがある。これに対する「なぜ類なのか。なぜ個において人間の属性をとらえられないのか」との私の質問に対し、佐伯は「不可知論である」と答えた。いうまでもないであろうが、佐伯の不可知論は人間の認識能力の限界と弱さに対する直視からなり、かくして期待可能性の思想は深化した。佐伯と団藤という２人の巨匠が、同時代に生き、ほぼ同様の法的正義観を抱きながらも、人間観の差異がくっきりと法理論を分けるのをみて、感銘を受けるのは私一人であろうか。

⑶　殺人者精神病の概念

　ところで、近時ある意味でモノマニー・ホミサイドの現代的再生ともいうべき概念が提唱されている。福島章[29]はDSM－Ⅳの「他のどこにも分類されない衝動制御の障害」の中の窃盗癖、放火癖と同様に殺人癖という診断名を付け加えてもそれほどおかしいことではないとしたうえ、殺人者精神病（murderer's insanity）の概念を提唱している。それは、重大な殺人事件を起こす人々にある程度共通する「人格と病理の複合」であるが、それでも一つの疾病単位（krankheiteinheit）なのであるという。もっとも、福島はこの疾病概念はあくまでも研究と治療法開発のための概念であって、司法的判断のための概念では

22　第1部　精神鑑定と刑事司法

ないとしているうえ、かつてのモノマニー論のように免責に直結することは全く想定されていないが、しかしその診断が心神耗弱（限定責任能力）判断に影響する可能性は否定できないように思われ、医学と司法の歴史的関連という意味で興味深いものがある。

　筆者の理解する福島理論の特質を要約的に述べたい。実践的には、死刑制度を存置するとともに医療観察法による強制入院処遇制度のなかったわが国において、死刑を回避する人道的な見地と免責による釈放を回避する刑事政策的な発想が混在し、理論的ないし認識論的には力動論による疾病概念の流動化と多元主義がこれを支えている。生物学的精神医学から出発したと思うが、1970年代に力動的な見地から従前は心神喪失とされることの多かった覚せい剤精神病について心神耗弱（不安状況反応型）の拡大を主張し、次いで同様の視点からアルコール酩酊の心神喪失も著しく縮小した。尤も、福島はこの視点を従前は完全責任能力とされていたものにも及ぼしており、その理論的帰結として心神耗弱領域が非常に広い特徴がある。福島は次いで1990年代に至り微細脳障害の影響を強調し、微細脳器質性変異（MiBOVA）の概念を提唱したが、これは従来完全責任能力とされていたタイプのケースについて責任減軽の可能性を開く方向で考えられており、器質性を含む多次元診断によって心神耗弱領域は一層拡大されることになる。また、後述の幼女連続誘拐殺人事件のM被告人にかかる三鑑定の批評は多次元的である以上に多軸的であるように見える。「殺人者精神病」の概念はこのような思想の集大成として構想されたものであろう。

　このように福島説は柔軟な思考を有し、非常に興味深いものである。ただ、問題は医学理論が司法実務に対して一定限度で有していた指導性を破壊したことにある。司法はこれによって裁判判断における広大な裁量権を取得した。死刑事件を別とすれば、心神耗弱は実質上は一量刑事情にすぎず、完全有責に限りなく近いからである。而して、これまでの判例を見る限り、裁判官は福島説を可罰性拡大の方向で利用することが多く、その逆に採用することは殆んどないのである。

　さらにいえば、福島は上記幼女連続誘拐殺人事件について、医師というスペシャリストの科学的な「発見」と、それを生かす法律家というゼネラリストの「統合」の能力が望まれたのに、判決は「統合」ではなく、単に形式的な「選択」をしたにすぎないと批判している。而して、筆者はここに福島の司法に対する過剰な期待（幻想）と認識論的な限界が表れていると考える。実務法曹もまた一人のスペシャリストであって、一般に福島の期待するような素養を有する人ではないのである。

　思うに、何の学問にも、その内的構造として、アート（術）・サイエンス（学）・ロゴス（理）の層を考えることができるであろう。医学についてみれば医術・医学・医哲学、法学については実務法学・理論法学・法哲学の如しである。而して、医師は医術者と医学者を兼ねることが少なくないが、医学者は必ずしも医師である必要はない（現にノーベル医学・生理学賞受賞者の約半数は非医師である）。法学においても実務法曹は理論面において法学者の援助を受け、さらに法の哲学においては万人の教えをうける。これ

第1章　精神医学と精神鑑定　23

は全ての分野に共通であり、それ故に全ゆる学問はロゴスにおいて通底し、もって真の学際的研究と相互批判が可能になるのではなかろうか。従って、福島のいうゼネラリストの統合能力とは全ての人が哲学者として働くときのそれを意味しており、司法がそれを回復するためには全国民による監視と批判が必要であり、福島のように裁判官の裁量を拡大するのはその逆行なのである（なお、国民的監視のための情報公開と関係者のプライヴァシー保護の間には困難な問題があるが、後者に配慮しながら関係学会が学際的に判決を批判する等の努力がなされねばならない）。

　而して、司法は福島説にどのように対応すべきか。自由心証主義の名のもとに粗雑な判決が放置されている現状において、これを無批判に採用することはできない。しかし、他方では死刑制度を残すわが国において責任減軽のために福島理論を活用すべき面があることも否定できない。とくに微細脳障害と犯罪行動との関係は未解明の部分が多いが、その関与が強く疑われるときは（免責はともかく）限定責任能力を適用、もしくは少なくとも情状として考慮すべき根拠があるであろう。社会の耳目を集める重大犯罪に対する減刑論は必罰感情との衝突を避け難いが、このような場面においてこそ法哲学的思惟が求められるというべきである。いずれにしても、法廷はいかなる理論をも拒まず、またこれに盲従せず、真に開かれた場でなければならない。

5　疾病観の近時の傾向と責任能力論の規範化

　近年の精神鑑定は力動論による疾病概念の流動化と、多次元診断ないしはDSM 的な多軸診断が裁判判断における裁量の幅を拡大し、更に責任能力論の「規範化」によって、医学理論の司法に対する指導性の低下が特徴的であると思われる。

　而して、責任能力は法的概念であるから、その内実をなす心理学的要素はもとより、その基盤をなす医学的要素についても、究極的には法廷が決することにはなるが、その判断に科学（医学）的基盤がなければ、法的判断が客観性を失い、規範的評価の名のもとに恣意的な判断が増加するものと危惧されるのである。

(1)　力動論の影響について

　1950 年代に竹山恒寿[30]が先鞭をつけ、1970 年代以降において福島章[31]が実務に大きな影響を及ぼした、行動と状況の了解関連性を強調する見解は、力動論的な見方が可罰性を拡大することの好個の例である。福島理論は疾病と非疾病の境界を流動化させ、限定責任能力の領域を拡大するとともに、裁判官の裁量権をも著しく拡大させた。

24　第1部　精神鑑定と刑事司法

なお、力動論が過剰な了解に陥りやすいことはヤスパース[32]がこれをAls-ob-Verstehen（あたかも……かの如き了解）と批判したとおりであるが、その認識論的解明として井筒俊彦[33]は最も明解である。いわく、「人間知性の正しい行使、厳密な思考の展開、事物の誤りなき認識のために、〈定義〉の絶対的必要性をソクラテスが情熱をもって強調して以来、思惟対象あるいは認識対象の〈本質〉をきわめるということが西洋哲学伝統の主流の一部となって現在に至った。……〈本質〉またはそれに類する概念が、言語の意味機能と人間意識の階層的構造と連関して、著しく重要な役割を果たしていることにわれわれは気付く。……意識をもし表層だけに限って考えるなら、意識とは事物事象の〈本質〉をコトバの意味機能の指示に従いながら把握するところに生起する内的状態である。……コトバの意味作用とは、本来的に全然分節のない〈存在〉にいろいろな符牒をつけて事物を作り出し、それらを個々別々のものとして指示するということだ」と。深層心理（フロイトのいう無意識）の働きを強調する精神分析理論は、未分節の存在を把えようとして、事物の本質把握（司法の事実認定はその典型）が融通無碍になりやすい（比喩的にいえば、地表には明確な国境があっても、地下のマグマにはそれはない）。精神鑑定における力動的な見方が疾病と非疾病を流動化させ、もって有責と無責を相対化させる所以である。

⑵ 多次元診断ないし多軸診断について

両者はその発想を異にしており、医学理論としては別個のものであろう。クレッチマー的な多次元診断には病因論的発想すなわち病因を多元的に見る思考が強かったのに対し、DSM-Ⅲ（1980年）以降の多軸診断は病因を捨象して現象（症状）を操作的に扱っているからである。しかしながら、一人の患者を多元的に見る点においては両者共通であり、そのいずれもが裁判官に対して多元的な視点のうちの一つに着目する自由を与え、裁判判断における裁量権の拡張をもたらす。

ここで、その典型的な例として、被告人Mにかかる1988～89年の幼女連続誘拐殺人事件（一審・東京地判平9・4・4、控訴審・東京高判平13・6・28、上告審・最三判平18・1・17裁判集刑289号15頁、判タ1205号129頁）にかかる三鑑定意見に対する福島章の批評をとり上げよう。福島[34]は「極端な性格の偏り（人格障害）はあるものの、統合失調症を含む精神病様状態にはなかった」という保崎らの鑑定、「離人症とヒステリー性解離症状を主体とする反応性精神病」とする内沼・関根鑑定および「潜勢的に統合失調症に罹患していた」とする中

第1章　精神医学と精神鑑定　25

安鑑定について、「これらの鑑定は、一見すると三者三様で違うことを言っているように見える。しかし、人間の心のもつ多層性・多面性というものを考慮すれば、上記の結果も、三者を統合する理解が可能である。すなわち、『人格の偏りを基礎にして、青年期に統合失調症を潜勢的に発病したM被告の自我障害の一症状として人格解離現象が見られた』と理解すれば、彼の精神の全体像の概要を記述したことになるともいえる」というのである。筆者はここで三鑑定と福島の四者について優劣を論じようとするのではない。福島の見解に従えば裁判官は三鑑定のうちのどれを採用することも論理的に可能であって、もはや鑑定は裁判に対する認識論的な指導性を失うことを指摘するのみである。なお、念のため付言すれば、筆者は精神医療における操作的診断基準の意味を否定するものではないし、それが司法鑑定における診断の客観性に寄与する可能性も否定しない。ただ、それは従来の優れた精神病理学的研究の深い人間理解には及び難いと思うのである。山下格[35]もパニック障害を一例としてその診断学的限界を具体的に指摘するとともに、病因論的思考が不可欠であることを述べている。従って、鑑定医が特定の診断基準、たとえばDSM-5に従っている時には、同時にICD-10、更には伝統的な疾病概念に照らした診断をも求めることが望ましい。統合失調症概念の歴史的変遷については保崎秀夫[36]の基本的な研究があるが、鑑定においては斯様な検討が不可欠なのである。

(3) 責任能力論の規範化

　以上に述べた疾病概念の流動化・相対化によって、医学理論の裁判判断に対する指導性は著しく弱まっている。その傾向は昭和58年決定（最三決昭58・9・13）及び昭和59年決定（最三決昭59・7・3）以降顕著であったが、近時の平成20年判決（最二判平20・4・25）でかなり是正されたように見えた。しかしながら、その後の平成21年決定（最一決平21・12・8）のような旧来の実務が復活したともとれるような判例が現れているところ、医学理論の側からも、近時、岡田幸之[37]は（岡田も参加して作成された「刑事責任能力に関する精神鑑定書作成の手引き　平成18〜20年度総括版〔厚生労働科学研究・こころの健康科学事業〕」における「7つの着眼点」とともに）刑事責任能力の判断構造を示す「8ステップ」モデルを提唱し、鑑定人と法律家の役割分担を試みており、それ自身は傾聴に値する見解であるとはいえ、以下のような問題もあると思われる。すなわち、生物学的要素を抜きにした「7つの着眼点」が責任能力の判定基準の如くに利用されやすいことに加え、「8ステップ」も医学側の疾病診断の前段階の機能・

26　第1部　精神鑑定と刑事司法

症状・病歴・病理（健常部分を含む）の特定から法学側の犯行の態様・事情等の認定への進行を重視しているため、疾病診断の意義を相対物に軽からしめたということである。そして、このことが岡田の意図を超えて疾病診断を無視するかのような野放図な判決（例えば神戸地判平29・3・22）を生む一因をなしているようにも思われるのである。

　この問題はいわゆる可知論・不可知論の議論にも関係している。岡田の所説は可知論的傾向が顕著な判例の立場に対応したものであろうが、中谷陽二[38]もいうように、不可知論と精神病即責任無能力論は区別して考えるべきであり、可知論と不可知論は二者択一の関係にはなく、可知論の行き過ぎを抑制するところにシュナイダー的な意味での不可知論—知の限界の認識—の存在意義があることが再認識されねばならない（なお、岡田[39]自身も「究極的なところに至ると最後には不可知論が正解であるということになる」と述べている）。

　而して、わが国の刑法学、例えば前田雅英[40]は1999年の時点において判例の傾向を「判例の規範化」と呼んでいるが、裁判判断おいて必罰感情が科学的認識を陵駕することを避け難いのではあるまいか。

> 我が国の判例については本書68頁以下、とくに死刑事件において「規範的立場」から責任減免を抑制する傾向の問題点については本書73頁参照。
> なお、神戸地判平29・3・22（LEX／DB25448600）は典型的な疾病診断軽視の判決である。事案は精神刺激薬リタリンの長期大量服用によって薬剤性精神病に罹患した被告人が体感幻覚、妄想着想、妄想知覚等の症状から、「日本国政府やそれに同調する工作員らは一体となって、電磁波兵器、精神工学兵器を使用し個人に攻撃を加えるという『精神工学戦争』を行っている」という思想をもち、工作員であると信じた近隣の5名を殺害したという事案であるが、判決は「各犯行の動機は、被害者一家らは工作員であり自分たちに長年攻撃をしてきているという妄想を前提として、それに対する報復をし、裁判の場で精神工学戦争の存在を明らかにするというものであったと認められる。（中略）本件各犯行の動機は妄想を前提とするものであり、そこには薬剤性精神病の影響がある。しかしながら（中略）対抗策として殺害を選んだのは、誤った正義感に基づくものではあるけれども、病気の症状に大きく影響されたものではなく、正しく被告人自身の正常な心理によるものである。」というのである。
> 中谷陽二（前掲注38論文）は本判決を評して次のように述べている。「身近な例に喩えるなら、メールを送ろうとして誤った文面を入力した。正しい操作で相手に送った。この場合、送る操作は正しかったのだから間違いメールではなかったという論法である」と。実際、本判決のような論理が是認されるとすれば、責任能力制度は完全な空洞化を避けられない。
> そして注意すべきは、このような野放図な判決理由が死刑判決にしばしば見られるということである。結果の重大性に幻惑され

第1章　精神医学と精神鑑定　27

て責任能力論を枉げれば、責任主義は危殆に瀕する外はないであろう。

6 病的酩酊の診断基準をめぐって

視点を変えて、疾病観の差異が司法実務に不平等と混乱をもたらしている問題として、病的酩酊の診断基準についてふれたい。

(1) 急性アルコール酩酊は鑑定意見と裁判判断が対立することの多い困難な領域の一つである。ヒンダー[41]は異常酩酊を質的異常（病的酩酊）と量的異常（複雑酩酊）に分類し、前者には責任無能力を、後者には限定責任能力を、そしてアルコールに対する一般的・生理的反応（単純酩酊）には完全責任能力を認めることを原則とし、わが国においても1960年に中田修[42]がビンダー論文を紹介して以来、概ねこれを採用してきた。もっとも、近年は福島章[43]が力動的な人格の層理論にもとづく新たな三分法を主張して心神喪失相当の酩酊を縮小しているし、影山任佐[44]も人格層・意識空間・情動運動興奮性の3軸に副次軸（人格障害・犯罪歴）を加えた点数化による評価を提唱している。ドイツにおいても近年はビンダー的な症候論よりも血中アルコール濃度による機械的な責任評価が有力なようである。而して、筆者はここでは上記各見解の優劣を論ずることは控え、アルコール酩酊は一過性であるから診断基準（鑑定結果）が処遇に決定的な影響を及ぼすことについて諸家の認識を求めるにとどめる（ただ、1点だけ付言すれば、血中アルコール濃度の変化は生理学的な法則性を前提とし、それは加藤伸勝[45]によって見出された病的酩酊における屈折上昇の知見においても同様である。しかるに、小片基[46]もいうように精神症状は多種多様で血中濃度との比例性はないから、近年のドイツ的な方式は疑問とせざるをえない）。

(2) 参考までに代表的な論文の発表年の順に病的酩酊の認定率をみよう。

　　ビンダー[47]（1935年）　　208例中56例（26.0％）
　　林暲[48]（1960年）　　31例中11例（35.4％）
　　竹山恒寿[49]（1960年）　　100例中4例（4.0％）
　　青木義治[50]（1965年）　　32例中1例（3.1％）
　　中田修[51]（1968年）　　20例中3例（15.0％）

小沼十寸穂[52]（1969年）35例中15例　（42.9%）

桜井図南男[53]（1970年）11例中 0例　（0%）

佐藤時治郎[54]（1977年）26例中 0例　（0%）

青木勇人[55]（1983年）　35例中 6例　（17.2%）

影山任佐[56]（1992年）　78例中 6例　（7.6%）

　このうちビンダーは一般臨床例を含むので、鑑定例だけをみれば認定率は少し下がる可能性がある。林以下は全て酩酊犯罪の鑑定例である。これによれば、林と小沼の認定率が高く、中田と青木（勇）は概ねビンダーに近く、竹山・青木（義）・桜井・佐藤が著しく低い（桜井は自ら「病的酩酊のカテゴリーは非常に狭くとっている」と述べている）。

　而して、事例には当然ながら各々の個性があるから、上記認定率のみをもって断定することはできないが、それにしてもこのような認定率の差異は診断基準のばらつきを示唆するものではないか。そうとすれば法の下の平等の見地からも黙過しがたい問題であり、早急な検討を要するところである。

　なお、中田[57]は病的酩酊診断の必要十分条件として、①多少とも著しい健忘、②身体的麻痺症状の欠如もしくは精神病状の急激な発現、③見当識障害をあげたが（この三条件の結合が必要）、福島[58]は中田説が病的酩酊の範囲を著しく拡張したと批判し、心神喪失に相当する第Ⅲ段階の酩酊（福島の三段階説はビンダーの三分説に類似するが、この第Ⅲ段階はビンダーの病的酩酊より狭い）には完全健忘が必須であるとする。

　而して、福島の中田批判のうち病的酩酊概念拡張の点については、実証的根拠が示されていないうえ、前記結果に照らしても相当性を欠くことがわかる。完全健忘の要否については、ビンダーが病的酩酊のうち完全健忘約30%・島性健忘約60%・概括健忘約10%としていたことが想起されるべきである（尤も、グルーレ[59]は完全健忘を要件の一つとしており、この点において福島と合致するが、少数説である）。従って、福島説を一つの学問的見解として評価することは格別、司法の場においては、それが世界の一般的見解に比して病的酩酊による免責を狭めていることを確認する必要がある。

7　精神鑑定から見た死刑問題

　司法精神医学には死刑制度の是非についても示唆するものがある。筆者が精

神鑑定を通じて考えるところを略記したい。

(1) 重罪事件において被告人の資質が責任能力論と情状論とで矛盾した作用をはたすことが少なくない。すなわち、それが「疾病」とされれば責任減免をもたらすが、「非疾病」の精神病質ないし人格障害であるとされるときは、矯正不能の悪しき情状としてしばしば死刑の理由とされるからである（このことは、疾病と非疾病を断続的なものとみるか、移行可能な連続的なものとみるかという、精神医学的疾病観の根本問題にかかわるであろう）。

否、現在非疾病論とされるものについても、医学の進歩とともに遺伝的変異や微細脳障害等の疾病性が発見される可能性を考えれば、上記の矛盾は責任能力制度廃止による重罰化よりも、むしろ死刑廃止の一理由にもなりうることが理解されるのである。

(2) なお、法哲学的には上記矛盾を自覚しつつ死刑制度を維持する立場もありうるかもしれない。ホームズ判事[60]は1925年12月17日のハロルド・ラスキ宛書簡において次のように述べている。「抑制不能の衝動をめぐる貴君のご意見にお答えしますと、法は社会的行動のある最低量を規定しているのであって、人はそれに服さねばならず、違反したときは責任を負う覚悟が必要だと考えます。……その覚悟の最も少ない人々に最も重い責任がかかってくることになりますが、しかし、そのためにこそ法が存在するのです。……もし私が私の判決による死刑囚と仮定の哲学的問答をするならば、私は彼に対して次のように言うでしょう。……君の行動が君にとって不可避であったことは疑わない。しかし他の人々がその行為をより避け易くするため、公共の福祉のために君を犠牲にせんと提案するのだ。君がそう思いたいなら、君自身を祖国のために死ぬ兵士だと思ってもよいのだ」。

而して、ここにはプラグマティックな正義観の精髄が表現されているが、同時に制御不能性が人間の認識能力の彼岸たる一種の聖域（魔女性と同様に倒錯された聖域）とされているように思われる。しかしながら、もしホームズが現存するとして、その後明らかにされた脳病理等の経験科学的知見を前にしても同様に述べるだろうか。もとより現代医学も知ることは少なく、未解明の部分が多いことは否定できないが、福島[61]の微細脳器質性変異などもそのような経験科学的努力の一つなのであり、それは死刑制度の是非を考えるさいにこそ最も大きな意味を有すると思われる。結局、ホームズの立場は疾病を罰すること

に帰結する外はないのである。

(3)　立法論としては死刑判決の手続的要件としての必要的鑑定制度を採用すべきと考える。我々の認識能力の限界によって疾病が看過される可能性を否定できないからである。否、時代的制約による疾病の無知によるときは、将来における再審の可能性も開かれるべきであろう。ビュルガープリンツ[62]の回想によれば、ウィルマンスは「発病初期の統合失調症殺人者の多くが鑑定を経ずに処断されており、後世の人間がこれを見れば、我々が過去の魔女裁判を見るのと同じように感じるだろう」との趣旨の発言をしているが、それは我々の法廷にも妥当するのである。

　なお、現時点においても、フランスでは重罪について鑑定が必要的であり、ドイツでも重大事犯には殆ど例外なく鑑定がなされている。我が国の現状はまことに問題が多いといわなければならない。

IV　刑事司法の手続面における精神鑑定の寄与

　精神鑑定も刑事司法手続の一環をなす以上、デュー・プロセスの要請を受けることは当然である。ここでは、かかる要請による手続上の問題についてふれたい。

1　自白の精神病理学的批判

(1)　鑑定資料としての自白
i　最大の鑑定資料は被疑者・被告人の供述とくに自白であるが、自白調書が鑑定資料として鑑定人に供されることが一般的である。

　ところがわが国の供述調書は逐語どころか一問一答の録取ですらなく、捜査官が要約・構成したものであり、しかも（裁判員裁判対象事件を除けば）供述過程の録音・録画が義務づけられていないので、鑑定人は正確な供述状況を知ることができない（裁判官や弁護人も同様である）。従って、鑑定は精神医学的知見からみた被鑑定人の心身の状況に照らし調書の内容が自然であるか否かの調査から開始されねばならない。実際、かかる問題意識を欠落せる鑑定書を散見するが、これでは真に鑑定と呼ぶに値しない（鑑定人は犯罪学に加え、刑事法学の最小限度の素養を必要とする。臨床経験は必要条件ではあるが、十分条件ではな

第1章　精神医学と精神鑑定　31

く、それのみでは鑑定能力を保証しないのである。なお、鑑定における供述心理学の総説として山上[63]参照）。

ii　他方においては、調書と鑑定所見が矛盾する場合に（例えば、調書内容を前提とすれば何の問題もないが、鑑定人からみれば事件当時意識障害があり、犯行状況を具体的に供述する調書が不自然であると思われたり、調書には記載されていない異常心理体験が存したと認められる場合）、鑑定意見が調書の不正確である所以をも明らかにしない限り、それが医学的には正しくとも、裁判判断によって斥けられることになりがちである。実務における自白信仰はそれほど根強いのである。従って、鑑定人は事件当時の精神状態を説明するために、しばしばそれと矛盾する自白過程の解明（例えば、知的障害あるいは精神障害のため取調の圧力が一般の被疑者以上に強烈に作用した、取調中も幻聴とのみ対話して取調に全く関心をもたず機械的に反応していた、あるいは、うつ病による悲哀感・罪責感のため尋問の誤りを認識しながらも正す気力を有しなかった等々）をも求められるのであり、このため鑑定人は精神医学のみならず供述心理学の深い素養を必要とする。

iii　先に健忘の問題について述べたが、鑑定人は完全健忘であると思っても、調書に犯行の全部又は一部を自白する記載があれば、直ちに深刻な判断を迫られることになる。病的酩酊についてもそうであるが、心因性朦朧状態の場合には、それが数分間に止まる場合も多く、その前後の経過に照らして想像で述べることが容易であるうえ、客観的にも自分が犯人であると理解できるケース（例えば、はっと気がつくと、自分は血のついた包丁をもって立っており、目の前に被害者が倒れているような場合）では、記憶にもとづかない自白がなされることが少なくない。このような場合には、自白の犯行態様によって被害者の創傷が生じるか否かの法医学的調査をなすなど、客観的証拠の検討が優先されるべきであり、そのため法医学者等との共同鑑定を求める必要がある。精神科医である鑑定人単独で結論を出すことは危険である。

(2)　自白批判の方法

i　自白の任意性あるいは信用性についての研究は多いが、両者の批判の方法に関する自覚的検討は乏しかったように思われる。法学の立場からは任意性は証拠能力（証拠の許容性）の問題であり、許容せられた証拠についてのみ信用性（証拠価値）が評価されることになるため、従来の自白信用性研究（代表的なものとして、ゼーリッヒ[64]、ウンドイッチ[65]、トランケル[66]、渡部[67]、守屋[68]、グ

ッドジョンソン[69]など）は、それを任意性から一応切り離したうえ、自白内容を他の証拠と対比する静態的研究が中心を占めてきたと思われる。その原因としては、任意性の問題は拷問等の外面的強制や取調時間の長さ等の客観的状況を中心に考えられ、被疑者の内面的事情は主として信用性の次元でとらえられてきたことが考えられる。もとよりこのことを誤りとまではいえないが、しかし、被疑者の主観的・内面的事情が任意性を奪いうるという視点もまた必要であると筆者は考える。任意性の核心を被疑者の主体的な防御能力から見るときは、それを奪うものが外的強制であるか異常心理体験等による内的強制であるかによって区別すべき本質的理由を失うと思われるのである（後掲の足跡裁判事件控訴審判決もこの理を認めている）。ここに精神鑑定が自白批判に活用されるべき理由がある。

ⅱ　ところで、近時、心理学の立場から自白信用性の興味深い研究がなされている。浜田[70]は旧来の法律家による静態的自白研究を批判して、供述過程における取調官と被疑者双互の心理力動を動態的に把える必要を指摘し、現に幾つかの事件について有益な鑑定意見書を提出しているが、ここでは斯様な問題について法律家の立場から精神鑑定医の注意を求むべきと思われる諸点について略記する。

(ⅰ)　心理学は人間行動を了解性の立場から見ることによって信用性判断に寄与するが、精神病理学は了解性と了解不能性（疾病性）の境界を究めることを使命とし、これが任意性判断の参考となる。従って、両者は一人の人の精神を別方向から照射し、相補的な関係に立つとともに、両者の交錯するところに任意性と信用性の全体を展望する契機が存するように思われる（なお、了解性と了解不能性が機械的に任意性の存否に対応するのではなく、了解可能であるが任意性を欠く場合もありうる。例えば銃を突きつけられて虚偽自白する場合を考えれば、誰もがそれを肯定するだろう。ただ、この場合でも恐怖反応による瞬時の自我の崩壊〔疾病性〕の面を考慮する必要がある）。

(ⅱ)　前項に関連して、鑑定資料の問題に注意しなければならない。浜田の方法においては、不任意自白も供述心理過程の動態的把握のために不可欠の資料であるが、刑事訴訟法上は不任意自白には証拠能力はない。斯様な自白調書を罪体認定からは排除しつつ医学・心理学鑑定の資料となすことは法学上の課題であると思われるが、全く検討されていない。従って鑑定人はその扱いについて裁判所と協議することが望ましい。

⑶ 自白任意性否定の指標

　筆者は自白批判のために任意性否定の指標として、以下の①〜⑤について考えてきた（これは指標であって、直ちに任意性存否の判断基準を提供するものではなく、それは判例法理の蓄積によって形成せられねばならないが、以下の①〜⑤はその指導形象としての意義を有すると考えている）。

① 　知的障害者の自白

　これについては詳しく述べるまでもないであろう。知的障害ゆえにそもそも取調の意味が良くわからないうえ、被暗示性が強い。簡単に誘導されて虚偽自白をする。自白の信用性を否定した無罪判決は少なくないが、後述の八丈島事件と足跡裁判事件では任意性をも否定しており、注目に値する。

　八丈島事件（1946年の住居侵入強姦致死事件）において最判昭32・7・19は被告人２名のうち知的障害者であった１名の自白任意性を否定して無罪（他の１名は自白の信用性を否定して無罪）としたが、「被告人は精神薄弱者であるため刑事係をおそれること著しく意思の影響を受けて自白するに至ったのではないか」との菊地甚一鑑定人の意見が任意性の否定による誤判防止に寄与したと思われる。

　いわゆる足跡裁判事件（昭和30年の強盗致死事件であるが、犯人と被告人の足跡の同一性をめぐって争われたことから、足跡裁判と呼ばれる）では一審の東京地判昭38・2・26は起訴前の自白の信用性を否定して無罪であったが、控訴審の東京高判昭43・2・15（確定。判時535号5頁）は更に自白の任意性をも否定し、「若し、被告人が自ら体験しない事案であるのに捜査官が繰り返し問を発し、被告人がそれに応答した為に自ら体験したものと憶えこんで供述したものであるとすれば、その供述には信憑性は勿論任意性すら否定されるものといわなければならない。蓋し、供述の任意性ということは体験を体験として記銘したことが前提とせられるのであって、故らな虚偽でなく、虚偽を真実と思い込まされた場合の供述は、その思い込まされたことが強制によると、その者の能力的欠陥によるとによって差異を設けるべきではないからである」と判示して控訴を棄却した。

　この判決は被告人の知的障害に着目しているが、その理は後記の追想不能下の自白のほか拘禁反応等の心因性の障害や精神病性の異常心理体験下の自白についても妥当する筈であり、とくに注目されるのである。

② 　事件時の意識障害や逆行健忘による追想不能下の自白

　人の記憶のメカニズムは先ず体験を脳に印象づける記銘、印象された内容を

意識下に保っておく保持、印象内容を再び意識の上にのぼらせる追想、再生されたものと以前の印象内容の同一性を確認する再認の四過程からなるといわれるが、事件時に重い意識障害があれば記銘自体が出来ない。尤も、後から想起できないといっても、当初はわかっていて時間の経過とともに自分の想い出したくないことを都合良く忘れてゆくという無意識的な心理機制が働く場合もあり、これをフロイト的健忘と呼ぶ人もいる。長期被拘禁者の拘禁反応にはこのような心因性健忘を伴うことが少なくないようで、かかる健忘は犯罪事実や責任能力の認定に影響しないであろうが、事件当時において記銘自体を困難にする意識障害がある場合、例えば病的酩酊のもうろう状態とか譫妄状態の場合には、責任能力が否定されるのみならず、記憶がないのであるから犯行についての供述も不可能のはずである。

　また、逆行健忘とは記憶の障害を起こすような出来事によって、それ以前の健全な時期に遡及して記憶を欠如することで、脳外傷による意識喪失者もしくは意識混濁者は概ねこれを伴う。交通事故の場合、過失が問題になるのは衝突の直前数秒以内のことが大半であるが、衝突によって短時間でも意識喪失をきたせば逆行健忘のため直前の運転状況は想起できないはずで、できるはずのない供述が調書にとられていることになる。記憶のない人が誘導あるいは理詰めの尋問によって自白させられる場合、任意供述といえるであろうか。

③　意識障害の継続下の自白

　飲酒酩酊下の事件や、薬物を飲み自分も自殺するつもりで子供に手をかけた事件などで、アルコールや薬物の影響から覚醒しない段階で自白する場合である。誰でも酒に深酔いした翌日は良く想い出せないことがあるように、意識障害下の事件の場合、事件後の睡眠によって追想できなくなることがあり、その意味で初期供述の重要性は否定できず、特に思わず発した言葉が事件の客観的内容の説明よりも犯意などの主観面を率直に表す重要な証拠となることもある。ただ、この段階においては覚醒後の冷静な状態のような防御能力はないうえ、子殺しの事例などでは事件自体を心因とする錯乱が加わって一層意識障害を深めることもあり、不正確な自白をとられることが少なくない。従って、我々は重要な証拠は同時に危険な証拠でもあることを知る必要がある。

④　拘禁反応下の自白

ｉ　筆者は冤罪事件における虚偽自白は拘禁初期における急性一過性の拘禁反応という視点から検討することが有益であると考えている。これまでの研究は長期被拘禁者に関するものが多いが、中田[7]は中長期反応と初期反応の差異に

第1章　精神医学と精神鑑定　｜　35

ついて指摘しているし、ドイツのライヒも逮捕直後数日間の拘禁反応について鋭い観察をしている。我が国の報告例は戦前の思想犯に関するものが多く、当時の思想犯は行政検束によって何カ月も留置場をたらい回しされたうえ、精神異常をきたして病院に送られた人が少なくないが、初期の拷問による恐怖反応がないはずはないのであって、時代の制約のため報告者がこれを書けなかったのであろうと思われる（我が国の思想犯にみられた拘禁反応については野村[72]及び拙稿[73]参照）。

　筆者が関心をもつのは逮捕直後の初期反応で、拘禁それ自体がもっている心理的効果と自白の関係である。拘禁下においては看守や取調官に全権を握られているから、拘禁の長期化とともに取調官との虚偽の人間関係と真実の人間関係の区別がつかなくなって、暗示性が高まり、相手に依存するような心理で何かを話す。そのうちに真実と虚偽との境界がはっきりしなくなる。これが多くの拘禁反応であり、多くの虚偽自白であり、我が国の代用監獄批判論でも斯かる面が強調されている。その視点は正しく、かつ重要であるが、ただ初期反応に対する視点が十分でない。拘禁初期の異常が目立たない場合でも、初期反応は潜在的には被拘禁者を捉えており、人格の解体が進行していることを理解しなければ皮相な理解に終るように思われるのである。

ii　人間の人格や心理を層構造をもってとらえるとき、人格の表層で嘘をつけば正に虚言となり、もう少し深いところだと嘘か真か自分でも分からないというレベルの虚偽があり、概ねそういうレベルの虚偽自白が多いであろうが、ごく初期の拘禁反応はもっと深い層の原始的なレベルを冒すことが少なくない。初犯の場合、ましてや無実の人が誤って逮捕された場合は驚愕反応・恐怖反応的な要素が大きく、戦争神経症や災害神経症と共通の面が大きいと思うのである（驚愕・恐怖反応については、クレッチマー〔西丸四方ほか訳〕『医学的心理学〔10版〕』〔みすず書房、1955年、原著1950年〕参照）。

　関東大震災の報告を見ても、皆が逃げているのにペタンと座り込んでいる人が少なからずいた。冷静にそうしているのではなく、ボーとしている。腰が抜けて動けないなどというのもこういうタイプの現象で、擬死反射と同類の原始反応といえるのではないか。

iii　筆者が拘禁初期における驚愕・恐怖反応が原始反応的だというのは、拘禁初期の被疑者にしばしば類似の現象が見られるからである。拘禁初期に錯乱ないし運動暴発的な反応をすることは時折みられるが、その異常性は素人目にも分かり易いので、このような場合は取調を控えて、担当医師に委ねるべきと

ころ、実際には錯乱状態下において自白調書が作成されてしまうことがある。山上[74]の報告例は無理心中未遂で、子供を殺し自分だけが助かった事案であった。逮捕直後から錯乱状態で、子供の姿が見えるのか（幻視）、声が聞こえるのか（幻聴）、「○○ちゃん、○○ちゃん」といって取調室の中を歩きまわり、全然取調ができないといって警察官がこぼしていた。これは真の精神病ではなく、異常体験反応性の幻覚であろうと思われるが、公判にはその間に作成された詳細かつ整然とした供述調書が提出されたのである。自白内容は子殺しの決意後において意を強めるため薬物を服用して犯行に及んだというが、公判における被告人の供述は自殺を決意して薬物を服用後において衝動的に子供を道連れにしようとしたというもので、山上の見方もこれを支持している。

　これに対して擬死反射的な驚愕反応の場合には、目立った動きがなく、ただボーとして、何を聞かれても機械的に「うん、うん」と答えてしまうため、捜査官も本当に認めていると思って調書を作成することがあると思われる。そして、重要なことは、いずれの場合にも原始的な層に支配されて精神の理性的作用である防御能力が失われているということである。

iv　拘禁の心理に関連して、人類の経験の中で非常に貴重な報告がある。アウシュビッツの記録で、ここでは我が国でも広く読まれているフランクルとコーエンを引用しよう。

　フランクル[75]はウィーンの精神科医で強制収容所の実態を概ね察知する知的な層の人だった。入所後の自分の心理について自分自身いろいろ思いを巡らしながら収容されたわけであるが、入った直後の自己の心理体験について次のように書いている。「外界からの突然の遮断、一切の私物の剥奪、すべての人間的自由の喪失、先着収容者の大量殺戮や生存者の悲惨な状態を目のあたりにして、かかる現実がまるで自分とは無関係であるかのように感じられた」。

　フランクルはこれを表面的な人格分裂と呼んだうえ、「このように我々がまだもつことのできた幻想は次から次と消え失せていった。しかし今や我々の大部分を襲ったものは全く予期されないものであった。すなわち捨て鉢なユーモアであった。他に別の一つの感情が我々を支配し始めた。すなわち好奇心であった」。

　言うまでもないと思うが、これは逆説的な急性症状で、直視するには現実は余りにも残酷なので自我の防衛機制がそれを直視することを拒むわけである。更にフランクルは「異常な状況においては異常な反応がまさに正常な行動である」と述べているが、誰もが心から共感を禁じ得ないであろう。

第1章　精神医学と精神鑑定　37

コーエン[76]の報告も忘れ難い。「初期反応の性質は、その犠牲者がどのような心理的条件下におかれていたかということによって決められた。犠牲者が自分の将来についてどのような考えを抱いていたかということが初期反応の性質を決定する重要な要素となった」。

　すなわち、コーエンのように強制収容所がどういうところか大体わかっていた少数の人々にとって、「一応の予備知識があったとしても、自我がその意味をすばやく理解するには現実はあまりにも恐ろしいものであった。そこに急性離人症が生じたのである。私はこれを自我の防衛機制とみなしている」。

　他の多くの人々にとっては「強制収容所やガス殺戮に関する全ての事柄が不意に意識の中に自覚されるに至った。意識はそれに対して何の準備もしていなかったのだ。この死の恐怖に対する反応が恐怖症的反応であった」。

　ここに原始反応としての恐怖反応が明確にとらえられている。

　筆者がいいたいのは、そこに心の準備（防衛機制）のある真犯人と、それのない無実の人との違いを類推できるのではないかということである。かような意味で、無実の被疑者が逮捕勾留された場合、心の準備を欠いているという面と、初期反応ゆえに人格の深い層が侵され易いという面が相俟って、殆んど瞬時に防御能力を失いやすく、短期間に虚偽自白に陥るおそれがあると言えるのではなかろうか。

　また、サポルスキーら[77]が精神的ストレスによる神経内分泌学的研究の中で、「ストレスの極端な例として拷問の犠牲者に脳萎縮や痴呆が高率に見出されるという報告があるが、その一部には一時的変化にすぎないものもある」旨を書いているが、拷問は肉体的苦痛と心理的な恐怖のみならず、更に脳の機能的レベルを超えて器質的な、ましてや萎縮による形態的な損傷にまで及んでいるのである。拷問の恐怖が人格を解体しないではおかぬことの証左というべきであろう。なお、サポルスキーらは、一時的変化で元に回復した人もあるというが、そのことは正に一過性の心理現象が脳をおかす程の生理的な影響を持つということの証しであると筆者は考える。

⑤　異常心理体験下の自白

ⅰ　被疑者が取調中も活発な幻聴下にあれば、それとのみ対話して、取調官の尋問内容には関心をもたず、ただ発問に「うん。うん」と機械的に対応して調書が作成されてしまうことがあるのは容易に理解されよう。

　筆者が一審の国選弁護人として経験した事例は、自宅で夫婦喧嘩のあげく夫が妻を包丁でメッタ刺しにして殺害したのであるが、アルコール幻覚症に加え

て激情による朦朧状態が認定され、心神喪失・無罪とされたものである（札幌地小樽支判平2・10・8。但し、控訴審・上告審では心身耗弱とされている）。

　ところで筆者がここで問題にしたいのは責任能力よりも自白任意性についてであって、被告人は逮捕直後から進んで自白しているが、公判や精神鑑定における供述によれば、妻を刺した数分間のみ記憶が欠落しており、取調のときは想像で述べたといい、死体の傷を詳しく調べると自白の犯行態様と符合しない。従って起訴前の自白は信用性に問題はあるが、想像によるのであれ進んで述べているから任意性は問題ないというのがこれまでの実務の大勢であろう。ただ、この人の場合は、アルコール幻覚症のベースがあったうえに妻を殺したという心因的なものも加わって、事件直後から幻覚症が再発し、「お前なんか死んでしまえ」とか「お前はなんで正直に言わないんだ。想い出せ」と、妻を殺して生き残り、かつ犯行を想起できない自分を責める幻聴が生じた。そして、実際に留置場内で手首の血管を噛み切る自殺を図っているのである。自殺未遂をする人は、ヒステリー的というか、それを大袈裟に表すことが少なくないが、この人は誰にも言わなかった。警察官も検事も知らず、筆者も知らなかった。白いシャツなら血の色でわかったであろうが、黒っぽいシャツで傷を隠していため誰にもわからず、鑑定留置の入院先で初めて発見されたのである。従ってヒステリー的な要素はまず否定できる。しかも鑑定医が抗幻覚剤を与えると幻覚が軽減し、偽薬を与えるとまた出てくるという具合に幻覚の病的基盤が明らかである。詐病ではないことが客観的に証明されている。従って、「死ね」というのとともに、「想い出せ。しゃべろ」という幻聴があり、かかる内部の声に命じられ、自分の犯行を想像して述べている訳である。これは捜査官の強制という意味での任意性を否定する要素はないけれども、かかる自白に任意性を認めて良いのかどうか、如何であろうか。筆者は本件の自白に精神の自由が欠けており任意性はないと主張したが、裁判所はこれを容れず、信用性のみを否定し、自白にかかる犯行の認識を否定して心神喪失を認定した。

ⅱ　また、筆者が経験した別のケースはうつ病による女性の子殺し事例であるが、自白内容に客観的状況と矛盾する点があるうえ、自殺と子殺しの決意がなされた順序につき事実と異なる供述がとられていた。本人の事後の説明によれば、取調官が誤解していることは理解できたのであるが、「刑事さん、それは違います」と述べることが出来なかったのであるという。うつ病と子供に手をかけたという事実による悲哀感・罪責感が尋問の誤りを正す気力を奪ったのであろう。筆者は斯様な場合においても任意性の存否について検討の余地がある

と考える。少なくとも精神病理が容易に自白の信用性を奪うものであることが理解されるであろう。

⑷　任意性の医学心理学的側面と法的側面

　上叙の任意性否定の指標に照らして自白任意性の医学心理学的側面と法的側面について筆者の考えを述べ、批判を仰ぎたい。任意性は脳の高次の作用としての理性的防御能力を前提とし、任意性否定の指標と述べたものは理性的防御能力を失なわしむる事情の類型ではないか。また、訴訟能力の中核はこのような防御能力であり、防御能力が失われれば当然に訴訟能力も否定され、訴訟無能力者の自白は任意性を否定すべきではないか。また取調受忍義務につき如何なる立場に立つにせよ、訴訟無能力者には斯かる義務はなく、その意味においても、その自白は排除されるべきではないか。訴訟無能力者が有効に取調拒否権と黙秘権を放棄するということは背理であるから。なお、知的障害のように訴訟無能力が継続する場合もあるが、取調中の錯乱等によって一過性に防御能力が低下することもあり、多くの冤罪事件における虚偽自白は訴訟無能力もしくはそれに近い状態において、しかも捜査官がそれを利用することによってなされていると思われるのである。

2　精神鑑定と事実認定の関係

　精神鑑定が事実認定に寄与することがある。わが国の先例として、八丈島事件（最判昭32・7・19刑集11巻7号1882頁）や足跡裁判事件（東京高判昭43・2・15判時535号5頁）においては精神鑑定による被告人の精神遅滞と自白心理の解明が無罪判決に多大な影響を及ぼしたほか、鑑定によって誤判から救済された他の事案が存することも後述のとおりである。また、正統的な精神医学のみならず、力動精神医学とくに精神分析もこれに寄与することがあり、フロイト[78]も司法上の事実認定を直接的テーマとして論文を書いているし、ヒルシュベルク[79]は精神分析によって認識が深められ誤判から解放された事例を紹介し、フロイトを高く評価していることも前述のとおりである。ただ、精神医学的・心理学的解釈には物証のような一義性はないから（物証の評価もしばしば一義性を欠くことは別論である）、罪体認定にこれを用いることは危険な場合の方が多く、従って精神鑑定が事実認定に寄与するのは副次的効果であるにとどまるというべきであろう。また、精神分析を含む心理学的接近は有罪認定の抑

制原理もしくは情状原理としてのみ有意義であると考えるべきである。

　なお、ここで想起されるのは最近の米国の一部の動きである。ハーマン[80]は幼児期の性的虐待の回復記憶による司法的事実認定が可能であるとし、ボーグら[81]のような子供の司法面接の研究もある。しかしながら、補強証拠なしの有罪認定を許容するとすれば冤罪は不可避であると危惧されるのである（ハーマンらの研究は北米を対象とするが、中井[82]もいうように、我が国は小児ポルノの世界最大の輸出国であり、幼児性虐待の広汎な潜在を考えなくてはならず、われわれはその法的救済手段を研究する責務を負う。しかし、だからといって司法とくに刑事司法における不確かな事実認定を許容することが正しいとは思われない。これは非常に困難な問題でありつづけると思われる）。

3　否認事件における鑑定

　一般的にいって否認事件における精神鑑定は危険性が大きく、鑑定の適応を有しないことが多い。後述の弘前事件のように拘禁延長に悪用されることさえあることに注意しなければならない。

　しかしながら、否認事件において鑑定の適応が存することもありうる。前述のとおり筆者は死刑判決の前提としての必要的鑑定制度を採用すべきと考えるが、死刑の可能性のない否認事件においても、弁護人において鑑定請求を迫られる事例が絶無とはいえない。被告人が鑑定中に否認に転じた場合は如何。その時点で鑑定手続を打ち切るべきとの考え方もありうるが、否認事件が絶対的に鑑定不適応という訳ではないし、鑑定人に犯人性の有無の判断を迫ることも不相当であるから、少なくとも鑑定時における精神状態（疾病の有無）の報告は求めるべきであろう。

4　鑑定手法の限定

　鑑定において麻酔分析や催眠分析がなされることがあり、わが国においても少なからぬ報告がある。被告人が健忘を訴え、その原因・性質（器質性か否か。心因性であるとしても、記銘自体が不可能であったか、それとも事後的に記憶障害を生じたか）が鑑定結果に直結するとき（例えば、病的酩酊や心因性朦朧状態等の意識障害が問題になるとき）、あるいは鑑定人が被告人の健忘自体や否認供述を疑うとき、薬物や催眠による供述誘導の誘惑にかられることがあるかもしれ

第1章　精神医学と精神鑑定　41

ない。しかしながら、後者の自白獲得目的はもとより、前者の診断目的であっても、抵抗不能下における供述誘導が不可欠であるから、それは黙秘権を侵し違法というべきである。　麻酔や催眠は精神医療における劇薬というべきであって、医師・患者間の信頼関係を前提せずして用いられるべきではないのである。

> 俗に麻酔分析に用いられるペントタール等の薬物が〈自白剤〉とか〈真実の血清〉と呼ばれることがある。前者は薬理作用の一面を正しくとらえているが、後者は間違っている。麻酔や催眠によって人格の表層に属する意思的な統制の機能が排除され、平素言わないようなことを述べたり、覚醒中は忘れられている体験が再現されることはありうる。麻酔薬にある種の興奮性アミンの注射を加えれば、催眠性制止に言語性興奮を加えることができるので、供述を一層容易にするだろう。このようなことはアルコール酩酊でも見られることで、〈酒は本性を表わす〉とか〈酔えば真実　in vino veritas〉という格言はその事情を物語っている。ただし、かかる状態でなされた供述は（主観的真実である）人格深層の表象には合致するとしても、客観的事実に合致する保証はない。また強力な暗示が働いて供述が歪められても、事後において、その供述が真意に反する旨を証明することは不可能である。それゆえ麻酔分析や催眠分析中の供述は有罪証拠たりえないのである（但し、それが弁護側証拠、特に唯一の反証方法として用いられるときは、その採否をめぐって極めて困難な判断を迫られることになる。被告人の催眠証言を採用したロック事件のアメリカ連邦最高裁判決（Rock v. Arkansas, 107 S. Ct. 2704, (1987.6.22), The Journal of Criminal Law & Criminology 78-4, 1988）参照）。

5　初期鑑定の重要性

　これまでも起訴前簡易鑑定について多くの問題が指摘されてきたが、医療観察法の成立によって起訴前鑑定の重要性は一層大きくなったといわなければならない。医療観察法による審判手続中の鑑定制度も存するが、これは処遇の要否を主要な鑑定事項とし、責任能力自体は起訴前鑑定によって検察官が判断することを前提としているからである（尤も、付添人は検察官の責任能力判断を批判しうるし、医療観察法下の鑑定によって行為時の精神状態にかかる新たな知見が得られるときは責任能力についても再検討の必要が生ずるであろう）。

　また、検察官が完全有責と考えて公判請求する場合であっても、死刑が想定されるような重大事件については起訴前に正式鑑定がなされるべきであり（但し、起訴後において弁護人が鑑定請求をなしうることは別論である）、かつ医療施設に鑑定留置して鑑定医が被疑者の動静を直接観察するとともに、可能な限り

42　第1部　精神鑑定と刑事司法

ビデオ等に記録すべきである。このことは、重大事件においてしばしば再鑑定・再々鑑定がなされて審理が長期化し、拘禁反応との関係で問診供述の評価が困難を増すことを考えれば、容易に理解されるであろう。

なお、筆者としては、重大事犯ではなくとも、従前の簡易鑑定に代えて起訴前簡易鑑定と起訴前正式鑑定の中間型の鑑定方式、すなわち48時間乃至72時間程度の鑑定留置をなして挙動を観察する短期日の鑑定の導入も検討の余地があると考えている。

6 集団事件における鑑定

(1) 集団事件においては精神鑑定についても単独犯とは別個の思慮を求められることがある。集団精神病理の解明のため、当該被告人以外の関係者の鑑定を要する場合がその一例である。

(2) オウム真理教事件についてこのことを検討しよう。一審の麻原弁護団は被告人の鑑定請求をしなかったようであるが、罪体を争っているのであるから当然だとの意見があろうし、それを別論としても（死刑事件についても必要的とはされていない）現状において鑑定請求は困難であったかもしれない。他方、実行犯（弟子）らの弁護団は被告人がマインドコントロールを受けていたとの視点から鑑定請求したものの、却下された（一部の被告人については心理学者の証言のみ認められた）と聞く。

而して、筆者が思うのは、実行犯の公判においてこそ麻原教祖の鑑定が必要であったということである。新興宗教団体においては一般に宗教精神病理性と集団精神病理性（あるいは感応精神病理性）が混在しており、オウムもその例外ではない。秋元[83]は麻原が空想的虚言者であると指摘しているが、同人においては宗教性（空想的虚言性と両立する意味での）と世俗的権力欲が交錯しているように思われ、弟子達は宗教的感化とともに権力的支配をも受けるから、その集団精神病理は相互性よりも教祖から弟子に対する一方向性が強い（その意味ではマインドコントロールという見方も誤りではない）。従って、弟子の弁護人が自己の被告人を護るためには被告人本人の鑑定のみでは不十分で、集団精神病理の根源たる教祖の鑑定が必要なのである。尤も、斯様な鑑定請求は前例がなく、また、麻原の公判との関係で困難な問題が予想されるが、しかし、事案の真相に近づくためには、それが不可欠であると筆者は考える。

(3)　上記の当該被告人以外の者の鑑定請求は、いわゆる統一公判の論理と共通の思想性を蔵するように思われる。1960年代末期の大学事件とくに東大裁判において、統一公判を求める被告・弁護団に対し、裁判所はグループ別公判を進め、その根拠として「最も本質的なことは、刑事裁判は思想や信条を裁くものではないことはもとより、いわゆる東大問題そのものを直接に審理の対象とするものでもないということである」（東京地裁の1969年4月3日付「東大関係事件の取り扱いに関する基本方針」）と述べたが、佐伯ら[84]の「それは当然のことではあるが、それが審理の対象はあくまでも訴因とされた具体的行為であり、その行為に駆り立てた被告らの思想や、その機縁となった東大問題等の社会的背景は二次的な意味しかもたないという形で展開されるところに問題がある。もともと、犯罪成立を阻却する事由は、犯罪類型そのものに内在するものではなく、むしろ、その外にある附随事情なのであり、情状事実の多くも同様であるから、事実に犯罪類型をあてはめて構成された訴因だけの審理で足りるというようなことはありえない」との指摘は傾聴に値する。東大裁判において統一公判論に一定の理由があったように、オウム事件における公判分離された他の被告人の精神鑑定請求にも理由が存するのである。

　なお、東大裁判が思想を裁くものでないのと同様に、オウム裁判も信仰を裁くものでないことは勿論である。しかしながら、教団内部において計画され、信徒らによって実行された本件においては、教祖と実行犯信徒双方の鑑定によって集団精神病理が解明されない限り、適切な責任判断は不可能なのである。

V　精神鑑定と誤判

　最後に、司法的正義の究極的問題ともいうべき誤判とその防止について述べたい。
　誤判には以下のような諸相（類型）がある。すなわち、

　　①犯人と被告人の同一性の誤判、
　　②誤って実行行為を認定したり、正当化事由（例えば正当防衛）を否定する誤判、
　　③誤って故意・過失を認定する誤判、
　　④責任能力判定の誤判、
　　⑤量刑誤判（特に死刑と無期懲役の間）、

などである。最も典型的な誤判問題は①であるが、②③の重要性もそれに劣るものではない。ここでは①を中心とする誤鑑定事例について述べるとともに、①③に関して逆に鑑定が被告人を誤判から救済した事例を紹介する次第である。

1 誤判事例とその問題点

(1) 拘禁延長目的による鑑定留置の悪用と偏頗な鑑定理論による有罪性の断定：弘前事件

i 本件ほど精神鑑定の問題性が集中的に顕われている事例も珍しい。本件は著名な再審無罪事件であり、論点は多岐にわたり、主として法医学鑑定（血痕鑑定）について論じられてきたが、起訴前の嘱託精神鑑定（鑑定人丸井清泰）もまた誤判の重要な要因をなしている。

ii 1949年8月6日夜半、屋内で就寝中の弘前医科大学教授夫人（当30年）が何者かに頸部を鋭利な刃物で突刺されて殺害され、同月22日那須隆氏(以下、Nと記す)が被疑者として逮捕された。Nは同月25日勾留、9月3日再勾留を経て、同月12日に勾留期間満了のところ、精神鑑定のため同日から1カ月間の鑑定留置に付され、更にその満了日に軽微な別件で逮捕され、その勾留期限に本件で再逮捕されたうえ、本件で起訴された。

　Nに対する一審判決（青森地弘前支判昭26・2・12）は無罪であったが、控訴審判決（仙台高判昭27・5・31）は逆転有罪であり、これが上告棄却（最判昭28・2・19）によって確定したが、1971年に至って真犯人が出現し、1977年に再審無罪となった。

iii 本件の最大の疑問は鑑定の採用それ自体にあるが、丸井鑑定も著しく不公正かつ内容的にも偏頗であった。Nは逮捕以来一貫して否認していたうえ、それまで精神障害や人格障害的な傾向が指摘されたことは全くなかった（控訴審における鑑定人石橋俊実も、精神障害や変態性欲の何らの根拠も見出し難いとしている）。しかるに、検察官は鑑定留置を悪用して拘禁を継続し、丸井もまた1カ月の鑑定留置期間中に拘置所で1回僅か15分の面接をしたのみで、鑑定書において、「被疑者の母や友人が被疑者をして、短気なところがあるとか、おとなしいが負けず嫌い等と評するが、面接時の印象がおとなしく女性的なるは、精神分析学の教うる処によると此は内心に残忍性・短気な傾向を包蔵し此の傾向を抑圧する結果反動として極端に柔和な猫の様な態度が表面にあらわれ

第1章　精神医学と精神鑑定　45

るに至っているものと察せられるのであり、友人の供述調書中に女の話などについて強姦とか殺すとか云う言葉が出たことがあるのは精神内界に残虐性の潜んでいる事を察せしめるのであり、これらを綜合して考察すれば被疑者は表面柔和に見えながら内心即ち無意識界には残忍性・サディスムス的傾向を包蔵して居り、両極性・相反性なる性格的特長を顕著に示す」（要旨）となし、また「右傾向は性的方面に於ても顕著に認められ、内面的には女に対し常人以上の興味を持って居たものと察すべく、この傾向を強く抑圧する結果反動として表面的には謹厳な人と見えただけの事であり、精神の深層即ち無意識界には婦人に対する強い興味がうっ積していたものと見るべきである」としたうえ、「鑑定人は凡その事実を各方面より又あらゆる角度から考察し被疑者は少なくとも心理学的に見て本件の真犯人であるとの確信に到達するに至った」とまで述べたのである。

而して、丸井の推論はいずれも理由がなく、山上[85]もいうように、①鑑定人の専門性の問題（精神鑑定においては精神医学一般の専門性に加えて司法精神医学的知識経験をも要する）、②鑑定の場の諸条件が専門性を発揮させうる状況にあるかの問題、③鑑定人の人格的公正さとそれを維持しうる状況の問題の全てにおいて、適正な鑑定がなされる条件を欠いていたといわねばならない。以上のとおり本鑑定は学的批判に値しないので、鑑定内容についてはこれ以上論じない。ただ、筆者が興味を覚えるのは、鑑定意見と丸井の学問体系の内的関連性の有無、延いては斯様な恣意的な解釈・推論が精神分析理論の本質的部分から生じているのか否かという点にあり、我が国の精神分析学者による本鑑定批判が聞かれぬことを遺憾に思うのである（詳細は拙稿[86]参照）。

(2)　鑑定事項の逸脱と共同鑑定人間の意見対立による鑑定の自己矛盾：帝銀事件

ⅰ　本件は故平沢貞通死刑囚（以下、Ｈと記す）の犯人性について基本的な争いがあり、これは精神鑑定の枠を越える問題であること勿論である。ただ、本件における内村祐之と吉益脩夫の共同鑑定[87]が自白の信用性について踏み込んだ意見を述べているので、これに関連して鑑定手法と事実認定のあり方について検討することは有益であると思われる。

ⅱ　本鑑定は一審において弁護人申請によって行われた。鑑定事項は、①本件各犯罪発生当時、②被告人が検事に本件強盗殺人（複数訴因中の帝銀事件を指す）の犯行を自白した当時、③被告人が催眠術が醒めたと称する当時、④本件公判当時、以上各時期の精神状態であり、弁護団としてはＨのコルサコフ症候群に

よる特異な供述態度に困惑するとともに、Hのいう「催眠術」が取調検事の与える強力な暗示を表現するものであり、それが自白の信用性を否定すると考えたものと想像される。

iii　内村・吉益の鑑定主文は、①につき、狂犬病予防注射による脳疾患の影響による異常性格の状態で、欺瞞虚言癖と空想虚言症であるが、責任能力が限定されるほど高度のものではない。②③につき、自白が催眠術下になされたことを証明すべき何等の根拠もなく、自白の真実性については精神医学的立場のみからは決定的判断が困難である。④については軽い拘禁反応であるとした。

iv　而して、上記鑑定主文はそれだけを見ると特段の問題性を露呈していないのであるが、これを鑑定書全文に照らして検討すると、極めて問題の多いものであることが分かるのである。

　まず、自白の信用性判断は鑑定事項外であること勿論であるが、上記のとおり鑑定主文中に言及した。しかも、主文においては一応判断を留保しているごときであるが、理由中においては「自白時の全般的状況と被告人の利己的欺瞞癖とを考慮すると、この自白には空想虚言者の単なる虚偽の所産とは考えられぬものがあるとの感を深くした」と記しているのである。これは敢えて鑑定事項を逸脱し、裁判官に有罪心証を抱かせようとしたものという外はなく、違法性を否定できない。

　本鑑定は責任能力判断においても自己矛盾がある。主文は完全責任能力を主張するけれども、理由中の既往歴と現在症の記述はHにおける重篤な脳疾患と深刻な人格変化を余すところなく説明しており、主文の結論はこれと整合しない。筆者の推定するところでは、この矛盾は共同鑑定人間の意見対立に由来し、理由を詳述した吉益は責任能力の限定を考えており、内村の手にかかる主文に真に同調してはいない。しかも吉益の隠れたる意見の方が司法精神医学上の相当性を有しており、この一点のみをとってもHに対する死刑判決は誤判であったと判断できるのである。

　更に重要なことは、責任能力の問題にとどまらず、Hの精神病理が自白の任意性・信用性にも疑問を惹起させ、延いては真犯人性という重大な問題をも提起せずにはおかぬということである。このことに関しては、近時、秋元[88]が詳細な検討を加えているので、これを参照されたい。筆者としては、本件は被疑者の脳病理と精神病理にもとづく自白任意性批判と自白内容の心理学的な信用性批判が交錯する典型的事例であることを指摘するにとどめたいと考える（詳細は拙稿[89]参照）。

第1章　精神医学と精神鑑定　47

⑶　麻酔分析による黙秘権侵害と誤判：島田事件と大分みどり荘事件

ⅰ　島田事件は1954年の幼女強姦殺人事件で、被告人Ａは1960年の最高裁判決によって死刑が確定したが、1989年に至って再審無罪となった事例（本邦の死刑再審無罪4件のうちの1つ）である。

ⅱ　本件も他の再審事件と同様に法医学鑑定に多くの問題が存したのであるが、一審においてなされた精神鑑定も誤判に大きな影響を与えている。鑑定人林暲外1名の鑑定主文は「Ａは現在軽度の精神薄弱者で、感情的に不安定、過敏で衝動的な面もある。事件当時も現在と同様の状態であったと推定される」というものであるが、理由中にはイソミタール面接の記述がある。その部分を全文引用すると、「イソミタール2.8cc静注直後上機嫌になり、笑いながら〝お恥ずかしい事ですがこう（性交の真似をする）やっちゃったんですよ〟といい、又聞かれるままに〝おとなと子供では大人の方がいいね。〟〝橋を渡ろうとしたら一寸一寸お金を置いて行けというから帰りにおいて行くからといってね……〟等という。しかし（本当に子供を殺したか？）と聞くと否定し事件当時は横浜にいたと答える」とあり、最終的には否認しているものの、起訴前には自白調書が作成され、公判で否認していた本件において、裁判官に対し強烈な有罪心証を与えたことが想像に難くないのである。また、この記述は鑑定事項を逸脱しており、薬物による黙秘権侵害と相俟って鑑定の違法を構成するという外はないと考える。

ⅲ　島田事件の鑑定は1955年であったが、麻酔分析は大分みどり荘事件(1981年の強姦殺人事件で、翌年被害女性のアパート隣室の男性が逮捕され、起訴前嘱託精神鑑定がなされた。一審有罪・二審無罪で確定)においても行われた。そのさいも否認していた被疑者の自白に類する供述（強姦殺人は否定するも、被害者の部屋に入ったこと、倒れていた女とセックスできるかと思って陰部をさわったが、死体であることに気付いて自室に戻った云々）が録取されており、有罪心証をもっていた鑑定人によって強い誘導がなされたことを示唆している。

ⅳ　以上のとおり、麻酔分析（催眠分析も同様）は、それ自体が黙秘権を侵害するとともに、重大な誤判原因に転化する本来的危険性を蔵するものであることを銘記する必要がある。それは精神医療における劇薬に相当し、医師・患者間の信頼関係なくしては使用に由ないものというべきである。

2 精神鑑定が誤判防止に寄与した事例

(1) 知的障害者の自白の批判：八丈島事件と足跡裁判事件

知的障害者の自白がしばしば問題を含むものであることは容易に理解できることである。八丈島事件の無罪判決（最判昭32・7・19）で菊地甚一鑑定が自白任意性否定に貢献したが、足跡裁判事件の鑑定も任意性否定と無罪判決に貢献した。また、この事件の控訴審判決（東京高判昭43・2・15判時535号5頁）が特に注目されることも前述のとおりである。

(2) 夢に起因する行為の殺意の否定

上野[90]は興味深い事例を報告している。極度の神経質と軽度の覚醒剤中毒後遺症のある男性が夢の中で3人の大男に襲われて反撃に出たと思ったところ、隣りに寝ていた妻を絞殺していたという事案である。

起訴後の精神鑑定で、統合失調症のような精神障害はなく、夢について詳しく覚えているから意識はあったと思われるが、周囲の状況を識別できるほどはっきりとして意識ではない。更に殺されるという恐怖感が先に立ち、自己防衛のため慌てて、そばに寝ているのが妻であることする分別する余裕もなく行動したようであると分析された。

判決は、被告人が妻を絞殺したとき意識はあったが、周囲の状況や自己の行動の善悪を分別するだけはっきりした意識ではなかった、行動中事故が殺したという事実もわからず、妻に対する殺意もないので、責任能力の有無は問題ではなく、殺意がないから殺人罪に該当しない。また、意識を十分取り戻していないから過失致死罪の過失もないとして無罪を宣告した。上野はこの判決にヒューマニティを感じると評している。

(3) 酩酊による窃盗の犯意の否定：酩酊冤罪事件

本件は最近の興味深い事例である。石原ら[91]によると、被告人Iは深夜の午前1時39分頃、JR品川駅の通路上において、同所に仮眠中の者のショルダーバック内から現金10万円を抜き取って窃取したとして起訴されたが、Iは仮眠者を会社の先輩と誤認し、Iの認識においては同人からタクシーで帰宅するために現金を預ったものであるとして、窃盗の犯意（故意）を否認した。

一審判決はIの犯意を認め有罪であったが、二審における中谷陽二鑑定はI

第1章　精神医学と精神鑑定　49

のアルコール耐性の存否、事件当時の血中アルコール濃度の推定、Ｉの過去の経験と本件の関係、現場状況とＩの当時の認識能力の関係、捜査官の調査方法等を詳細に分析したうえ、錯覚による人物誤認の可能性を指摘した。控訴審判決（東京高判平14・10・7）は逆転無罪で確定したが、中谷鑑定が寄与したことは疑問の余地がない。

3　精神鑑定の悪用

　前述の鑑定による誤判とは質が異なるが精神医学が組織的に悪用されたり、鑑定がそれに利用されたりすることがある。ソ連邦時代の刑事司法に関するいくつかの報告[92]によれば1970年代においてさえ〈改革者妄想〉という概念のもとに反体制活動家に統合失調症診断が濫用され、訴訟能力の欠如を理由として公開法廷での弁明の機会もなく特殊精神病院に収容された事例が少なくないというのである。而して、かかる精神鑑定の悪用は我が国も例外ではない。清瀬[93]によれば、二俣事件（1950年の静岡県下の強盗殺人事件。一・二審死刑、上告審判決〔最二判昭28・11・27刑集7巻11号2303頁〕で破棄差戻し、差戻審で無罪）において拷問捜査の状況を証言した警察官が逆に偽証罪で逮捕されたうえ、起訴前鑑定による妄想性痴呆症診断をもとに心神喪失・不起訴とされ、社会的に抹殺されたのである。二俣事件の鑑定人が我が国における指導的教授の一人であり、ソ連邦においてはセルプスキー研究所という権威ある研究機関がこのような野蛮に加担したのである。妄想は訂正不能な誤った主観的確信と定義されるが、前提事実の認識によっては正当な信念も妄想と見なされる惧れが否定できないから、今後も斯様なことが起きないという保障はない。

　更にいえば、植民地支配等の政治的暗部における薬物使用（麻酔分析の悪用）は、事柄の性質上、正式な報告は稀であるが、実際には広く行なわれたと考えねばならない。例えば、ナチ・ドイツの経験は広く知られているが、ソ連邦においてもスターリンは自白剤の開発に熱心で[94]、1930年代の粛清裁判で多用され、第二次大戦後のニュルンベルク国際軍事法廷におけるヘス被告に対するソ連邦検事団の意見にもそれが反映されていると思われる[95]。

　他にも、アルジェリア独立闘争に対する仏軍の薬物使用（ファノン[96]の報告がある）、アパルトヘイト時代の南ア警察、米国CIAの洗脳実験等、漏れ伝わるもののみをとっても検挙にいとまがない。

1930年代の粛清裁判において、自白剤として薬物が用いられるとともに、検事総長ヴィシンスキーは反ソヴィエト的組織犯罪については例外的に自白が補強証拠なくして「決定的な証拠の性質と意義を獲得する」と主張した（A・ヴィシンスキー〔藤田勇ほか訳〕『ソヴィエト法における法定証拠理論〔3版〕』〔1950年〕）。ヴィシンスキーはその後もこの見解を維持し、〈法学界のスターリン〉と呼ばれる。

　　ナチ副総統であったルドルフ・ヘスの弁護人は冒頭手続において情動と心神異常による訴訟無能力を主張し、中立国スイスの医学者による鑑定を求めたが、裁判所はこれを退け、英米仏ソの専門医からなる調査委員会を任命した。而して、英、米、仏共同及びソ連邦各委員の意見は、ヘスにアムネシア（健忘症）が存する点において一致したが、「言葉の厳密な意味では精神病でない」とされ、弁護人の申立は却下された。そのさいソ連邦委員は詐病性をも主張して麻酔分析の実施を勧告したが、ヘス側がこれを拒否したため、この鑑定手続は採用されなかった。このときの議論は各国の司法に影響を与えたと思われる。西ドイツ刑訴法は明文をもって薬物使用や催眠を禁止し、フランスにおいても激しい論争がなされた（Trial of the Major War Criminals before The International Military Tribunal vol.1, 1947）。

　このように、精神医学ないし精神鑑定学は常に危険と背中合わせの学問であることが自覚されねばならない。

VI　おわりに

　精神鑑定の問題は極めて多く、しかも医療観察法による新たな課題も生ずるところとなった。また、精神鑑定における鑑定人の倫理の問題も重要で、中谷[97]の発言は有益である。弁護士の立場からその一端を述べたが、いかなる問題も法と医の協力なくして解決されることはありえない。相互批判が深められることを期待する所以である。

【注】

1　浅田和茂『刑事責任能力論（上・下）』（成文堂、1983年・1999年）。

2　三輪和雄『空白の五分間──三河島事故・ある運転士の受難』（文藝春秋、1979年）。

3　西丸四方『精神医学入門〔19版〕』（南山堂、1976年）。

4　中田修「刑事責任能力論」法と精神医療3号（1989年）。

5　H・バリュック（豊田純三訳）『実験精神病理学』（白水社、1968年）。

6　D・バカン（岸田秀ほか訳）『ユダヤ神秘主義とフロイド』（紀伊國屋書店、1976年、

第1章　精神医学と精神鑑定　51

原著1958年)。

7　トーマス・マン（浜川祥枝訳）「近代精神史におけるフロイトの位置」『トーマス・マン全集⑽』（新潮社、1972年、原著1929年)。

8　Rieff, P. : Freud―The Mind of the Morelist, 1959.

9　金子武蔵『フロイディズム――無意識と意識』（清水弘文堂、1973年)。

10　C・G・ユング（安田一郎訳）「早発性痴呆の心理」同『分裂病の心理』（青土社、1989年、原著1907年)。

11　E・ブロイラー（飯田真ほか訳）『早発性痴呆または精神分裂病群』（医学書院、1974年、原著1911年)。

12　K・ヤスパース（西丸四方訳）『精神病理学原論』（みすず書房、1971年、原著『一般精神病理学』初版1913年)。同（内村祐之ほか訳）『精神病理学総論（上・中・下)』（岩波書店、1953～1956年）は同原著の5版（1948年）の翻訳。

13　K・シュナイダー（西丸四方訳）『臨床精神病理学序説』（みすず書房、1977年、原著1936年)、同（平井静也ほか訳）『臨床精神病理学〔4版〕』（文光堂、1957年、原著1955年)。

14　植村秀三＝村松常雄『精神鑑定と裁判判断』（金原出版、1975年)。

15　O・ブムケ（柴田潤一訳)「精神分析批判」脳8巻1号（1934年)。

16　Freud, S. : Psycho-Analysis and the Establishment of the Facts in Legal Proceedings, 1906 (Translated from the German under the General Editorship of J. Strachey & A. Freud, The Standard Edition, vol. 9).

17　M・ヒルシュベルク（安西温訳）『誤判』（日本評論社、1961、原著1960年)。

18　J・フランク（古賀正義訳）『裁かれる裁判所（上・下)』（弘文堂、1960・1961年、原著1949年)。

19　H・エー（石野博志訳）『反精神医学――その意義と誤解』（金剛出版、1981年、原著1974年)。

20　R・D・レイン＝D・G・クーパー（足立和浩訳）『理性と暴力――サルトル哲学入門』（番町書房、1973年、原著1964年)。

21　J・P・サルトル（伊吹武彦訳）『実存主義とは何か』（人文書院、1946年、原著1945年)。

22　中田修「刑事責任能力論」法と精神医療3号（1989年)。

23　Saussure, R. : The influence of the concept of monomania on French medicolegal psychiatry. J.Hist.Med.1-365, 1946.

24　Ziehen, Th. : Neuere Arbeiten über pathologische Unzurechnungsfhikeit. Mschr. Psychiat. Neur., 5-52, 1899.

25　E・クレペリン（西丸四方ほか訳）『精神医学総論』（みすず書房、1993年、原著『精神医学教科書〔8版〕分冊』1909年)

26　G・アシャッフェンブルク（荻野了訳）「司法精神病学より見たる独逸刑法」精神神経学雑誌41巻9号～42巻11号（1937・38年、原著1934年)。

27　団藤重光「刑法学から見た責任能力」精神神経学雑誌51巻7号（1950年)。同『刑法綱要総論〔3版〕』（創文社、1990年)。

28 中田・前掲注22論文。

29 福島章『殺人という病——人格障害・脳・鑑定』（金剛出版、2003年）。

30 竹山恒寿「覚せい剤中毒患者の責任能力」『高良武久教授開講15周年記念論文集』（東京慈恵会医科大学神経科教室、1955年）。

31 福島章『精神鑑定——犯罪心理と責任能力』（有斐閣、1985年）。

32 K・ヤスパース『一般精神病理学』（初版：西丸四方訳『精神病理学原論』1913年、5版：内村祐之ほか訳『精神病理学総論』1948年）。

33 井筒俊彦『意識と本質——精神的東洋を索めて』（岩波書店、1984年）。

34 福島・前掲注29書。

35 山下格「操作的診断基準の使用をめぐって」精神科診断学11巻2号（2000年）、山下格「わが国の精神医学・医療の歴史と今後の展望——臨床精神医学の立場から」第100回日本精神神経学会総会記念講演（2004年）。

36 保崎秀夫『精神分裂病の概念』（金剛出版、1978年）。

37 岡田幸之「刑事責任能力再考——操作的診断と可知論的判断適用の実際」精神神経学雑誌107巻9号（2005年）。

38 中谷陽二「刑事責任能力と精神医学——原点に還る」季刊刑事弁護93号（2018年）。

39 岡田幸之「責任能力判断の構造——8ステップモデルの基本解説」季刊刑事弁護93号（2018年）。

40 前田雅英「刑事責任の本質」法学教室230号（1999年）。

41 H・ビンダー（影山任佐訳）「アルコール酩酊状態について」精神医学24巻8～10号（1982年、原著1935年）。

42 中田修「病的酩酊の症候論」精神医学2巻11号（1960年）。

43 福島・前掲注31書。

44 影山任佐『アルコール犯罪研究』（金剛出版、1992年）。

45 加藤伸勝「酩酊犯罪者の精神鑑定における飲酒試験と血中アルコール測定の意義」精神神経学雑誌61巻1号（1960年）。

46 小片基「アルコール依存症候群と病態生理」精神医学24巻12号（1982年）。

47 ビンダー・前掲注41論文。

48 林暲「病的酩酊」精神神経学雑誌62巻13号（1960年）。

49 竹山恒寿「酩酊責任」精神神経学雑誌62巻13号（1960年）。

50 青木義治「酩酊犯罪者の酩酊とその人格的背景への考察」犯罪学年報3巻（1965年）。

51 Nakata, O. : Some Considerations on the criminal responsibility of alcohol intoxicated criminals, Act. Crim. Japon. 34-3, 1968.

52 Onuma, M. : Some topics in forensic psychiatric studies on offences during drunkenness, Japan J. Stud. Alcohol. 4-6, 1969.

53 桜井図南男「精神鑑定について」九州神経精神医学16巻2号（1970年）。

54 佐藤時治郎『佐藤時治郎教授開講10周年記念精神鑑定集』（1977年）。

55 青木勇人『酩酊犯罪と精神鑑定』犯罪学雑誌49巻2号（1983年）。

56 影山・前掲注44書。

57 中田・前掲注42論文。

58 福島・前掲注31書。

59 H・W・グルーレ（中田修訳）『精神鑑定と犯罪心理』（金剛出版、1979年、原著1953・57年）

60 Holmes-Laski Leters, Harvard University Press, 1953.

61 福島・前掲注29書。

62 H・ビュルガープリンツ（福田哲雄訳）『ある精神科医の回想』（佑学社、1975年、原著1971年）。

63 山上皓「精神鑑定と誤判」日弁連『昭和61年度研修叢書・現代法律実務の諸問題』（第一法規、1987年）。

64 E・ゼーリッヒ（植村秀三訳）『供述心理学』（司法研修所、1957年、原著1929・32年）。

65 U・ウンドイッチ（植村秀三訳）『証言の心理――性犯罪被害者の供述を中心として』（東京大学出版会、1973年、原著1967年）。

66 A・トランケル（植村秀三訳）『証言の中の真実――事実認定の理論』（金剛出版、1976年、原著1972年）。

67 渡部保夫『無罪の発見――証拠の分析と判断基準』（勁草書房、1992年、原著「弁護実務から見た司法精神鑑定と今後への期待」法と精神医療15号〔2001年〕に加筆）。

68 守屋克彦『自白の分析と評価――自白調書の信用性の研究』（勁草書房、1988年）。

69 G・グッドジョンソン（庭山英雄ほか訳）『取調べ・自白・証言の心理学』（酒井書店、1994年、原著1992年）。

70 浜田寿美男『自白の研究』（三一書房、1992年）。

71 中田修「未決拘禁に於ける精神病に就いて」矯正医学会誌1巻1号（1952年）。

72 野村章恒「心因性精神病――殊に拘禁性精神病に関する臨床的知見」精神神経学雑誌41巻3号（1937年）。

73 北潟谷仁「精神鑑定について⑿――拘禁反応下の自白」札幌弁護士会会報1989年2月号（本書第8章所収）。

74 山上・前掲注63論文。

75 V・フランクル（霜山徳爾訳）『夜と霧』（みすず書房、1947年、原題『強制収容所における一心理学者の体験』1956年）。

76 E・A・コーエン（清水幾太郎ほか訳）『強制収容所における人間行動』（岩波書店、1957年、原著：1953年）。

77 Sapolsky, R.M. et al : The neuroendocrinology of stress and aging : the glucocorticoid cascade hypothesis. Endocr. rev. 7-284, 1986.

78 Freud, S. : Psycho-Analysis and the Establishment of the Facts in Legal Proceedings, 1906 (Translated from the German under the General Editorship of J. Strachey & A. Freud The Standard Edition, vol. 9).

79 M・ヒルシュベルク（安西温訳）『誤判』（日本評論社、1961年、原著1960年）。

80 J・L・ハーマン（齋藤学訳）『父-娘　近親姦』（誠信書房、2000年、原著1981年）、同（中井久夫訳）『心的外傷と回復』（みすず書房、1992年、原著1996年）。

81 W・ボーグほか（藤川洋子ほか訳）『子どもの面接ガイドブック』（日本評論社、2003年、原著：1991年）。

82 中井久夫『徴候・記憶・外傷』（みすず書房、2004年）

83 秋元波留夫『空想的嘘言者に蹂躙された日本』（創造出版、1996年）、同『AUM科学的記録』（創造出版、2002年）。

84 佐伯千仞＝米田泰邦「集団事件の刑事手続」法律時報42巻8号（1970年）。

85 山上・前掲注63論文。

86 北潟谷仁「精神鑑定について⑭弘前大学教授夫人殺し事件」札幌弁護士会会報1989年8月号（本書第6章所収）。

87 内村祐之＝吉益脩夫「脱髄性脳炎後の空想虚言症とその刑事責任能力について——大量殺人事件被告人の精神鑑定」（1950年。精神神経学雑誌59巻5号〔1957年〕所収）。

88 秋元波留夫『刑事精神鑑定講義』（創造出版、2004年）。

89 北潟谷仁「精神鑑定について⑸帝銀事件被告人平沢貞通の精神鑑定」札幌弁護士会会報1987年5月号（本書第7章所収）。

90 上野正彦『死体は語る』（時事通信社、1989年）。

91 石原悟＝松井清隆『裁かれるべきは誰か——酩酊えん罪・刑事裁判物語』（現代人文社、2003年）。

92 アムネスティ・インターナショナル編著（木村明生ほか訳）『ソ連における良心の囚人』（朝日新聞社、1977年、原著1975年）、S・ブロック＝P・レダウェイ（秋元波留夫ほか訳）『政治と精神医学』（みすず書房、1983年、原著1977年）、M・レーダー（秋元波留夫ほか訳）『裁かれる精神医学』（創造出版、1982年、原著1977年）。

93 清瀬一郎『拷問捜査——幸浦・二俣の怪事件』（日本評論新社、1959年）。

94 B・ハットン（木村浩訳）『スターリン——その秘められた生涯』講談社学術文庫、1989年、原著1962年）。

95 Trial of the Major War Criminals before The International Military Tribunal Vol.1, 1947.

96 F・ファノン（鈴木道彦ほか訳）『地に呪われたる者（フランツ・ファノン著作集3）』（みすず書房、1984年、原著：1961年）。

97 中谷陽二「刑事精神鑑定と倫理」季刊刑事弁護32号（2002年）。

第2章　精神鑑定・情状鑑定・犯罪心理鑑定
裁判員裁判における重罪事件の弁護のために

Ⅰ　はじめに
Ⅱ　精神鑑定
Ⅲ　情状鑑定と犯罪心理鑑定
Ⅳ　責任能力と再審
Ⅴ　受刑（死刑適応）無能力者に対する死刑執行停止

Ⅰ　はじめに

　一般刑事事件の裁判実務において責任能力判断が激烈な効果をもつのは心神喪失である。心神耗弱は、その実質的機能においては、一量刑事情にすぎない。しかしながら、心神耗弱が決定的重みをもつ場合がある。それは死刑求刑が想定される重大事件（以下、死刑事件という）であり、限定責任能力を任意的減軽事由とするドイツ法や中国法と異なり、減軽を必要的とする本邦では特にそうである。従って、犯人性に争いのない事件はもとより、死刑事件の弁護において、責任能力や訴訟能力の究明のため精神鑑定の可能性を検討することは必須である。

　また、責任能力には疑問の余地がないように見える事案にあっても、犯行の背景として特異な成育歴や被虐待体験が隠されていたり、犯意形成過程の理解それ自体に心理学的知見を要する場合も少なくない。従って、精神鑑定を請求しない事案においても情状鑑定や犯罪心理鑑定（両者の異同は後述）を検討することは不可欠であるし、これらの心理学的鑑定と精神鑑定の方法論的差異（この点についても後述）に着目すると、精神鑑定と心理学的鑑定の双方を請求すべき場合も少なくはない。

　以下、各々の手続面と実体面を検討したうえ、最後に責任能力減免を理由とする再審請求と受刑能力・死刑適応能力の不存在（刑訴法479条の心神喪失）による刑の執行停止について検討するが、死刑事件について特に注意すべきは手続的正義が厳格に守られねばならないということである。このことは近時アメリカ法においてスーパー・デュー・プロセスとして論じられ、判例法理にもな

っているが、本邦においても同様の考慮を要するはずである。従って、後述の精神鑑定の適正手続要件は死刑事件にあっては特に厳格な遵守が求められるのである。

II　精神鑑定

1　鑑定採否の実情と精神鑑定の必要性

　我が国の刑事訴訟において精神鑑定が適切になされているか否かについては強い疑問があり、行刑の実態はそれが極めて不十分であることを教えている。医療刑務所からの報告によれば、服役中に精神障害の治療を受けた受刑者のうち精神鑑定を経てきている者は２〜３割にとどまる上、鑑定を受けていない者もその精神障害が犯行に無関係とは思われないケースが多いとされている[1]。また、被告人の精神障害は専門家でなければそれと分からないことが多い上、被告人によっては、自らてんかん等の疾病を隠蔽することすらある。更には、死刑事件でしばしば指摘されるパーソナリティ（人格）障害の生物学的基礎として、後述のとおり、微細脳器質障害が指摘されることが少なくないが、それは責任能力を限定させたり、重大な量刑事情をなすものであるから、精神鑑定が必要である。

　このため、立法論としては精神鑑定を死刑判決の要件とすべきであるが[2]、現行法上も、死刑事件の弁護人は精神鑑定請求を原則とすべきである。それに加えて、犯罪心理鑑定ないし情状鑑定を請求すべきである。犯罪心理鑑定や情状鑑定の心理学的検討によって事件時の被告人の精神医学的問題をつかむ端緒が与えられ、更に精神鑑定の請求に進むこともあり得るからである。

　なお、被告人が罪体を争うとき、特に犯人性を争うときに精神鑑定を請求すべきかは困難な判断が求められる。しかしながら、このような場合でも鑑定請求を原則とすべきことは変わらない。まず、精神鑑定が犯人性の否定に資する場合のあることに注意しなければならない。事件現場に居合わせてトラブルに巻き込まれた者が重度の精神障害や意識障害のため状況を把握できぬまま犯人と誤認されるような場合を考えれば、このことが理解されよう。また、このような場合でなくとも鑑定請求は罪体の否定と両立し得る。精神障害や意識障害ゆえの犯意や実行行為の不成立、誤想防衛の成立などということも起こりうるからである。例えば、周南市事件（妄想性障害による５名殺人事件。１審：山口

第2章　精神鑑定・情状鑑定・犯罪心理鑑定　57

地判平27・7・28、控訴審：広島高判平28・9・13、現在上告中）では被告人は
頭部への打撃を否定したが、責任能力が最大の争点となったし、京阪神連続不
審死事件（1審：京都地判平29・11・7、現在控訴中）でも被告人は罪体を否認
しているが、弁護人は公判前整理手続で訴訟能力及び責任能力についての精神
鑑定を請求し、採用されている。

　さらに、仮に完全責任能力が認定される事案であっても、被告人の成育歴や
被虐待体験の深さ等が鑑定で明らかにされることによって、重要な情状事実が
立証されることが少なくないことにも注意すべきである。

　なお、逆に精神鑑定が誤判原因をなしたと疑われる事例が少なくないことに
も注意が必要である（後述の弘前大学教授夫人殺し事件、島田事件、大分みどり荘
事件はその顕著な例であり、そのうち島田事件は死刑再審無罪事件である）[3]。

2　鑑定の形式──鑑定請求か当事者鑑定か

　鑑定の形式としては、裁判所に鑑定請求するか、弁護人が独自に鑑定人を探
して私的に鑑定（当事者鑑定）を依頼するかが問題となる。

　いずれも一長一短であるが、裁判所による鑑定はどのような鑑定結果が出る
か分からず危険であるところ、当事者鑑定はこの危険を避け得るという長所が
ある。弁護人が事案に最も適任の鑑定人を選任し、しかも、鑑定人との事前協
議によって鑑定内容についても大まかな見通しを立てられるからである。

　他方で、当事者鑑定には決定的な短所もある。それは鑑定手続が著しく制限
されることである。まず、鑑定留置場所を医療施設とすることは不可能である。
また、鑑定人による面接（問診）も接見室における極く短時間に制限されるこ
とを甘受しなければならない。さらに、当然ながら身体医学的な診察も不可能
で、後述の脳病理学的な検索もなし得ない。このため当事者鑑定は裁判所の証
拠評価の上で、どうしても証拠評価の低下をきたす傾向を免れないし、弁護立
証としても不十分になりがちであることを考慮しなければならない。

　従って、弁護人としては被告人が費用の負担に堪えるならば先ず当事者鑑定
を準備し、鑑定書と鑑定証人の証拠調請求をすべきであるが、検察側の起訴前
鑑定と対比して証拠価値が十分でない惧れがあるときは、裁判所に対する鑑定
請求も必要になる。そのさい、当事者鑑定が鑑定の必要性の立証資料になるし、
裁判所の鑑定結果が思わしくなく再鑑定請求を余儀なくされるときもその一資
料になる（但し、多くの場合、他の医師の意見書も必要になるであろう）。

被告人が当事者鑑定の費用負担に堪えない時は鑑定請求一本でゆくことになるが、いずれにしても鑑定請求をする場合、裁判所に後述の鑑定の適正手続要件を厳格に守らせなければならない。まず、弁護人において事案の司法精神医学的な問題点を把握してその論点を研究し、事案に最も適任の鑑定人を探索して裁判所に推薦するとともに、適正手続をなすよう裁判所に働きかけなければならない。したがって、鑑定人の選任を裁判所に一任したり、慢然と鑑定結果が出るのを待つようなことでは到底弁護人の職責を果たしたとはいえないことを自覚する必要がある。

3　鑑定請求と鑑定書の在り方

　捜査段階で検察側が精神鑑定をしているときも、公判前整理手続における当事者鑑定か弁護人請求の鑑定（裁判員法50条）の一方または双方が必要になる。

　その請求にかかる鑑定においても被告人の症状把握や論理過程に不備があるときは、改めて再鑑定を請求すべきである。ただし、再鑑定の請求には専門家の意見の添付が不可欠となる。再鑑定が採用されなかった場合には、その専門家を証人として請求すべきである。

　鑑定書のあり方として、要約的な鑑定書や結論部分のみの証言では、裁判員・裁判官が被告人の疾病の有無・程度を真に正確に把握することは不可能である。精神鑑定に詳しい精神医学者からは「裁判員制度を迎え、裁判官や検察官から従来の精神鑑定書は冗長で、特に、生活史や現病歴などはあまり重要とは思われないので、できるだけ簡略化して欲しいという要望をしばしば耳にする。この発言を聞く限り、彼らが、精神医学の診断や種々の判断の上で、これらが最も重要な要素であることを全く理解していないことがよく分かる」[4]と指摘されている。また、「私は、裁判員制度のもとにおいても、これまでと同じような（詳細な資料をもとに精神医学的な考察を書く）鑑定書を作成すべきであると考えています。事前協議の中で裁判資料として検察官と弁護人に渡され、それぞれの立場で診断や鑑定資料の妥当性などを検討すること（第三者の精神科医の意見を聞くことも含め）ができるからです」[5]とされている。それゆえ、死刑が問題になる事件に関しては、鑑定請求の際、従前同様の詳細な鑑定書の作成を求めるべきであり、また、鑑定人によっては要約的な鑑定書の他に詳細な鑑定書や詳細な資料を作成することもあるので、弁護人にとって、それらの全文（問診や諸検査の記録を含む）の検討は必須である。したがって、検察官がそ

第2章　精神鑑定・情状鑑定・犯罪心理鑑定　59

の全てを提出しないときは証拠開示請求が必要になり、裁判所の命じる鑑定であれば、鑑定人にその提出を求めるよう裁判所を促すべきである。

　そして、鑑定人に面接して教示を受けるとともに、鑑定内容によっては直ちに再鑑定請求の準備に着手しなければならない。公判前整理手続のカンファレンスは、弁護人が理解を深める上で有益なこともある。ただし、裁判所が参加するカンファレンスは避けるべきである。いずれにしても、弁護人が被告人の精神医学的問題について十分に理解するとともに、公判において裁判員・裁判官に良く理解してもらえるよう努めなければならない。

4　精神鑑定の適正手続要件

(1)　鑑定人の人選

　鑑定人の選任は、当該精神医学者の学問的業績や鑑定歴を精査し、適切な候補者を推薦しなければならない。検察官や裁判所が推薦する候補者について意見を述べるときも同様である（学問的業績については医学中央雑誌〔医中誌〕で検索可能であるが、鑑定歴については面接して聴取する外はない）。

　鑑定人は司法精神医学の深い素養を求められることは当然であるが、同時に精神科の臨床経験も豊かであるべきである。

　なお、注意すべきは共同鑑定人若しくは鑑定助手の重要性である。現在でも心理検査には心理学者を活用することが多いが、それのみでなく、事件の特質に応じた鑑定助手が必要である。例えば、脳障害が問題になる事案では脳病理学者、反応性障害の事案ならばその専門家の如しである。特に、後述のように死刑事件における被告人の微細脳障害の重要性に鑑みると、原則として全ての精神鑑定で脳病理学者の鑑定助手を求める必要がある。また、統合失調症の可能性が問題になる事案でも、心理学者が有益な知見を提供することがある。例えば、1988〜1989年の東京・埼玉幼女連続誘拐殺人事件（被告人M）[6]でも、判決によって採用された慶大鑑定の6名の共同鑑定人のうちの1名であった心理学者は多数意見に比して被告人の深いレベルにおける疾病的要素を指摘していた。

(2)　鑑定資料

　鑑定が採用された場合、鑑定に供する資料について、裁判所が検察官と弁護人の意見を聴いて決定するが、適正な鑑定のために適正な資料は不可欠であ

60　第1部　精神鑑定と刑事司法

る。違法な証拠、偏頗な証拠は誤鑑定の基であるから、鑑定資料から排除し、また、弁護人が依頼者に有利と思われる証拠を有するときは裁判所に提供すべきである。裁判所が採用した資料につき異議がある場合は、異議理由を明確にする意見書を提出し、鑑定資料とともに鑑定人に送付するよう求めるべきである。いずれにしても弁護人は資料を十分に吟味し、意見を述べなければならない。

　問題となる起訴前の自白について、任意性に疑問のある自白を排除すべきは当然であるが、信用性が疑わしい自白とくに動機や犯行状況について捜査官の誘導によって不正確な自白がなされている場合、誤鑑定が生じやすい。また、酩酊犯罪や激情によるもうろう状態などの重度の意識障害下で事件が発生した場合、あるいは頭部外傷や脳震盪で意識を失って逆行性健忘[7]を生じた場合、精神医学的には記憶喪失（逆行性健忘の場合には健全な時期に遡っての記憶喪失）によって犯行状況を供述しえないことが自然であるところ、かかる場合に自白があれば、それがあるということそれ自体によって意識障害が否定されるおそれがある。このような場合、鑑定人も、司法精神医学的な素養の深い人でない限り、起訴前の自白につられて意識障害を否定しがちであることに鑑み、弁護人はカンファレンス等の場で、自白の信用性を否定した鑑定例や裁判例を示して鑑定人を説得する必要がある[8]。

　また、自白以外にも、第三者の目撃供述から事件時における被告人の意識障害が否定されることがあるが、素人目にはもうろう状態を見てもそれと分からず、普通に行動していた如く誤解することが少なくない。例えば、福島[9]は「ちなみに、自動車運転は複雑な操作ではあるが、習熟すれば自動的にできるものであって、病的酩酊や精神運動発作などのもうろう状態でも可能である」と述べている。従って、このような場合にも、念のため医学文献や鑑定例を示して鑑定人に説明すべきである。

　なお、起訴前鑑定においては別個の問題がある。検察官が一方的になす鑑定であるため、弁護人は鑑定資料も知り得ないことが一般である。弁護人が被疑者に有利と思われる証拠を有している場合、それを提供すべきか否かは困難な問題であるが、起訴前鑑定における鑑定資料の一面性が起訴後における弁護人の鑑定請求採用の理由となりやすいことに鑑みれば、否定的に考えるべき場合が多いであろう。

第2章　精神鑑定・情状鑑定・犯罪心理鑑定　61

⑶ 鑑定留置場所

　鑑定留置場所を医療施設とし、鑑定人又は鑑定助手が被鑑定人の全行動を直接確認することが必要である。近時は拘置所に鑑定留置した上、鑑定人が拘置所における数回の面接（問診）によって鑑定する事例が多いが、誤鑑定や洞察の浅い鑑定の一因をなしている。特に拘置所職員による依頼人の動静報告を詐病や拘禁反応の軽微性の認定資料とするようなことがあってはならない[10]。

⑷ 鑑定人の面接（問診）

　鑑定人の面接（問診）において、黙秘権の告知は現在でもほとんど行われていないが、精神鑑定においても鑑定資料としての供述は真に自由意思によるものでなければならない。もっとも、問診における被告人の陳述が錯乱していたり、幻覚・妄想に支配されていると認められる場合、その供述内容を事実認定の資料とするのではなく、その陳述態度自体を鑑定資料として病的状態と認定することが許されることは当然である。それが鑑定の目的だからである。

　そして、被告人が黙秘権を告知されても、その意味を理解できないような場合は、事件時の責任能力を考察する前に、鑑定時の訴訟能力が疑問とされるべきである。

⑸ 鑑定手法の限定

　鑑定において種々の検査がなされるが、その中には違法・不当なものが含まれることがあるので注意が必要である。とくに麻酔分析・催眠分析（麻酔薬や催眠術による供述誘導）は、被疑者から黙秘能力や質問に対する抗弁能力を奪うものであるとともに、著しく誘導性・誤導性を増強するものであるから、違法であり、禁止されるべきである。我が国でも島田事件（1954年）[11]や大分みどり荘事件（1981年）[12]で実施された例がある。（ドイツ刑訴法は1946年の改正で明文をもって禁止している[13]。ただし、米国においては、被告人が強度の健忘を訴え、他に反証の方法がない場合に、被告人の催眠証言を防御の一手法として承認した連邦最高裁判例があり[14]、我が国でも例外的な弁護方法として検討すべき場合はあるかもしれない）。

⑹ 問診状況の録画・録音と諸検査記録の作成・保存・提出

　これらは鑑定手続の適正と鑑定内容の正確さを担保するとともに、再鑑定がなされる場合には不可欠の資料となる。MRI、PET、SPECT 等の脳画像の撮

影も求めるべきである。現状においては録画・録音や記録の保存は鑑定人の裁量に委ねられているが、司法上の基準として録画・録音と検査記録の作成と提出を義務付けるべきである。

⑺　検察官による起訴前嘱託鑑定の適正手続要件

以上の適正手続要件は起訴前鑑定においても適用されることは当然であり、それが検察官による嘱託鑑定としてなされるときは証拠能力付与の要件とされるべきである。また、仮に、検察官から起訴前鑑定の要約的な鑑定書のみを証拠調べ請求されたり、問診の録画・録音や諸検査記録が提出されないときは、公判前整理手続における証拠開示請求は必須である。

なお、起訴前鑑定について注意すべきは、それが起訴前の身体拘束を長期化させることである。後述の弘前大学教授夫人殺し事件のように鑑定留置を身体拘束延長の方便として悪用するなどは論外で、その違法性は明らかであるが、検察官が鑑定結果に不満なため起訴前の再鑑定の鑑定留置を求めるなども、原則として相当性を欠くというべきである。

近時、そのような事例がある。2017年7月の神戸市の5名殺傷事件で、検察官は検察嘱託の鑑定を多く手掛けている精神科医に起訴前鑑定を嘱託し、約5カ月間の鑑定留置がなされたが、その鑑定内容が意に沿わなかったのか、再度の鑑定留置を請求し、裁判所もこれを認め、更に弁護人の準抗告を棄却した。起訴前の鑑定は検察による一方的な手続であって、起訴後の双方の弾劾が保証された手続とは異なるのであるから、被疑者の身体疾患等のため初回の鑑定が十分に行なえなかったような特別な場合を除き、再度の鑑定留置は相当性を欠くというべきである。

5　犯意及び訴訟能力

⑴　責任能力と犯意及び訴訟能力

被告人の事件時の精神状態は責任能力のみならず犯意の存否に関連することが稀ではない。特に、てんかん性精神病、アルコール酩酊及び情動犯罪等による一過性の意識障害下の事件にこの傾向が強い。英米法のオートマティズム（自動症）の抗弁[15]は正面からこのことを問題にするものである。また、継続型の精神障害（統合失調症、慢性妄想病など）や知的障害は事件時から鑑定時まで（ときに変動しながらも）症状を持続し、訴訟能力の問題を生じさせることが少

第2章　精神鑑定・情状鑑定・犯罪心理鑑定　63

なくないので注意が必要である。

(2) 訴訟能力の要件の明確化

刑訴法314条1項は、被告人が心神喪失の場合の公判手続の停止を定めている。その趣旨は、被告人に防御能力が欠けるときに手続を進めてはならないという点にある。

刑訴法314条1項の「心神喪失の状態」の意義についてであるが、責任無能力的な意味での心神喪失でないからといって直ちに訴訟能力があると判断してはならない。責任無能力的な意味での心神喪失でない状態でも、精神障害・意識障害や知的障害の場合に、訴訟能力に疑いのある場合がある。もっとも、意識障害の場合には一過性に心神喪失をきたしたと解し得る場合もあるが、知的障害については、その程度が責任無能力としての心神喪失には至らない場合であっても、被疑者段階において取調べの圧力によって容易に防御能力を失うことに注意が必要である。

なお、伝統的な訴訟能力論は責任能力論と概ねパラレルに考えられ、精神障害や知的障害に着目されてきたが、近時は被告人のコミュニケーション能力に着目され、聴覚障害や発達障害ないし自閉症あるいは認知症の患者についても訴訟能力が問題とされるに至っており、その意味で訴訟能力論の変容ないし拡大がみられるところである。このことは訴訟構造における当事者主義化に対応しているといえるであろう。そもそも被告人を糾問の客体としてのみ扱う訴訟構造のもとでは訴訟能力という観念自体が育ちにくいのであって、それは訴追者と対立当事者たる被告人という観念の成立と軌を一つにする。すなわち当事者主義的訴訟構造を前提とするからである。

したがって、同条項の「心神喪失の状態」は「精神障害、意識障害又は知的障害等によって防御能力（コミュニケーション能力を含む）が失われた状態」の意味に解されるべきである。

なお、上訴審の公判手続においても、刑訴法314条1項は準用されており[16]、被告人が上訴取下げ・放棄をした場合は、その有効性について慎重に検討しなければならない。

(3) 訴訟能力を欠く被疑者に対する取調べの禁止

訴訟能力の法理は当然に被疑者にも適用されるから、起訴前の被疑者に何らかの精神障害・意識障害又は知的障害が認められ、訴訟能力を欠く疑いが強い

場合は、取調べ自体が禁止されるべきである。

　その論拠としては、次のように考えられる。現在の捜査実務においては（多くの学説の反対にもかかわらず）被疑者の取調受忍義務が肯定されている。しかしながら、この理は訴訟能力なき被疑者には妥当しない。訴訟能力なき被告人については、公判が停止され、公判に応ずる義務がないのと同様に、訴訟能力なき被疑者にも取調べという捜査方法に応ずる義務はないはずである。また、被疑者による供述は黙秘権の放棄を意味するが、訴訟能力なき被疑者による黙秘権の放棄はそれ自体が背理であって無効である。それは訴訟能力なき被告人の上訴権の放棄や上訴の取下げが無効であるのと同様である。このように考えれば訴訟能力なき被疑者によってなされた自白の任意性は当然に否定されて然るべきであるが、しかし問題はそれにとどまらず、このような被疑者に対しては取調べ自体が禁止されるべきである。

　また、被疑者に精神障害・意識障害又は知的障害の疑いがある場合には、常に精神鑑定がなされるべきであり、弁護人が証拠保全手続による精神鑑定を請求すべき場合もある。

⑷　公判前整理手続における訴訟能力

　公判前整理手続においても、前述と同様に、精神障害・意識障害又は知的障害の状態にある場合には、被告人に防御能力が欠けている以上、公判手続の停止に準じて、手続は停止されなければならない。

6　パーソナリティ（人格）障害

　パーソナリティ（人格）障害、特に「反社会性人格障害」を死刑の量刑理由とされることが少なくないが、人格障害論の再検討が必要であり、特に発達障害や微細脳器質障害との関連による限定責任能力の可能性と量刑上の価値に注意すべきである。

⑴　精神病質論とパーソナリティ（人格）障害論

　我が国の精神医学において、1960〜70年代にドイツ医学流の「精神病質」論が厳しく批判されたが、1980年代以降はアメリカ医学由来の「パーソナリティ（人格）障害」論が安易に用いられる傾向があるところ、両概念の内容は

第2章　精神鑑定・情状鑑定・犯罪心理鑑定　65

ほぼ同じである。

　近時は我が国においても人格障害論に対する批判がなされている上、発達障害が成年後のパーソナリティ（人格）障害を形成することが概ね承認されている。「国民は、発達障害者の福祉について理解を深めるとともに、社会連帯の理念に基づき、発達障害者が社会経済活動に参加しようとする努力に対し、協力するように努めなければならない」という発達障害者支援法の法意に照らしても、パーソナリティ（人格）障害を一面的に悪しき情状視することは正しくない。

⑵　パーソナリティ（人格）障害論と操作的診断基準

　DSM-Ⅲ・Ⅲ-R・Ⅳ・Ⅳ-TR・5（アメリカ精神医学会の精神障害診断統計マニュアル）やICD-10（WHO第10回修正国際疾病分類基本分類表）の操作的診断基準では、それまで用いられてきた病因論的な伝統的診断に比して統合失調症の守備範囲が狭いことに注意しなければならない。伝統的診断では統合失調症に含めて考えられてきた単純型統合失調症がDSMでは精神病、神経症などの疾患を命名する第Ⅰ軸ではなく、＜人格障害のクラスターＡ＞の統合失調質人格障害・統合失調型人格障害として人格障害、精神遅滞の第Ⅱ軸に含まれ、狭義の病気ではないとされる。

　単純型統合失調症とは、統合失調症概念を提唱したE・ブロイラー[17]によって破瓜型、緊張型、妄想型に加えて統合失調症の一亜型とされたもので、多くは思春期に発症して潜行性に経過し、緊張病性の運動症状や幻覚・妄想という陽性症状は認められず、思考障害も気付かれないことが多い。要するに、幻覚、妄想などの先行する精神病エピソードが出現したという病歴なしに、陰性症状がゆっくり進行するもので、操作的診断では診断が困難なことは否定できない（その事情について、福島[18]は「これはDSM－Ⅲが研究目的で統合失調症の純粋なサンプルを得るために作られた「研究用診断基準」〔RDC〕を母胎として制定されたという事情によるものと思われる」と述べている）。

　本邦の鑑定事例でも、公判時において統合失調症と人格障害のいずれであるかが争われ、鑑定人も診断に迷いながらも統合失調症と認むべき明確な根拠がないとして人格障害とされ、完全責任能力認定をもって死刑となった者が、刑確定後精神症状を顕わにして受刑能力（死刑適応能力）に疑問を生じているケースも少なくないが、統合失調症概念の狭小化による人格障害診断の多用がその一因をなしていると思われる。

それゆえ、弁護人としては鑑定人に対して操作的診断のみでなく伝統的診断をも併用するよう求めるとともに、DSM は多軸診断であって、第Ⅱ軸に該当する要素があるからといって、必ずしも第Ⅰ軸の要素が無いとは限らないのであるから、鑑定人の証人尋問において第Ⅰ軸の疾病要素についても詳細に問わなければならない。

(3) 微細脳器質性障害

微細脳器質性障害による人格変化と責任能力の関連についても考慮されなければならない。

微細脳器質性障害については、福島がMiBOVa（微細脳器性変異）概念によって限定責任能力の可能性や量刑上の意義を主張している[19]。我が国で微細脳器質性障害のみに着目して心神耗弱を認めた裁判例は見当たらないが、量刑上考慮された事例はある。

池田小学校児童殺傷事件の鑑定で被告人の前頭葉機能の障害が指摘されたが、「その所見と人格あるいは精神症状との因果関係に関して決定的なことは何もいえない。今後の精神医学と脳画像検査の飛躍的な発展を待たねばならない」とされ[20]、判決では量刑上も考慮されなかったが、脳の器質的な異常所見が情動の不安定や攻撃性の一因となった可能性は大きいと考えなければならない（なお、この鑑定書では、被告人の頭部MRI検査で小さな脳腫瘍が確認され、現在神経症状はないが、将来的に神経症状が出現する可能性は否定できないとされていた。法務当局が将来的な受刑能力の喪失を惧れて処刑を急いだ可能性は否定できない）。

米国では微細脳器質性障害を理由とする免責も有力に主張されている。南カリフォルニア大学のレインら[21]は、22 人の殺人者と同数の対照群の脳の糖代謝をPET を用いて検査し、前部前頭葉の外側と正中部の機能低下を発見したが、後部前頭葉、側頭葉、頭頂葉の機能には対照群と有意差がないと報告した。彼らはその後、41 人の未決殺人者と41 人の対照群を用いた同様の実験で、殺人者には前部前頭葉皮質、上部頭頂葉回、左縁回、脳弓体で代謝機能低下が、側頭葉ではamygdala、視床、正中葉などで異常な左右差を認めた（左＜右）と主張した。これらの異常所見は、「精神障害の理由による無罪の抗弁」（pleading not guilty by reason of insanity, NGRI）の根拠になるという。また、2006年のアメリカ法曹協会、アメリカ精神医学会、アメリカ心理学会等による共同の勧告[22]は「犯行時に重篤な精神疾患又は障害に罹患し、(a)自らの

行為の性質・結果・不法性を弁別し（appreciate）、(b)行為に関する理性的な判断をなし、又は(c)法の要求に行為を従わせる能力が重大な損傷を受けている（significantly impaired）被告人は、死刑を科されるべきではない」としている。その障害や損傷には微細脳器質性障害も含まれるのである。レイン[23]の他の稿においても、インサニティ・ディフェンス（精神障害による免責の抗弁）が認められて無罪になった事例、検察と弁護人間で謀殺から故殺に訴因変更することで同意された事例、陪審によって死刑が免じられ終身刑とされた事例等が紹介されている。

　以上によれば、微細脳器質性障害の精神医学上の意味づけについては未解明の部分が多いが、世界的にはそれを免責や責任能力限定の理由とする有力な見解があり、我が国でも責任能力限定や減軽の理由とする有力な見解が存する。したがって、鑑定でパーソナリティ（人格）障害が指摘された場合は、その当否を検討することはもとより、パーソナリティ（人格）障害の原因たる微細脳器質性障害について更に詳しい究明（再鑑定）を求めたり、それ自体を理由とする減軽を主張すべきである。

7　重要判例

　以下に重要判例と必備必読の文献を掲げる。文献には少し古いものも含まれているが、司法精神医学と責任能力論の大要を俯瞰する上では不可欠のものである。

(1)　昭和58年決定・昭和59年決定まで

　判例①　最三決昭33・2・11刑集12巻2号168頁

　判例②　最二決昭53・3・24刑集32巻2号408頁、判時889号103頁

　判例③　最三決昭58・9・13集刑232号95頁、判時1110号156頁

　判例④　最三決昭59・7・3刑集38巻8号2783頁、判時1128号38頁

　以上が昭和59年決定までの最高裁判例である。昭和58年決定とは判例③、昭和59年決定とは判例④を指す。

　判例①は、うつ病等で「二つの精神鑑定書の各結論の部分に、いずれも、被告人が犯行当時心神喪失の情況にあった旨の記載があっても、その部分を採用せず、右鑑定書全体の記載内容とその他の状況証拠とを総合して、心神耗弱の事実を認定することは、必ずしも経験則に反するとはいえない」と判示して原判決を是認した。

判例③は、覚せい剤使用歴のある被告人の空き巣窃盗事件につき、控訴審段階で、幻聴の存在を肯定して心神喪失とする鑑定及び心神耗弱とする鑑定が出されたにもかかわらず、幻聴に襲われこれに支配されて犯行に出たとは認め難いとして完全責任能力を認定した原判決を是認した。「心神喪失又は心神耗弱に該当するかどうかは法律判断であって専ら裁判所にゆだねられるべき問題であることはもとより、その前提となる生物学的、心理学的要素についても、上記法律判断との関係で究極的には裁判所の評価にゆだねられるべき問題である」とした。

　判例②と判例④は同一事件で、統合失調症の元自衛官による高知県の5名殺人事件である。判例②は心神耗弱を示唆して、完全責任能力とした原判決を破棄差戻した。判例④は心神耗弱とした差戻し審の原判決を是認した。判例④の「決定要旨」は「被告人が犯行当時精神分裂病に罹患していたからといって、そのことだけで心神喪失の状態にあったとされるものではなく、その責任能力の有無・程度は、被告人の犯行当時の病状、犯行前の生活状況、犯行の動機・態様等と総合して判定すべきである」とされている。その理由中では、判例①と判例③を前提としつつ、「なお、依頼人の精神状態が刑法三九条にいう心神喪失又は心神耗弱に該当するかどうかは法律判断であるから専ら裁判所の判断に委ねられているのであって、原判決が、所論精神鑑定書（鑑定人に対する証人尋問調書を含む。）の結論の部分に被告人が犯行当時心神喪失の情況にあった旨の記載があるのにその部分を採用せず、右鑑定書全体の記載内容とその余の精神鑑定の結果、並びに記載により認められる被告人の犯行当時の病状、犯行前の生活状態、犯行の動機・態様等を総合して、被告人が本件犯行当時精神分裂病の影響により心神耗弱の状態にあったと認定したのは、正当として是認することができる」と述べ、統合失調症と責任能力との関係につき最高裁として初めて職権判断を示した。

(2)　昭和58年決定・昭和59年決定の問題点

　昭和59年決定の判例解説（高橋省吾調査官）は、決定が排斥した古典的立場の代表的論者として中田修、採用した新しい立場の代表的論者として福島章をあげる[24]。前者はドイツ精神医学のコンベンション（慣例）の立場（統合失調症や内因性躁うつ病といった真性精神病の支配下の行為は原則として無条件で、すなわち強いて個々の行動の心理的要素の分析を経ずして、責任無能力を肯定できるとする）を採用し、後者はこれを否定する。

第2章　精神鑑定・情状鑑定・犯罪心理鑑定 ｜ 69

昭和58年決定と昭和59年決定は（後述の判例⑤が出現するまで）その後20数年にわたって我が国の実務を支配した感があった。しかしながら、この傾向には以下に示すいくつかの問題があった。

第一に、判例②と判例④における事例の分析が皮相で、司法精神医学的な相当性を欠いていたことである。この事例の犯行直前には統合失調症による著しい緊張病症状がみられるようで、犯行はこの症状に直接支配されていたと考えられるが、判例②と判例④のいずれにおいても、これが見落とされている[25]。

第二に、判例④について、この判例がコンベンションの立場を全面的に排斥したかの如く理解する向きが多かったが、この決定をそのように読むことは行き過ぎで、この決定は統合失調症の症状が重篤であったり、統合失調症による幻覚、妄想等の病的体験に直接支配された犯行である場合には心神喪失とするというのであるから、コンベンションを部分的に採用しているとみる余地もある[26]。

第三に、中田と福島の学問的対立には、判例④の判例解説が指摘するような一面があったことは否定できないが、それはものごとの一面にすぎなかったということである。確かに、中田はコンベンションのよって立つ疾病観を尊重するのに対し、福島はより力動的（精神分析学的）見地から犯行の見方の上で了解可能性の範囲を広げ、もって心神耗弱を拡大したので、心神喪失とされる事例は著しく減少した。このことは統合失調症とアルコール酩酊の事例でもそうであったが、急性覚せい剤精神病の事例で特にそれが著しかった。1980年代以降我が国では覚せい剤精神病による心神喪失判決は全くと言ってよい程なくなってしまったが、それは福島学説によるところが大きい。

しかし、このことは一面の真理で、福島学説は力動的見地から疾病概念を流動化して（比喩的にいえば、地上には明確な国境があっても、力動論の支配する無意識的世界である地下のマグマにはそれはない）、了解の範囲を拡大し、心神喪失事例の一部を有責化（心神耗弱化）したが、逆に、従来完全責任能力とされていたものを心神耗弱化する面も有していたということである。このことは微細脳器質性障害について前述したとおりである。結局、裁判所は福島学説のうち、有責化に資する面のみを利用してきたということができる。しかしながら、死刑弁護においては後者の心神耗弱化と量刑誤判の面が決定的に重要であるから、司法精神医学と弁護が協働して、この点の進展をはからなければならない。

第四に、判例④の判例解説はコンベンションが排斥されたかのように述べ、統合失調症には部分的にそれが妥当するが、内因性躁うつ病には妥当せず、判

例は内因性躁うつ病についてはその後も概ねコンベンションの立場を守ってき
ているともいえる。中田[27]は心神喪失としたうつ病者による殺人事例8例中、
2例が心神喪失不起訴、5例が心神喪失無罪で、鑑定例8例中7例が司法にお
いても心神喪失とされたとしているのである。

　いずれにしてもコンベンションの採否ないし可知論・不可知論の問題は、こ
れを二者択一的にとらえるべきではないというべきである。

⑶　平成20年判決とそれ以降

　判例⑤　最二判平20・4・25刑集62巻5号1559頁、判時2013号156頁
　判例⑥　最一決平21・12・8刑集63巻11号2829頁、判時2070号156頁
　判例⑤は、判例③と判例④による従前の傾向を大きく改革した面がある。こ
の判例は傷害致死事件につき、総合失調症による心神喪失を示唆する二つの鑑
定を排斥して心神耗弱とした原判決を破棄差戻した。

　判例③④を踏襲しながらも、「生物学的要素である精神障害の有無及び程度
並びにこれが心理学的要素に与えた影響の有無及び程度については、その診断
が臨床精神医学の本分であることにかんがみれば、専門家たる精神医学者の意
見が鑑定等として証拠となっている場合には、鑑定人の公正さや能力に疑いが
生じたり、鑑定の前提条件に問題があったりするなど、これを採用し得ない合
理的な事情が認められるのでない限り、その意見を十分に尊重して認定すべき
ものというべきである。」とし、また、「統合失調症による幻覚妄想の強い影響
下で行なわれた行為について、正常な判断能力を備えていたとうかがわせる事
情があるからといって、そのことのみによって依頼人が心神耗弱にとどまって
いたと認めるのは困難である」とする[28]。

　判例⑥は、統合失調症による殺人等被告事件で、心神喪失とする鑑定がなさ
れたが、鑑定意見の一部のみを採用して心神耗弱とした原判決を是認した。そ
こでは、「裁判所は、特定の精神鑑定の意見の一部を採用した場合においても、
責任能力の有無・程度について、当該意見の他の部分に事実上拘束されること
なく、上記事情等を総合して判定することができるというべきである。原判決
が……病的体験が犯行を直接支配する関係にあったのか、あるいは影響を及ぼ
す程度の関係であったのかなど統合失調症による病的体験と犯行との関係、被
告人の本来の人格傾向と犯行との関連性の程度等を検討し、被告人は本件犯行
当時是非弁別能力ないし行動制御能力が著しく減退する心神耗弱の状態にあっ
たと認定したのは、その判断手法に誤りはなく、また、事案に照らし、その結

第2章　精神鑑定・情状鑑定・犯罪心理鑑定　｜　71

論も相当であって、是認することができる」との職権判断を示した。

⑷　平成20年判決の意義

　平成20年判決（判例⑤）の意義は、第一に、責任能力判断に当って臨床精神医学・司法精神医学の本分の尊重を強調したことであり、第二に、被告人の行動が一見正常な判断能力のもとに行われたように見えても、それが異常心理体験の影響下にある限り、正常性を過大評価してはいけないことを指摘した点にある。

　第一の点については、生物学的要素である精神障害の有無・程度のみならず、それが心理学的要素に与えた影響の有無・程度についても、その診断が臨床精神医学の本分であることを強調したことの意義は大きい。昭和58年決定・昭和59年決定の影響化にあった時代には心理学的要素は規範的要素であるとして法律家が精神鑑定の論旨を軽視して法的判断をなしうるとする意見も少なくなかったが、判例⑤は基本的にそのような論理を否定している。

　第二の点については、精神障害者の行動は正常な判断力のもとになされている部分と病的な部分が混淆していることが少なくなく、精神医学的には「二重見当識」と呼ばれることがあるが、要するに一見正常な部分をとらえて病的な部分を軽視してはならないということである。例えば、従前の下級審判例の中には妄想型統合失調症患者が妄想のもとに兇器を購入して被害者の殺傷に及んだような事例で、兇器の購入などの一見合理的ないし合目的なものを拾い上げたうえ「……の点において普通人の有する程度の精神作用を全然欠如するものには非ず」式の説示をもって免責（心神喪失）を否定する事例が少なくなかったことに対する批判的視点を提供しており、この点に関しては「精神病者といえども、その行動が総体的に非理性的であるような者は極く僅かしかいない。そもそも非理性的な行為しかしない人間がいったいどこにいるか。」というE・ブロイラー[29]の批判が想起されねばならない。

⑸　平成20年判決と平成21年決定の関係

　判例⑤の事例の差戻し控訴審判決と判例⑥は、判例⑤によって改革された司法を少し判例④の方向にゆり戻したとの見方もある。しかし、判例⑤の事例の再上告審決定は、責任能力について何の判断も示していないから、判例⑤の範例としての価値は失われていない。

　なお、判例⑥の判例法理の適用に関して、注目すべき下級審裁判例がある。横浜地裁小田原支部は夫の浮気を確信して妻が夫に暴力をふるい死に至らしめ

たという傷害致死被告事件において、妄想性障害ではあるが、弁識能力は障害されておらず、制御能力の障害の程度も著しくなかったとして完全責任能力とする起訴前鑑定を採用した（平成26年8月6日判決[30]）が、東京高裁は原判決を破棄し、上記鑑定の医学的知見は採用しながらも、判例⑥を引用しつつ、責任能力の有無及びその程度の判断は法律判断であるから、被告人の犯行当時の病状、犯行の動機、態様等を総合して判定することは許されるとして心神耗弱を認定した（平成27年3月17日判決[31]）。判例⑥の法理は鑑定意見が責任減免を示唆しても有責の方向に認定するために用いられることが多く、この判決のように援用されることは少ないので、その意味で注目されるところである。

8　死刑事件において「規範的立場」から責任能力減免を抑制する傾向

　死刑が問題になるような重大事犯においては、そうでない事案に比して責任能力判断が、本来の責任主義の立場を離れ、社会防衛を重視して刑の減免が抑制的になっている傾向はないであろうか。

　そのことを正面から認めるのは中国の刑事司法である。1997年改正の中国刑法には責任能力減免の規定があるが（ただし、限定責任能力による刑の減軽は任意的）、現職裁判官である兪志杰[32]によれば、「無差別大量殺人事件や麻薬密輸などの重大事件では、刑事政策的観点から、社会安全秩序と重罰（即死刑）を望む国民の処罰感情を考慮すれば、被告人の刑事責任を認めざるをえないため、法院が精神鑑定の申請を却下し、自ら責任能力を規範的に判断して、完全責任能力を認めることとなっている」が、「責任能力判断にも当罰性の観点が考慮されねばならない。すなわち、責任の評価は予防上の処罰の必要性の観点からもなされるべきであるから、法院が、こうした観点から、規範的判断による責任能力判断を行い、完全責任能力を認めたとしても、責任主義に反するとは必ずしも言えないように思われる」というのである。

　我が国において、このような明示的な意見に接したことはないが、裁判官の中には意識的あるいは無意識的に同様の思考が働いていると疑われることが少なくない。しかしながら、それは責任主義に反するのであって、司法と刑法理論の自殺行為であるといわなければならない。死刑事件の弁護人は、どのような重大事件であっても、責任主義に則った判断がされるよう主張しなければならない。

第2章　精神鑑定・情状鑑定・犯罪心理鑑定 | 73

9 最近の文献

　総括的な司法精神医学の大系として松下正明ほか編『司法精神医学（1〜6）』（中山書店、2006年）。現在の司法精神医学を網羅する大系で、これを超えるものはない。

　操作的診断基準については、ICD-10の解説書として融道男監訳『ICD-10精神および行動の障害——臨床記述と診断ガイドライン』（医学書院、2005年）、現行のDSM-5の解説書として日本精神神経学会監修・高橋三郎監訳『DSM-5　精神疾患の診断・統計マニュアル』（医学書院、2014年）、その簡略版として高橋三郎・大野裕訳『DSM-5　精神疾患の分類と診断の手引』（医学書院、2014年）がある。

　最初に読むべきものとしては、❶高岡健『精神鑑定とは何か——責任能力論を超えて』（明石書店、2010年）、❷日弁連刑事弁護センター編『責任能力弁護の手引き』（現代人文社、2015年）、❸訴訟能力研究会編『訴訟能力を争う刑事弁護』（現代人文社、2016年）がある。❶は責任能力だけでなく、訴訟能力・情状鑑定・受刑能力・少年事件・自閉症スペクトラム等を広く論じ、非常に読みやすい。❷は責任能力について分かりやすく書かれており、弁護の良き手引きである。❸は訴訟能力に関する先駆的で唯一のまとまった文献である。

　刑事法学者・弁護士と精神医学者の協働になるものとしては、いずれも季刊刑事弁護の特集で、❹「活かそう精神鑑定」季刊刑事弁護17号（1999年）、❺「精神鑑定と触法精神障害者処遇」同32号（2002年）、❻「裁判員裁判における精神鑑定」同69号（2012年）、❼「精神鑑定をめぐる最近の動向」同93号（2018年）がある。❹は判例②〜④の時代の主要判例を検討するものであるが、現在でも必読のものである。❺は❶の続編で、直接的には医療観察法に関する特集であるが、裁判員裁判にも有益な論稿を収め、また、司法精神医学と責任能力論の歴史を展望している。❻は出版時点までの裁判員裁判における全ての精神鑑定事例を検討し、❼は❻以後の裁判例を網羅するとともに、いわゆる「7つの着眼点」と「8ステップ」を検証しており、裁判員裁判における動向を知ることができる。また、❼所収の中谷陽二「刑事責任能力と精神医学——原点に還る」は精神医学の基本から責任能力を論じており有益である。

　文献を網羅的に紹介するものとして、日弁連刑事弁護センター死刑弁護ＰＴ

編著『資料集・死刑求刑のあり得る事件の弁護』（2012年）がある。

Ⅲ　情状鑑定と犯罪心理鑑定

　両者はいずれも心理学的観点による鑑定であるが、力点の置き方に微妙な差異がある。

　以下、各々の意義を簡単に述べたうえ、近年の具体的事例に基づいてその課題を検討しよう。

1　犯罪心理鑑定の意義

　犯罪心理鑑定は、心理学的立場から動機と犯意の形成過程に焦点をあて犯罪の真相に迫ることを目的とする。情状鑑定と同義で用いられることもあるが、情状鑑定は通常はもう少し広義に、情状全般の鑑定の意味に用いられる。どちらも心理学的知見が活用されるので、両者は重なる部分があるが、犯罪心理鑑定は量刑事情のうち、とくに犯情の面に作用するのである。

　犯罪捜査では、捜査官の見方（仮説）に従って証拠が集められ、被疑者の供述（自白）調書が作成されてゆく。ここで少なくとも二つのことに注意しなければならない。第一に、被告人自身が述べる事件が真相に合致する保証はない。それは被疑者の取調べ過程における捜査官との共同作業によってゆがめられている可能性がある。第二に、弁護人も捜査官の作った筋書きを受け入れてしまうことが多い。

　ここに、犯罪心理鑑定の意義がある。犯罪心理鑑定の鑑定事項の核心は、①本件犯行の動機と犯意の形成過程及び犯行当時の心理状況であるが、付加的に一般情状として②被告人の性格、家庭その他の生育環境及び犯行前の生活状況から見た精神状況、人格の成熟度、再生可能性等が加えられることが多い。①に犯罪心理鑑定の特質があり、鑑定人の心理学的知見によって、捜査官や弁護人には見えなかった事案の真相が提示されることが少なくない。

2　情状鑑定の意義

　情状鑑定は犯罪心理鑑定と同義で用いられることもあるが、通常はもう少し広義に、情状全般の鑑定の意味に用いられる。情状事実は罪体（構成要件事実）

第2章　精神鑑定・情状鑑定・犯罪心理鑑定 | 75

をとりまくあらゆる事実を含むから、必然的に情状鑑定はその全てを対象とする。家庭環境や教育環境更に被虐待体験などの成育歴は主として情状鑑定の問題となるが、米国の死刑弁護で活躍している減刑専門家（多くは心理学者であるが、弁護団の一員として減刑事情の調査に当たる）は被告人の数世代前からの生物学的な遺伝負因や出生前の胎内環境なども調査の対象としている。

鑑定の方法としては、心理学によることが多いが、犯罪心理鑑定よりも広く、社会心理学的方法が用いられ、さらに、社会学、社会福祉学、教育学、事案によっては遺伝学、脳科学等の知見も援用される。精神医学者からも、「情状鑑定は被告人を人間として理解することを意図するものであり、臨床精神医学となじみやすい、なぜなら臨床精神医学もまた、患者を人間として理解することがその出発点だからだ」とされている[33]。

情状鑑定の鑑定事項は上記犯罪心理鑑定の鑑定事項のうちの②に相当する情状全般としての㈠被告人の成育環境の問題性、㈡成育環境が依頼人の人格に与えた影響、㈢本件犯行の経緯、㈣量刑および処遇上特に留意すべき事項等であるが、現在の実務で支配的な量刑判断の在り方は一般情状を犯情によって決定された量刑の大枠内でしか考慮しないので、㈢を動機形成過程にまで拡げ、犯罪心理鑑定に近づける工夫も求められるであろう。

死刑事件弁護では、精神鑑定とともに、犯罪心理鑑定ないし情状鑑定は必須である。情状鑑定が活用された例として、死刑求刑されたが、無期懲役判決が確定した、2005年の静岡大生による強盗殺人（2名殺人）等被告事件[34]がある。

被疑者・弁護人は、捜査段階では事案を徹底的に争った。被疑者は黙秘するか、供述しても調書への署名・指印を拒否していた。その後、第1回公判で一転して殺人を認め、被害者への謝罪を表明した。一審公判での情状鑑定の請求は却下されたが、心理学者の当事者鑑定意見書は採用された。その中で幼少期の虐待による人格形成が明らかにされ、それが判決に影響した。

3　鑑定人の人選

鑑定人は犯罪心理学に造詣の深い心理学者の中から求めることになる（遺伝学や脳科学の知見が求められるときは、その専門家を共同鑑定人もしくは鑑定助手とする必要がある）。家庭裁判所調査官の退職者団体[35]に照会することも有益である。

犯罪心理鑑定や情状鑑定で注意すべきは、心理学鑑定であるにもかかわら

ず、裁判所が精神医学者を鑑定人に選任することがあることである（後述の2014年の前橋市における連続強盗殺人事件）。しかしながら、司法精神医学の基本的立場は診断学で、生育歴などの調査も現在症の診断のための補助的ないし前提的調査の位置を占め、診断は静点見地でなされることが一般であるが、情状鑑定や犯罪心理鑑定は基本的立場と方法が異なる。これらは現時点からの静的観察ではなく、生育の各時点の現場に（時間的にも）遡行し、被鑑定人の内面にそって心理力動を発展的に再現し、とくに犯罪心理鑑定は一般情状以前に犯情それ自体の見方に影響を及ぼすのである。したがって、裁判所が精神医学者を選任せんとするときは、必ず心理学者を共同鑑定人とするよう働き掛ける必要がある。前述のとおり、情状鑑定の重要性を指摘する精神医学者も存するし、永山事件のように精神医学者によっても優れた情状鑑定がなされうることは事実であるが、その割合は決して高くはないのみならず、仮に精神医学者を選任するときは、児童青年精神医学の素養が求められるとともに、上記の方法論的差異に自覚的であることを確認する必要がある[36]。

4 情状鑑定の一例──前橋の連続強盗殺人事件から

(1) 事件は2014年11月10日被告人（26歳男性）が前橋市内の高齢者が1人暮らしの住宅に侵入して、住人を包丁で刺殺して現金5000円等を強取し（第1事件）、更に同年12月16日同市内の高齢者夫妻の居住する住宅に侵入して、1名を包丁で刺殺、1名を同未遂（第2事件）という住宅侵入・強盗殺人、強盗殺人未遂（他に窃盗1件）である。

(2) 検察官は被害者らに対する強固な殺意があったと主張したのに対し、弁護人は第2事件の強盗殺人未遂について殺意を争い、他の2名に対する殺意も強固なものではない、あるいは未必的なものであったと主張する外、責任能力については協力医の見解からこれを争うのは困難であると見て、情状鑑定を請求した。

(3) 裁判所は弁護人の請求を採用し、鑑定人として県立医療センター長（大学臨床教授併任）の精神科医を選任した。裁判所が決定した鑑定事項は、情状鑑定ではあったが、「1 被告人の精神障害の有無・程度、2 1が本件犯行に与えた影響の有無・程度及び機序等」とされ、精神鑑定のそれと全く同様であ

第2章 精神鑑定・情状鑑定・犯罪心理鑑定 | 77

った。

　提出された鑑定書の表題は「情状鑑定書」であったが、内容的には精神鑑定そのもので、臨床精神医学の方法に則った診断学である。司法精神医学的には一応の水準に達しており、また「情状鑑定」と題する故か被告人の成育歴の記述や心理検査の記述は比較的丁寧ではあるが、前述の発達心理学的方法との方法論的差異について自覚的とはいえない。

⑷　本件は住居侵入後、被害者に危害を加えるまでの時間（第１事件では２時間、第２事件では８時間余）住宅内にひそんでおり、その間携帯でトランプゲームをしたり、部屋にあった「ルパン３世」の漫画本を読むなどの特異な行動があったが、鑑定はこれを単に「緊張をとるため」と理解している。

　また、被告人は家庭環境に恵まれず、４歳時から中学卒業まで市の施設で生活しており、広汎性発達障害でみられる対人関係の障害を軽度有しているとされ、また、被虐待児は広汎性発達障害と類似の症状を呈することが多いとの意見もあり、被告人の場合も後天的な影響を受けている可能性があるとしているが、それについての具体的な追及はない。

　本件は生育歴や発達の問題と、犯行のさい何時間も被害者宅内にひそんでいたという行動の特異性との関連性が一つの焦点であったと思われるが、その犯罪心理学的な解明はなされていない。

　また、上記の行動の特異性は脳器質性の思考停止が作用した可能性も否定できず、その検索（上述の米国のレインらが行なっているような脳病理学的な検査）も必要であったが、それもなされていない。

⑸　鑑定人は公判で証言したが、証言要旨の表題は何故か「精神鑑定報告」とされている。鑑定人自身が情状鑑定との差異を自覚して表題を改めたのかもしれないが、裁判所はそれに無自覚であったとしか思われない。

　要するに、一審の鑑定は「情状鑑定」とは名ばかりで、真の情状鑑定になっていないばかりか、「精神鑑定」としても不十分なものであったという外はない。

⑹　一審判決（前橋地判平28・7・20）、控訴審判決（東京高判平30・2・14）は死刑であり、現在最高裁で上告審係属中である。本件は精神鑑定と情状鑑定・犯罪心理鑑定の関係ないし各々の限界を考える好個の事例であると思われる。

5 犯罪心理鑑定の一例――宮崎家族3名殺害事件から

(1) 本件は同居していた家族3名を殺害したという事案である。被告人（22歳男性）は平成22年3月1日午前5時頃自宅において長男（生後5カ月）の頸部を絞め付けたうえ風呂場の浴槽内に沈め、次いで寝ていた妻（24歳）の頭部を石頭ハンマーで殴打するなどし、物音に不信を抱いて起き出した妻の実母の頭部を石頭ハンマーで殴打するなどし、もって3名を殺害し、同日午後9時ころ長男の死体を職場の資材置場まで運搬し、同所の土中に埋めて遺棄した。

(2) 検察官は「自由気ままな生活をしたいという自分中心で身勝手な動機から、3人を邪魔な存在として殺害を決意」したと主張し、一審弁護人はこれを争い、義母による著しい心理的圧迫を主張した。弁護方法としては情状証人の外、長時間の被告人質問を行ったが、一審判決（宮崎地判平22・12・7）は死刑であった。

(3) 控訴審弁護人は動機の解明のため犯罪心理鑑定を請求したが、裁判所はこれを採用しないものの、私的鑑定書が提出されれば柔軟に対応する旨の意向を示し、弁護人は家庭裁判所調査官退職者でつくる社団法人家庭問題情報センター（FPIC）に照会し、2名の心理学者に私的鑑定を依頼した。

(4) 「調査報告書」と題する私的鑑定書は非常に優れたもので、被告人の犯行心理に肉薄している。
   ① 環境の圧力―絶望感という存在の脅かし
     2月23日夜、被告人は（被害者の1人である）義母からⓐ実家の親を非難されたこと、ⓑそれに反発・弁護したときに一方的にこめかみ部分を殴られたこと、更にⓒ部落の人間といわれたことが激しいインパクトとなり、本件の端緒となっている。
   ② 義母・もめごとからの解放願望――意識狭窄と睡眠不足の常態化
   ③ なぜ妻子まで殺害したのかの点につき、妻子への恨みの感情というような攻撃性ではなく、精神的な危機状況から逃れたいという心因反応である「自己危急反応」であり、また、混乱状態のため方向性を見失ってしまったという（クレッチマー[37]のいう）「乱発反射」であったと理解できる。

第2章　精神鑑定・情状鑑定・犯罪心理鑑定 | 79

④　衝動的犯罪と郷愁反応

　　同時に、もう1つの動機として「郷愁（懐郷）反応」という考えも成り立つ。これはヤスパース[38]によって提唱された心因反応の一類型であるが、被告人は継続的なストレスと家庭に居場所のない生活から、「心の郷里」へ心理的に回帰したいとの気持ちが高揚した結果、「すべてを失っても、心の郷里へ回帰したい」と思いつめての犯行とも理解できる。

⑸　両鑑定人はいずれも控訴審で証言したのであるが、ここで新たな問題が生じた。鑑定人のうちの1名が、2人の意見が一致しなかったので調査報告書としては採用しなかった点として、被告人は結婚前の妻が妊娠したことから結婚することになって義母との同居生活に巻き込まれており、妊娠していなければ結婚しておらず、精神分析的には、長男に対しこの子さえいなければという思いがあったかもしれないとの見解を述べたのである。

　　裁判所はこれにもとづいて「調査報告書には動機について他の解釈を入れる余地があることを否定することができない」と判示して、控訴を棄却した（福岡高宮崎支判平24・3・22）。

⑹　被告人は上告したが、最一判平26・10・16をもって棄却され、確定した。

⑺　本鑑定は大きな問題を残している。まず、共同鑑定人の意見の一致を見なかったため鑑定書で採用しなかった見解を鑑定人の1人が一方的に証言することの適否である。

　　共同鑑定人間の見解の対立は必ずしも珍しいことではない。例えば1988〜89年の東京・埼玉幼女連続誘拐殺人事件では東大系の3名の鑑定人の意見が2つに割れて2通の鑑定書が提出されているし、筆者は帝銀事件の内村・吉益鑑定にも隠れた見解の対立があったと考えている[39]。しかしながら、本件のように共同の鑑定書を提出しながら、鑑定人のうちの1名が鑑定の根幹部分で鑑定書の論旨と対立する見解を不意打ち的に証言するのは全く前例がないのみか、鑑定制度を破壊するものといっても過言ではない。本鑑定は弁護人が私的に依頼した当事者鑑定であったから、当該鑑定人がその主張を貫くのであれば、弁護人は他の鑑定人の作成にかかる鑑定書のみを提出し、その作成者のみを証人請求することも出来たはずだからである。

　　本件は鑑定人倫理のうえで重大な問題を残している。

⑻　もう１つの問題は鑑定人の１名が精神分析的見解を証言したことの適否である。

　精神分析は当人も意識しない深層心理を問うものであるため、当人にとって反証が不可能である[40]。また、仮に本件被告人がこの証人のいうような深層心理を有していたとしても、それは意識から抑圧されて当人も自覚しないものであるから、司法で扱う「意思」とは次元が異なり、民法学や刑法学でいう「動機」にも相当しないものである。このため司法に適用することの可否については20世紀はじめから議論があり、有罪方向の認定には用いないということが一般的見解であったと思われる。

　本邦では1949年の弘前大学教授夫人殺し事件の丸井清泰鑑定[41]が知られているが、これは極めて特異なもので、丸井は否認している被疑者について「鑑定人はその事実を各方面より又あらゆる角度から考察し被疑者は少なくとも心理学的に見て本件の真犯人であるとの確信に到達するに至った」と明言し、面接時の印象がおとなしく女性的なるは「精神分析学の教うる処によると此は内心に残忍性・短気の傾向を包蔵し此の傾向を抑圧する結果反動として極端に柔和な猫の様な態度が表面にあらわれるに至っているものと察せられる」というのであるが、この事件は既に再審無罪が確定して丸井の誤りは明確化されているし、また、丸井の学問の実体も今日の眼で見れば精神分析学に似て非なる通俗心理学であった[42]。

　他方、精神分析学的な見方が無罪方向に働く場合はどうか。フロイト[43]も犯人性が争われた父親殺しの裁判の鑑定についてエディプスコンプレックスの概念を有罪推定に用いることに否定的な意見を述べているし、ヒルシュベルク[44]はフロイトの犯罪学に対する寄与を高く評価し、「犯罪心理学は精神分析学の知識を導入することにより、われわれは、結局、すべての犯罪は種々の要素によって決定されること、従って、動機の認定は、従来考えられていたよりもずっと複雑なものであること、を知ることができるだろう」と述べて、単純な動機認定による死刑判決が精神分析的な知見によって終身刑に減刑された事例（ルフェーブル事件）等を紹介している。ヒルシュベルクは無意識的な心理的導因をも「動機」に含ませて考えているようであるが、その点は別論としても、司法の謙抑性の見地からは精神分析学を無罪方向あるいは動機の罪悪性を薄める方向に適用することは認めるべき余地があると思うが、罪体はもとより悪しき動機の認定においてもその使用は控えるべきであろう。この点においても、

本件における一鑑定人の証言は鑑定倫理上の問題と残したというべきである。

Ⅳ　責任能力と再審

　再審請求の理由については刑訴法435条に規定されている。人違い起訴による冤罪はもとより、傷害致死で擬律すべきであるのに殺人で擬律した場合や事件当時心神喪失であった場合は当然に再審理由が肯定されるが、以下のような場合にも再審が検討されるべきである。

1　事件当時、限定責任能力（心神耗弱）であった場合[45]

　日本法において心神耗弱は必要的減軽事由であるから、確定判決でそれが認定されれば、死刑が宣告されることはない。

　しかるに、判例（最一決昭28・10・15刑集7巻10号1921頁及び最三決昭33・5・27刑集12巻8号1683頁）は「刑訴法435条6号の『原判決が認めた罪より軽い罪』には該らない」として、心神耗弱を再審事由と認めていない。

　しかしながら、この解釈は誤っているというべきであり、近時は下級審判例にもこれを是正する動きがある。前橋地決平25・3・14（判例集未登載）は、当該事案は完全責任能力の認定に誤りはないとして再審請求を棄却したものの、理由中で（上記判例を引用しつつ）「本件のような場合を考えると上記解釈について再考の余地があるようにも思われる」と明言している。

　また、強盗殺人罪から強盗致死罪への認定変更を求める再審請求が、刑訴法435条6号の「軽い罪」を認めるべき場合に該当するとした広島高岡山支平28・1・6の判例解説（判時2304号139頁）も、上記前橋地決には言及しないものの、「本件は違法性の点で犯罪類型に違いがあるとされた事案における判断であったが、責任の点で犯罪類型に違いがある場合を区別する合理性はなく、また刑の減軽事由の事実誤認が刑の適用における差異を生じさせることは明らかである」と述べている。

　死刑確定者中に事件当時の心神耗弱が疑われる者は少なくないのであり、この前橋地決は向後の実務を大きく動かす可能性を秘めているように思われる。

2 刑確定後の病勢の進展によって事件当時の病理性が顕わになる場合

(1) 責任能力について常に考慮しなければならないのは、事件直後の鑑定では明らかにされなかった病勢がその後の経過の発展によって顕わになる可能性である。一定時点における横断的症状による診断は常に暫定的性格を免れないのであり、精神医学的な確定診断は後の経過の発展を見なければ正確にはなし得ないものだからである。このことは精神医学の最も基本的な注意則であって、精神医学書においても繰り返し指摘されている。一例を挙げれば、「リアルタイムのその時点では正常な心理の範囲内の不安や思い込みであるとみた方が妥当と思えたものが、後の経過まで見ると、実は精神病の前駆症状（初期症状ということもできる。）であったということが精神科の臨床を注意深く行なっているとしばしばある」[46]とあるとおりである。したがって、病勢の進展による事件当時の責任能力の見直しの可能性がないかどうか検討しなければならない。とりわけ、確定審の鑑定で非疾病の人格障害や性格異常にとどまるとされながらも、「被告人の持つ特異な印象が、精神分裂病の前兆を完全に否定し得ないのも事実」とされた1989年のけん銃強取目的の警察官2名殺害事件（1審：東京地判平3・5・27、控訴審：東京高判平6・2・24、上告審：最一判平10・9・17）や、「犯行時に精神分裂病圏の疾病が緩徐に発病していた可能性はまったく否定はできないが、鑑定の時点ではその確定診断はできなかった」とされた1999年の池袋通り魔事件（1審：東京地判平14・1・18、控訴審：東京高判平15・9・26、上告審：最一判平19・4・19）は特にそうである。事実、この両事件の死刑確定者については、日弁連人権擁護委員会に対する死刑執行停止を求める人権救済申立事件の調査としての鑑定の中で、病勢の進展によって事件当時既に統合失調症の影響下にあったことが明らかにされているのである。

(2) このような事例は実は非常に多いと思われ、事後の診断や鑑定による再審を考慮しなければならない。典型的事例としては1950年の金閣放火事件[47]をあげることができる。これは金閣寺の修行僧であった被告人が寺に放火した事案であるが、一審で鑑定した三浦百重医師[48]（当時の京大教授）は、①被告人は精神病には罹患していなかった、②老師に対する敵意は「病的優越観念」ではあるが、妄想とはいえず、被告人は分裂病質であるとした。判決はこれを採用して完全責任能力を認定し、懲役7年に処した。

第2章　精神鑑定・情状鑑定・犯罪心理鑑定　83

しかるに服役後病勢が明らかとなり、医療刑務所に移送され、釈放後は京都府立洛南病院に入院したが、主治医であった小林[49]によると統合失調症の発病は（事件前年の）1949年夏頃とされている。

　三浦医師は当然に被告人が統合失調症である可能性を考えたはずであるが、鑑定の時点では妄想とは言い切れなかったのであろう。村松[50]は「その後に統合失調症に発展する可能性があっても、その時点では発症していない以上、そして、将来発症するかどうか断定できない以上、統合失調症とは診断できないと判断したのは、科学的に尊重すべき態度であるといえよう。三浦医師は、統合失調症の可能性を強く感じつつも、昭和25年時点の症状だけを純粋に見れば、統合失調症とは言えないと厳密な判断を下したのであろう」とするが、法律家に対しては重い課題を残すものといわなければならない。

V　受刑（死刑適応）無能力者に対する死刑執行停止

　死刑確定者が心神喪失（刑訴法479条）の状態にある場合、死刑執行は停止されることになっているが、刑訴法・刑訴規則は死刑執行停止の手続について何も定めておらず、法務大臣の裁量が許される状況にあり、これまで、この死刑執行停止がなされた事例はない。しかしながら、法務省も実質上はそれを認めて死刑執行を見合わせてきたと思われる事例がある。ピアノ殺人事件（横浜地小田原支判昭50・10・20）[51]の死刑確定者がそれであり、刑確定後42年に至るも執行はなされず、この間に精神科医による受刑能力（死刑適応能力）鑑定がなされたと伝えられている。

　また、近時、日弁連人権擁護委員会に対し、一市民から、死刑確定者8名が心神喪失状態であるとして死刑執行停止を求める人権救済申立がなされ、日弁連も2018年6月18日付で法務大臣に対し執行停止の勧告をしているが、同委員会の調査の一環としての鑑定において8名とも現在心神喪失状態にあるとされているのである。

　この問題も、法務省の裁量に委ねられるのではなく、裁判所に死刑執行停止を求める手続が整備されねばならないはずであり、米国では多くの州でそれが可能となっている[52]。

【注】

1 西田捷美「医療刑務所から見た精神障害犯罪者」犯罪学年報3巻（1965年）61頁。稲村博「精神病受刑者の犯罪と疾病経過」犯罪学雑誌37巻2号（1971年）43頁。なお、1960～1970年代までは矯正医学会等でこの種の報告がなされていたが、その後は同種報告が見当らない。法務当局の意向によるものと思われる。

2 日弁連死刑執行停止法制等提言・決議実現委員会（当時）の内部資料「日本における死刑制度―その問題点と改善の提言」（2009年）。

3 北潟谷仁「精神鑑定と誤判・冤罪」松下正明ほか編『司法精神医学(2)刑事事件と精神鑑定』（中山書店、2006年）。

4 吉川和男「精神鑑定をめぐる諸問題」こころのりんしょう28巻3号（2009年）76頁。

5 岡江晃『統合失調症の責任能力・なぜ罪が軽くなるのか』（dZERO、2013年）284頁。

6 一審：東京地判平9・4・14、控訴審：東京高判平13・6・28、上告審：最三判平18・1・17。裁判集刑289号15頁、判タ1205号129頁参照。

7 逆行性健忘の場合には訴訟能力も問題となる。詳しくは北潟谷仁「逆行性健忘症をめぐるわが国の状況」訴訟能力研究会編『訴訟能力を争う刑事弁護』（現代人文社、2016年）所収参照。

8 実際、意識障害事例の弁護の核心はこのような起訴前の自白との闘いである。病的酩酊の鑑定例を紹介する文献として中田修『増補犯罪精神医学』（金剛出版、1987年）、柴田洋子＝荒井尚賢編『酩酊犯罪の精神鑑定』（金剛出版、1985年）、影山任佐『アルコール犯罪研究』（金剛出版、1992年）、同『犯罪精神病理学』（金剛出版、2010年）、山下格「アルコール酩酊と健忘をめぐって」松下正明ほか編『司法精神医学(6)鑑定例集』（中山書店、2006年）所収等参照。

9 福島章『犯罪心理学入門』（中公新書、1982年）。

10 オウム真理教事件の麻原（松本）被告人の控訴審決定で訴訟能力認定の決定的根拠になったのは、東京拘置所長の裁判所に対する平成16年11月29日付「被告人の生活状況等について（回答）」中の、被告人が一審判決当日の帰所後に「なぜなんだ。ちくしょう」と大声を出したとされている部分である。しかしながら、同書面を精査すると、大声が聞こえた居房モニタースピーカーは音が割れてよく聞き取れず、職員が居房に赴くものの、その後、声は確認できず、夜中に布団の中で「うん、うん、」と声を発したり、笑い声をあげる動静があったというのである。控訴審の西山詮鑑定人も裁判所もモニタースピーカーを検証すべきであったというべきである。秋元波留夫＝北潟谷仁「訴訟能力と精神鑑定」季刊刑事弁護47号（2006年）91頁（本書第13章所収）参照。

11 島田事件は1954年の幼女強姦殺人事件で、死刑確定後再審で無罪となった事例である。法医鑑定に多くの問題が存したが、一審の精神鑑定も誤判に大きな影響を与えている。鑑定書中にイソミタール面接の記録があり、「イソミタール2.8cc静注後上機嫌になり、笑いながら「お恥ずかしい事ですがこう（性交の真似をする）やっちゃったんですよ」という。……しかし（本当に子供を殺したか？）と聞くと否定し、事件当時は横浜にいたと答える」とあり、最終的には否認しているものの、起訴前には自白調書が作成され、公判で否認していた本件において裁判官に強烈な有罪心証を与えたことが想像に難くな

い。

12 大分みどり荘事件は1981年の強姦殺人事件で一審有罪・二審無罪で確定。起訴前嘱託精神鑑定の麻酔分析で否認していた被疑者の自白に類する供述（強姦殺人は否定するも、被害者の部屋に入ったこと、倒れていた女とセックスできるかと思って陰部を触ったが、死体であることに気付いて自室に戻った云々）が録取されており、有罪心証をもっていた鑑定人から強い誘導がなされたことを示唆している。

13 第二次大戦後のニュルンベルク国際軍事法廷において、ナチ副総統であったルドルフ・ヘスの弁護人は冒頭手続において情動と心神異常による訴訟無能力を主張し、裁判所に却下されたが、そのさいソ連邦検事は詐病性をも主張するとともに、麻酔分析の実施を勧告したが、ヘス側がこれを拒否したため、この鑑定手法は採用されなかった。このときの議論は各国の司法に影響を与えたと思われる。西ドイツ刑訴法は明文をもって薬物使用や催眠を禁止し、フランスにおいても麻酔分析の是非をめぐって激しい論争がなされた。Trial of the Major War Criminals before The International Military Tribunal Vol.1 (1947) 参照。

14 　Rock v. Arkansas, 483 U.S.44(1987).

15 林美月子「一過性の障害および主観的犯罪要素の鑑定」季刊刑事弁護32号（2002年）50頁、五十嵐禎人「オートマティズムの抗弁」同号56頁。

16 最三判昭53・2・28判時884号112頁、最二決平5・5・31判時1466号157頁。

17 E・ブロイラー（飯田真ほか訳）『早発性痴呆または精神分裂病群』（医学書院、1974年、原著1911年）。

18 福島章『犯罪精神医学入門』（中公新書、2005年）。

19 福島章『殺人という病——人格障害・脳・鑑定』（金剛出版、2003年）。

20 岡江晃『宅間守精神鑑定書』（亜紀書房、2013年）351頁。

21 Raine, A., et al.: Selective reduction in prefrontal glucose metabolism in murderers, Biol Psychiatry 36, pp.365-73, 1994; Raine, A., Buchsbaum, M., LaCasse, L.: Brain abnormality in murderers indicated by positron emission tomography, Biol Psychiatry 42, pp.495-508, 1997.

22 American Bar Association: Recommendation and Report on the Death Penalty and Persons with Mental Disabilities, 30 Mental and Physical Disability Law Reporter 668(2006). 邦訳としては、『第二回死刑事件弁護セミナー資料』（2014年）172頁。

23 A・レイン（高橋洋訳）『暴力の解剖学——神経犯罪学への招待』（紀伊國屋書店、2015年、原著2013年）112頁、150頁、209頁、481頁。

24 代表的な文献として中田修「責任能力の判定に関する実際的諸問題」懸田克躬『現代精神医学大系⑭司法精神医学』（中山書店、1976年）、福島章『精神鑑定——犯罪心理と責任能力』（有斐閣、1985年）参照。

25 西山詮『精神分裂病者の責任能力——精神科医と法曹との対話』（新興医学出版、1996年）はこの事件の全記録に基づく実証的研究で、優れたものであるが、この事例における緊張病症状の重要性を正しく指摘している。

26 同旨、東京弁護士会期成会明るい刑事弁護研究会編『責任能力を争う刑事弁護』（現代

86　第1部　精神鑑定と刑事司法

人文社、2013年）。

27 中田修「内因性うつ病の殺人と責任能力」犯罪学雑誌58巻2号（1992年）。

28 ただし、差戻し控訴審判決の東京高判平21・5・25判時2049号150頁は再び心神耗弱とし、被告人が再上告したが、再上告審決定（最三決平23・11・28）は上告棄却であった。ただし、同決定は上告趣意が上告理由に当らないというのみであった。

29 Bleuler, E. : Mschr kriminal psychol, 1-621, 1905.

30 LEX/DB 文献番号25504611。

31 Westlaw Japan 文献番号2015 WLJPCA03176003。

32 兪志杰「中国刑法における刑事責任能力とその判断」法と精神医療27号（2012年）。

33 高岡健『精神鑑定とは何か──責任能力論を超えて』（明石書店、2010年）128頁。

34 静岡地判平18・6・12、東京高判平19・6・14、最三判平20・9・29集刑295号135頁。

35 社団法人家庭問題情報センター（FPIC）。なお、この団体は官の色彩が強いとして、家裁調査官退職者らの研究者でつくる別の団体もある。藤原正範「裁判員裁判のための対人援助専門職ネットワークの活動と意義」橋本和明編著『犯罪心理鑑定の技術』（金剛出版、2016年）所収参照。

36 精神鑑定で実質において優れた情状鑑定がなされることはあり、永山事件における石川義博鑑定はその好例である。19歳の被告人による4名連続射殺事件で、いわゆる永山基準を生んだことで知られるこの事件の鑑定主文で鑑定人は「被告人は、犯行前まで高度の性格の偏りと神経症徴候を発現し、犯行直前は重い性格神経症状態にあり、犯行時には精神病に近い精神状態であったと診断される。その根拠は、被告人の異常に深い絶望心理、罪責感と被罰欲求からの行動、持続し強化された自殺念慮や自殺企図、間接自殺企図、抑うつ反応、統御不可能なほどの強度な攻撃衝動の亢進、病的なサド・マゾキスム心理、離人感、現実把握や判断力の低下、被害念慮、自我境界の不鮮明化等である」とし、「精神状態に影響を与えた決定的因子は、出生以来の劣悪な成育環境と母や姉との別離等に起因する深刻な外傷性情動体験であり……」と述べて、鑑定書中で被告人の過酷な成育歴のみならず、それを生んだともいえる母親の劣悪な成育歴と親に捨てられた体験をも詳細に調査し、いわば虐待の連鎖が生じたことを明らかにしており、本鑑定は情状鑑定としても範例的価値がある。ただ、精神鑑定と情状鑑定の方法論的差異は否定できないから、責任能力に焦点を当てて犯行時の精神状態を問う通常の鑑定事項でこのような鑑定がなされることは稀であるし、3カ月程度の鑑定期間でこのような調査をなすことも困難である。従って、本件のような過酷な成育歴が想定されるような事案では、長期間の鑑定期間と、精神鑑定と情状鑑定の双方を求め、仮に一つの鑑定しか採用されないのであれば精神医学者と心理学者の共同鑑定人による精神鑑定兼情状鑑定を求める必要がある。石川義博「『連続射殺魔』少年事件」（福島章編著『現代の精神鑑定』金子書房、1999年所収）。なお、堀川恵子『永山則夫──封印された鑑定記録』（岩波書店、2013年。講談社文庫、2017年）も参照

37 E・クレッチマー（吉益脩夫訳）『ヒステリーの心理』（みすず書房、1961年、原著5版1958年の翻訳。原著初版1922年）。
　　第1次大戦の戦争神経症を治療したクレッチマーによれば、戦場で塹壕に身を伏せて

いる兵士が恐怖に耐えられなくなって錯乱的に飛び出したり、塹壕の中でベターと動けなくなり意識を失い昏迷状態になることがあるが、これは単細胞動物から人間に至るまで全動物界に普遍的な生物学的反応であり、前者は一羽の鳥が室内に閉じ込められたときバタバタと右往左往に運動の嵐を乱発する運動暴発、後者は虫をつつくと死んだようになる擬死反射と同種の本能行為の一種であるという。而して、この理は平時の人間にも妥当する。激しい精神的ショックをうけたとき、自律神経発作をおこして失神することがあるが、これは擬死反射の一類型であり、本件の家族殺人という乱発反射は運動暴発の一類型ということになる。

38 K・ヤスパース「懐郷と犯罪」(1909年)。ヤスパースのドクトル論文である。

39 北潟谷仁「精神鑑定について(5)帝銀事件被告人平沢貞通の精神鑑定」札幌弁護士会会報1987年5月号(本書第7章所収)。

40 俗に麻酔分析に用いられるペントタール等の薬物が〈自白剤〉とか〈真実の血清〉と呼ばれることがある。前者は薬理作用の一面を正しくとらえているが、後者は間違っている。麻酔や催眠によって人格の表層に属する意思的な統制の機能が排除され、平素言わないようなことを述べたり、覚せい中は忘れられている体験が再現されることはありうる。麻酔薬にある種の興奮性アミンの注射を加えれば、催眠性制止に言語的興奮を加えることができるので、供述を一層容易にするだろう。このようなことはアルコール酩酊でも見られることで、〈酒は本性を表す〉とか〈酔えば真実in vino veritas〉という格言はその事情を物語っている。但し、かかる状態でなされた供述は(主観的真実である)人格深層の表象には合致するとしても、客観的事実に合致する保証はない。また、強力な暗示が働いて供述が歪められても、事後において、その供述が真意に反する旨を証明することは不可能である。それゆえ麻酔分析や催眠分析中の供述は有罪証拠たりえないのであるが、反証不能性は精神分析も同様である。

41 本鑑定は起訴前の嘱託精神鑑定であるが、再勾留満期の2日前に嘱託された。被疑者には精神障害の如何なる徴候もなかったのであるから、検察による鑑定は不要かつ不相当であった。本鑑定は刑訴法を脱法し、違法に身柄拘束を継続する手段として悪用されたのである。しかも、鑑定留置(及びこれに続く別件逮捕勾留)の間に証拠物に血痕の捏造がなされるとともに、公訴事実や有罪判決に変態性欲とか変質傾向という犯行動機論を与え、誤判に寄与したのである。本件も精神鑑定が誤判の重要な要因をなした事例として記憶されるべきである。詳しくは、北潟谷仁「精神鑑定について(14)——鑑定採否の基準(2)」札幌弁護士会会報1989年8月号参照。

42 丸井清泰は東北帝大精神医学教室教授。精神分析の導入者とされてきたが、実質において本邦で精神分析学の基礎を築いたのは教室助教授の古沢平作であった。古沢はフロイトのエディプスコンプレックスとは異なる仏教的な阿闍世コンプレックスの概念を提唱し、土井健郎、小此木啓吾など本邦の精神分析を発展させた研究者は殆んど全て古沢の教育分析を受けている。

43 Freud, S.: The Expert Opinion in the Halsmann Case 1931[1930] (Translated from the German under the General Editorship of Strachey, J. & Freud, A., The Standard Edition, vol. 21).

44 M・ヒルシュベルク（安西温訳）『誤判』（日本評論社、1961年、原著1960年）。

45 詳しくは、北潟谷仁「心神喪失・耗弱および訴訟無能力と再審——とくに死刑との関連で」季刊刑事弁護75号（2013年）参照。

46 村松太郎『妄想の医学と法学』（中外医学社、2016年）407頁。

47 金閣放火事件は三島由紀夫『金閣寺』、水上勉『五番町夕霧楼』などの作品のモデルとして知られる。山田麻紗子「被告人の変容と更生に資する情状鑑定の意義」橋本和明編著『犯罪心理鑑定の技術』（金剛出版、2016年）は、水上の実証的な作品『金閣炎上』を情状鑑定の範例として高く評価している。確かにこの作品は共感できる部分が多いが、ただ、水上の作品においても、山田論文においても、統合失調症の病的要素が捨象されている。

而して、精神医学は人間の精神作用を障害の側から経験科学的に把えようとするものである。たとえば精神医学において「意識とは何か」との問いが立てられることは少なく、「意識障害とは何か」との問いのもとに、その種々のタイプ（意識混濁、意識狭窄など）が論ぜられることが多い。「意識とは何か」との問いは「人間とは何か」という永遠の問いに転化し、問い自体が拡散されがちだからである。この点において精神医学は心理学と対蹠的であり、了解性の側から人間を見つめようとする心理学と、疾病性の側から了解性の限界（了解不能性＝疾病性との境界）を究めようとする精神医学の基本的方法の差異の源もここに存するように思われる。

我々は一方で心理学の助けをかりて被告人の人格の発達と動機の生成を了解するとともに、他方では精神医学の助けをかりて疾病性という了解の限界を探ることの双方が求められるのである。

48 三浦百重「金閣放火事件」内村祐之＝吉益修夫監修『日本の精神鑑定』（みすず書房、1972年）。

49 小林淳鏡「金閣放火僧の病誌」犯罪学雑誌26巻4号（1960年）。

50 村松太郎『妄想の医学と法学』（中外医学社、2016年）408頁。

51 1974年、団地住まいの男性が階下の母娘3名を刺殺した事例。幼い娘の弾くピアノの音が犯行を触発したことから、世にピアノ殺人事件と呼ばれたが、実際には長年にわたる被害妄想の所産であった。この事例では被告人が控訴を取り下げ、かつ裁判所もその効力を認めたため、一審死刑が確定した。但し、控訴審における鑑定によると、被告人はパラノイアによる妄想によって本件犯行をなし、控訴取り下げも希死念慮によるものであるとして、責任能力も訴訟能力も否定されている。山上皓「偏執型と殺人——パラノイア問題への寄与」犯罪学雑誌43巻4号（1977年）参照。

52 横藤田誠「憲法から見た精神障害者と死刑」高岡健＝中島直編『死刑と精神医療』（批評社、2012年）。

第3章　刑事責任能力
鑑定と処遇の諸問題

- Ⅰ　はじめに
- Ⅱ　精神鑑定における疾病観と刑事責任論
- Ⅲ　鑑定手続上の諸問題
- Ⅳ　おわりに

Ⅰ　はじめに

　札幌弁護士会の北潟谷でございます。本日は「刑事責任能力」の演題を与えられました。私は誤判防止のための医学の司法的活用、特に刑事訴訟における法医学鑑定・精神医学鑑定のあり方に関心があり、精神鑑定についても、それを単に責任能力や訴訟能力判定に用いるのみでなく、誤判防止の見地からもっと広く弁護のために活用しうると考えている者であります。このため本年度の近畿地区の夏期研修では「弁護活動と精神医学」のテーマで話しましたが、本日は責任能力に焦点を当て、鑑定と処遇の諸問題について述べさせていただきます。ただ、私の問題関心ゆえに、実体的責任能力判断よりも、それに至る手続面の問題が中心になるかと思いますので、ご了承ください。なお、我が国の法学書には司法精神医学の歴史と内容について述べるものがあまり見当たりませんので、全体を鳥瞰できるよう、少し詳しいレジュメ(後掲別紙)を付けました。ただ、本講ではレジュメにはこだわらず、法学的にも医学的にも問題の基礎をなす疾病観と刑事責任論の関連性の問題から入りたいと存じます。

Ⅱ　精神鑑定における疾病観と刑事責任論

1　疾病観についての基本的見方

(1)　鑑定意見の対立を通じて基礎にある疾病観の差異が浮き彫りにされることがあるのは周知の事実です。しかるに、それと刑事責任論との関連性にかかる自覚的議論が乏しい現状は、我が国における法学と精神医学の対話の不足を反

映しているといわなければなりません。

　そして、法律家にとって大切なことは、法理論が社会不安や突発的な事件による性急な世論に便乗しないことに加え、司法の側から特定の立場の採否を強制してはならないという点にあり、鑑定人においても、自己の医学的知見にもとづくことは当然としても、それは精神医学・精神鑑定学の歴史をふまえたものでなければなりません。

　なお、医学の側からも疾病観の対立を超える視点が提示されることがあります。精神障害はその実体が不明確であるため、時代に流行する哲学の影響を受けて「次から次へと新しい見方が出滅するように見えるが、根本的には症状群論と疾病単位論、身体論と精神論、自然科学的因果論と精神医学的意味論の反復である」(西丸四方)との指摘は精神医学のすべてを語っているように思われます。

(2)　かつて精神医学において疾病観の対立が激しく論じられることがありました。1960～70年代のいわゆる反精神医学がそれです。これに対してはアンリ・エー[1]や秋元波留夫博士[2]をはじめとする反批判をもって医学上は克服されたと思いますが、しかし、それは法制度における責任能力免責廃止論として現在まで一定の影響を及ぼしているように思われます。

　また、それはときに「自分は障害者として免責を求めない。人間として処罰を求める」という患者自身の声として伝えられることもあります。しかしながら、「責任能力概念の起源はごく日常的な人間の経験の中にあり、精神障害者や幼少者の責任を減免するのはヒューマニズムにもとづく」(中田修)[3]、すなわち、それは人間性の自然に適っているというべきであって、我々は精神障害者を〈病者〉(その本質は悪性でも魔性でもなく、疾病性にある)として把握するとともに、前記の声に込められた患者の人間的尊厳に共感しつつ、医療の向上と責任能力制度の維持に努めるべきです。疾病による行動について免責することは、彼の人間性を否定することではないのです。

　他方、世界の一部(特に英米)には責任能力概念を廃棄し、犯意のみの抗弁に還元できるとの意見もないではありません。これはマクノートン・ルール自体が主知主義的心理学の影響を受け、行為者の認識能力の面のみをみて、行動(制御)能力の面を軽視してきたことの延長上にあると思われますが、人間精神の全体がこのようにして把らえられるものでしょうか。例えばアイヌ民族のイムのような存在論的危機に発する行動が正当に評価される可能性は殆んど失われ

てしまうであろうと私は考えます。カント以降の近代認識論(認識の自己反省・人間理性の認識能力の自己批判)は我々の認識が現象界・経験界に限られることを教えましたが、それを超える世界の存在を否定する趣旨ではないのです。

(3) いかなる学問もそうですが、我々が疾病観について考えるときにも歴史的反省が不可欠です。レジュメに要点を書きましたが、ここでは近代精神医学の成立とそれが司法に及ぼした影響を刻印するモノマニー学説について考えたいと思います。

19世紀前半のエスキロールを主唱者とするモノマニー学説は精神の全体性を真っ向から否定し(それは人間精神の全体性・人格の統一性を自覚的に強調するキリスト教的人間観に対立するごときです)、司法にも大きな問題を提起しました。殺人・放火・窃盗などの行動自体が殺人狂(モノマニー・ホミサイド)・放火狂(ピロマニー)・窃盗狂(クレプトマニー)などの部分的狂気の徴表であるという思想を内含し、かつモノマニーの診断は被告人を免責するからです。フランス革命期の思想であることがよくわかるでしょう。しかし、これは司法の危機を招くものであり、「この学説はモノマニー・ホミサイドの流行を生じ、バスチーユ監獄のようにシャラントン病院を殺人者で満員にさせる結果をもたらす」という当時の法律家の反論を招きました。また、ヘーゲル学派全盛時代である当時のドイツにおいては、法学と医学の別を問わず、この学説に対する反発が強かったことも周知のとおりです。

その後、モノマニー学説は19世紀中葉の単一精神病論、次いで19世紀末から20世紀初頭に至る現代精神医学成立の中で克服されてゆく訳ですが、その思想は幾つかのクッションを経てパラノイア論において初期のモノマニー論とは全く別個の役割を果たすことになります。すなわち、フランス革命を象徴する人の一人であるピネルの直弟子であるエスキロールによって主唱された初期のモノマニー論は免責の原理として作用したのですが、19世紀末に至ってツィーエン[4]のパラノイア論が司法的には部分的責任能力論としてクレペリンを中心とする現代精神医学の確立期においてオーソドックスな疾病観のもたらす免責を制限する役割を担ったのです(ツィーエン説は特異な立場であり、疾病単位論による現代精神医学確立期において症候論すなわち現象論を徹底させ、クレペリン[5]をして、「ツィーエンは様々な因子から同じ精神病が現われてきうることは明らかだという意外な原理をかかげた」と言わせています。また、正統的な司法精神医学からの批判はアシャッフェンブルク[6]によってなされています)。

なお、この点は(ツィーエンを援用する)我が国の団藤重光博士[7]も同様で、パラノイアにおける疾病の部分性の認識が可罰性の理由づけに用いられています。例えば、好訴妄想者が誣告ではなく妄想と直接的には関係しない動機から殺人を犯した場合に有責を認めるがごときです。このように、パラノイア論や部分的責任能力論は現在の我が国の刑事司法にも大きな影響を及ぼしています。中田修博士は、犯行が幻覚・妄想などの病的体験に直接支配されていなければ免責を認めないという多くの裁判例は部分的責任能力論であるとして、これを批判しています。私は疾病の全体性・部分性という問題と、病的体験と犯行の因果性(疾病起因性)の問題は区別すべきであると思うので、我が国の判例が部分的責任能力論を採用しているとは思いませんが、しかし、多くの裁判例の思考が発想においても適用の結果においても部分的責任能力論と共通のものを有することは事実であり、共通の批判を免れないと考えます。

　ところで、近時ある意味でモノマニーの現代的再生ともいうべき概念が提唱されています。福島章氏[8]はDSM‒Ⅳの「他のどこにも分類されない衝動制御の障害」の中の窃盗癖、放火癖と同様に殺人癖という診断名を付け加えてもそれほどおかしいことではないとしたうえ、殺人者精神病(murderer's insanity)の概念を提唱しています。それは、重大な殺人事件を起こす人々にある程度共通する「人格と病理の複合」であるが、それでも一つの疾病単位(krankheiteinheit)なのであるというのです。もっとも、福島氏はこの疾病概念はあくまでも研究と治療法開発のための概念であって、司法的判断のための概念ではないとしているうえ、かつてのモノマニー論のように免責に直結することは全く想定されていませんが、しかしその診断が心神耗弱(限定責任能力)判断に影響する可能性は否定できないように思われます。医学と司法の歴史的関連という意味で興味深いところです。

2　疾病観の近時の傾向と責任能力論の規範化

　近年の精神鑑定は精神分析などの力動論による疾病概念の流動化と、多次元診断ないしはDSM的な多軸診断が裁判判断における裁量の幅を拡大し、医学理論の司法に対する指導性の低下が特徴的であると私は理解しています。

⑴　力動論の影響について
　1950年代に竹山恒寿博士が先鞭をつけ、1970年代以降において福島氏[9]が

第3章　刑事責任能力　93

実務に大きな影響を及ぼした、行動と状況の了解関連性を強調する見解は、力動論的な見方が可罰性を拡大することの好個の例であると思われます。福島理論は疾病と非疾病の境界を流動化させ、限定責任能力の領域を拡大するとともに、裁判官の裁量権をも著しく拡大させました。なぜならば、死刑事件を別とすれば、心神耗弱の事実上の機能は一量刑事情にすぎないからです。

なお、力動論が過剰な了解に陥りやすいことはヤスパース[10]がこれをAls-ob-Verstehen（あたかも……のごとき了解）と批判したとおりですが、その認識論的解明として井筒俊彦[11]は最も明解です。いわく、「人間知性の正しい行使、厳密な思考の展開、事物の誤りなき認識のために、〈定義〉の絶対的必要性をソクラテスが情熱をもって強調して以来、思惟対象あるいは認識対象の〈本質〉をきわめるということが西洋哲学伝統の主流の一部となって現在に至った。……〈本質〉またはそれに類する概念が、言語の意味機能と人間意識の階層的構造と連関して、著しく重要な役割を果たしていることにわれわれは気付く。……意識をもし表層だけに限って考えるなら、意識とは事物事象の〈本質〉をコトバの意味機能の指示に従いながら把握するところに生起する内的状態である。……コトバの意味作用とは、本来的に全然分節のない〈存在〉にいろいろな符喋をつけて事物を作り出し、それらを個々別々のものとして指示するということだ」と。深層心理（フロイトのいう無意識）の働きを強調する精神分析理論は、未分節の存在を把えようとして、事物の本質把握（司法の事実認定はその典型）が融通無碍になりやすい。比喩的にいえば、地表には明確な国境があっても、地下のマグマにはそれはないのです。精神鑑定における力動的な見方が疾病と非疾病を流動化させ、もって有責と無責を相対化させるゆえんです。私は井筒のイスラム哲学研究は20世紀最大の学問的業績の一つであると信じています。

(2) 多次元診断ないし多軸診断について

両者はその発想を異にしており、医学理論としては別個のものであると思われます。クレッチマー的な多次元診断には病因論的発想すなわち病因を多元的に見る思考が強かったのに対し、BSM－Ⅲ（1980年）以降の多軸診断は病因を捨象して現象（症状）を操作的に扱っているからです。しかしながら、一人の患者を多元的に見る点においては両者共通であり、そのいずれもが裁判官に対して多元的な視点のうちの一つに着目する自由を与え、裁判判断における裁量権の拡張をもたらすのです。

ここで、その典型的な例として、1988～89年の連続幼女誘拐殺人事件(被告人M)にかかる三鑑定意見に対する福島氏[12]の批評をとり上げましょう。福島氏は「極端な性格の偏り(人格障害)はあるものの、統合失調症を含む精神病様状態にはなかった」という保崎鑑定、「離人症とヒステリー性解離症状を主体とする反応性精神病」とする内沼・関根鑑定および「潜勢的に統合失調症に罹患していた」とする中安鑑定について、「これらの鑑定は、一見すると三者三様で違うことを言っているように見える。しかし、人間の心のもつ多層性・多面性というものを考慮すれば、上記の結果も、三者を統合する理解が可能である。すなわち、『人格の偏りを基礎にして、青年期に統合失調症を潜勢的に発病したM被告の自我障害の一症状として人格解離現象が見られた』と理解すれば、彼の精神の全体像の概要を記述したことになるともいえる」というのです。私はここで三鑑定と福島氏の四者について優劣を論じようとするのではありません。福島氏の見解に従えば裁判官は三鑑定のうちのどれを採用することも論理的に可能であって、もはや鑑定は裁判に対する認識論的な指導性を失うことを指摘するのみです。

　なお、念のため付言すれば、私は精神医療における操作的診断基準の意味を否定するものではありませんし、それが司法鑑定における診断の客観性に寄与する可能性も否定しません。ただ、それは従来の優れた精神病理学的研究の深い人間理解には及び難いと思うのです。山下格氏[13]もパニック障害を一例としてその診断学的限界を具体的に指摘するとともに、病因論的思考が不可欠であることを述べています。したがって、鑑定医が特定の診断基準、例えばDSM–IVに従っているときには、同時にICD－10、さらには伝統的な疾病概念に照らした診断をも求めることが望ましいと思われます。統合失調症概念の歴史的変遷については保崎秀夫氏の基本的な研究がありますが、鑑定においてはかような検討が不可欠なのです。

⑶　責任能力論の規範化

　以上に述べた疾病概念の流動化・相対化によって、医学理論の裁判判断に対する拘束性・指導性は近年著しく弱まっています。近時の我が国の刑法学、例えば前田雅英氏[14]はこれを「判例の規範化」と呼んで是認するようですが、裁判判断に対する必罰感情の影響を避け難いのではないでしょうか。

3 病的酩酊の診断基準をめぐって

　視点を変えて、疾病観の差異が司法実務に不平等と混乱をもたらしている問題として、病的酩酊の診断基準についてふれたいと思います。

⑴　急性アルコール酩酊は鑑定意見と裁判判断が対立することの多い困難な領域の一つです。ハンス・ビンダー[15]は異常酩酊を質的異常(病的酩酊)と量的異常(複雑酩酊)に分類し、前者には責任無能力を、後者には限定責任能力を、そしてアルコールに対する一般的・生理的反応(単純酩酊)には完全責任能力を認めることを原則とし、我が国においても1960年に中田氏がビンダー論文を紹介して以来、概ねこれを採用してきました。もっとも、近年は福島氏が力動的な人格の層理論に基づく新たな三分法を主張して心神喪失相当の酩酊を縮小していますし、影山任佐氏[16]も人格層・意識空間・情動運動興奮性の三軸に副次軸(人格障害・犯罪歴)を加えた点数化による評価を提唱しています。ドイツにおいても近年はビンダー的な症候論よりも血中アルコール濃度による機械的な責任評価が有力なようです。そして、私はここでは上記各見解の優劣を論ずることは控え、アルコール酩酊は一過性であるから診断基準(鑑定結果)が処遇に決定的な影響を及ぼすことを指摘するにとどめたいと思います(ただ、一点だけ付言すれば、血中アルコール濃度の変化は生理学的な法則性を前提とし、それは加藤伸勝氏[17]によって見出された病的酩酊における屈折上昇の知見においても同様です。これに対して、小片基氏[18]もいうように精神症状は多種多様で血中濃度との比例性はないから、近年のドイツ的な方式は疑問とせざるをえません)。

⑵　参考までに代表的な論文の発表年の順に病的酩酊の認定率をみると、ビンダー(1935年)は208例中56例で26.0パーセント、竹山恒寿(1960年)は100例中4例で4.0パーセント、中田修(1968年)は20例中3例で15.0パーセント、小沼十寸穂(1969年)は35例中15例で42.9パーセント、桜井図南男(1970年)は11例中0例で0パーセント、影山任佐(1992年)は78例中6例で7.6パーセントと著しい差異があります。

　もとより、当然ながら事例には個性がありますから直ちに断定はできませんが、それにしてもこのような認定率の差異は診断基準のばらつきを示唆しており、法の下の平等の見地からも看過しがたい問題を含んでいるように思われる

のです。

(3)　病的酩酊診断上でしばしば争われるのは完全健忘の要否ですが、それは被告人の(捜査官に対する供述調書と鑑定人に対する陳述でしばしば異なる)供述の信頼性の評価と密接に関連するので、実務的に極めて難しい問題を提起することになります。グルーレや福島氏は完全健忘を必須とするが、少数意見であり、実際上も完全健忘を要件とすると上記の理由から誤判を招きやすいといえます。

　ちなみに我が国の代表的な病的酩酊鑑定例「愛妻焼殺事件」(内村祐之ほか監修『日本の精神鑑定』みすず書房、1973年所収)は完全健忘ではなく島状の記憶を残しておりました。秋元鑑定は病的酩酊と診断、竹山鑑定はこれを否定しましたが、判決は前者を採用して心神喪失・無罪でありました。

4　精神鑑定から見た死刑問題

　司法精神医学には死刑制度の是非についても示唆するものがあります。私が精神鑑定を通じて考えるところを簡単に述べたいと思います。

(1)　重罪事件において被告人の資質が責任能力論と情状論とで矛盾した作用をはたすことが少なくありません。すなわち、それが「疾病」とされれば責任減免をもたらしますが、「非疾病」の精神病質ないし人格障害であるとされるときは、矯正不能の悪しき情状としてしばしば死刑の理由とされるからです(このことは、疾病と非疾病を断続的なものとみるか、移行可能な連続的なものとみるかという、精神医学的疾病観の根本問題にかかわるでありましょう)。

　そして、佐藤直樹氏[19]のように、このような判例の思考様式を〈了解的構成〉と呼び、「動機の異常性は、被告人が〈異常〉であることを前提とした場合には責任非難を軽減させる方向に、逆に〈正常〉であることを前提とした場合には責任非難を増大させるという奇妙なダブルスタンダードを構成している」として、それを責任能力制度廃止論の論拠とする者もありますが、それは刑事司法と医療の本来的矛盾の現象形態なのであって、我々はこの矛盾を直視しつつ、両者の境界において解決を求めてゆく外はありません。

　否、現在非疾病とされるものについても、医学の進歩とともに遺伝的変異や微細脳障害等の疾病性が発見される可能性を考えれば、上記の矛盾は責任能力

制度廃止による重罰化よりも、むしろ死刑廃止論の一理由にもなりうると理解
されるのです。

(2)　なお、法哲学的には上記矛盾を自覚しつつ死刑制度を維持する立場もあり
うるかもしれません。ホームズ判事[20]は1925年12月17日のハロルド・ラス
キ宛書簡において次のように述べています。「抑制不能の衝動をめぐる貴君の
ご意見にお答えしますと、法は社会的行動のある最低量を規定しているのであ
って、人はそれに服さねばならず、違反したときは責任を負う覚悟が必要だと
考えます。……その覚悟の最も少ない人々に最も重い責任がかかってくること
になりますが、しかし、そのためにこそ法が存在するのです。……もし私が私
の判決による死刑囚と仮定の哲学的問答をするならば、私は彼に対して次のよ
うに言うでしょう。……君の行動が君にとって不可避であったことは疑わない。
しかし他の人々がその行為をより避け易くするため、公共の福祉のために君を
犠牲にせんと提案するのだ。君がそう思いたいなら、君自身を祖国のために死
ぬ兵士だと思ってもよいのだ」。
　ここにはプラグマティックな正義観の精髄が表現されていますが、同時に制
御不能性が人間の認識能力の彼岸たる一種の聖域(魔女性と同様に倒錯された聖
域)とされているように思われます。しかしながら、もしホームズが現存する
として、その後明らかにされた脳病理等の経験科学的知見を前にしても同様に
述べるでしょうか。もとより現代医学も知ることは少なく、未解明の部分が多
いことは否定できませんが、福島氏の微細脳器質性格変化症候群概念などもそ
のような経験科学的努力の一つなのであり、それは死刑制度の是非を考える際
にこそ最も大きな意味を有すると思われます。結局、ホームズの立場は疾病を
罰することに帰結する外はないと私は考えます。

(3)　立法論としては死刑判決の手続的要件としての必要的鑑定制度を採用すべ
きです。我々の認識能力の限界によって疾病が看過される可能性を否定できな
いからです。いや、時代的制約による疾病の無知によるときは、将来における
再審の可能性も開かれるべきであろうと思います。ウィルマンスは「発病初期
の統合失調症殺人者の多くが鑑定を経ずに処断されており、後世の人間がこれ
を見れば、我々が過去の魔女裁判を見るのと同じように感じるだろう」との趣
旨の発言をしていますが、それは我々の法廷にも妥当するのです。
　なお、現時点においても、フランスでは重罪について鑑定が必要的であり、

98　第1部　精神鑑定と刑事司法

ドイツでも重大事犯には殆ど例外なく鑑定がなされています。我が国の現状は
まことに問題が多いと言わなければなりません。

III　鑑定手続上の諸問題

　精神鑑定も刑事司法手続の一環をなす以上、デュー・プロセスの要請を受け
ることは当然です。ここでは、かかる要請による手続上の問題について簡単に
ふれたいと存じます。

1　鑑定資料としての自白

(1)　最大の鑑定資料は被疑者・被告人の供述とくに自白ですが、自白調書が鑑
定資料として鑑定人に供されることが一般的です。

　ところが我が国の供述調書は逐語どころか一問一答の録取ですらなく、捜査
官が要約・構成したものであり、しかも供述過程の録音・録画が義務づけられ
ていないので、鑑定人は正確な供述状況を知ることができません。したがっ
て、鑑定は精神医学的知見からみた被鑑定人の心身の状況に照らし調書の内容
が自然であるか否かの調査から開始されねばなりません。実際、このような問
題意識を欠く鑑定書が散見されますが、これでは真に鑑定と呼ぶに値しません
(鑑定人は犯罪学に加え、刑事法学の最小限度の素養を必要とします。臨床経験は必
要条件ではあるが、十分条件ではなく、それのみでは鑑定能力を保証しないのです。
なお、鑑定における供述心理学の総説として山上皓氏の昭和61年度日弁連夏期研修
講義（山上皓「精神鑑定と誤判」日本弁護士連合会編『現代法律実務の諸問題〔昭
和61年版〕』第一法規出版、1987年）をご参照ください)。

(2)　他方においては、調書と鑑定所見が矛盾する場合に(例えば、調書内容を前
提とすれば何の問題もないが、鑑定人からみれば事件当時意識障害があり、犯行状
況を具体的に供述する調書が不自然であると思われたり、調書には記載されていな
い異常心理体験が存したと認められる場合)、鑑定意見が調書の不正確であるゆえ
んをも明らかにしない限り、それが医学的には正しくとも、裁判判断によって
斥けられることになりがちです。実務における自白信仰はそれほど根強いので
す。したがって、鑑定人は事件当時の精神状態を説明するために、しばしばそ
れと矛盾する自白過程の解明(例えば、知的障害あるいは精神障害のため取調の圧

第3章　刑事責任能力　99

力が一般の被疑者以上に強烈に作用した、取調中も幻聴とのみ対話して取調に全く
関心をもたず機械的に反応していた、あるいは、うつ病による悲哀感・罪責感のた
め尋問の誤りを認識しながらも正す気力を有しなかった等々）をも求められるので
あり、このため鑑定人は精神医学のみならず供述心理学の深い素養を必要とす
るのです。

(3)　先ほど健忘の問題について述べましたが、鑑定人は完全健忘であると思っ
ても、調書に犯行の全部又は一部を自白する記載があれば、直ちに深刻な判断
を迫られることになります。病的酩酊についてもそうですが、心因性朦朧状態
の場合には、それが数分間に止まる場合も多く、その前後の経過に照らして想
像で述べることが容易であるうえ、客観的にも自分が犯人であると理解できる
ケース(例えば、はっと気がつくと、自分は血のついた包丁をもって立っており、目の
前に被害者が倒れているような場合)では、記憶に基づかない自白がなされるこ
とが少なくありません。このような場合には、自白の犯行態様によって被害者
の創傷が生じるか否かの法医学的調査をなすなど、客観的証拠の検討が優先さ
れるべきであり、そのため法医学者等との共同鑑定を求める必要があります。
精神科医である鑑定人単独で結論を出すことは危険であることを指摘する必要
があります。

2　自白批判の方法

(1)　自白の任意性あるいは信用性についての研究は多いけれども、両者の批判
の方法に関する自覚的検討は乏しかったように思われます。法学の立場からは
任意性は証拠能力(証拠の許容性)の問題であり、許容せられた証拠についての
み信用性（証拠価値）が評価されることになるため、従来の自白信用性研究(代
表的なものとして、ゼーリッヒ、ウンドイッチ、トランケル、渡部保夫、守屋克彦、
グッドジョンソンなど）は、それを任意性から一応切り離したうえ、自白内容
を他の証拠と対比する静態的研究が中心を占めてきたと思われます。その原因
としては、任意性の問題は拷問等の外面的強制や取調時間の長さ等の客観的状
況を中心に考えられ、被疑者の内面的事情は主として信用性の次元でとらえら
れてきたこと考えられます。もとよりこのこと自体は誤りではありませんが、
しかし、被疑者の主観的・内面的事情が任意性を奪いうるという視点もまた必
要であると私は考えます。任意性の核心を被疑者の主体的な防御能力から見る

ときは、それを奪うものが外的強制であるか異常心理体験等による内的強制であるかによって区別すべき本質的理由を失うと思われるのです(後掲の足跡裁判事件控訴審判決もこの理を認めています)。ここに精神鑑定が自白批判に活用されるべき理由があると思われます。

(2)　ところで、近時、心理学の立場から自白信用性の興味深い研究がなされています。浜田寿美男氏[21]は旧来の法律家による静態的自白研究を批判して、供述過程における取調官と被疑者双互の心理力動を動態的に把える必要を指摘し、現に幾つかの事件について有益な鑑定意見書を提出しておられますが、ここではこのような問題について法律家の立場から精神鑑定医の注意を求めるべきと思われる諸点について簡単に述べたいと思います。

　　i　心理学は人間行動を了解性の立場から見ることによって信用性判断に寄与しますが、精神病理学は了解性と了解不能性(疾病性)の境界を究めることを使命とし、これが任意性判断の参考となります。したがって、両者は一人の人の精神を別方向から照射し、相補的な関係に立つとともに、両者の交錯するところに任意性と信用性の全体を展望する契機が存するように思われます(なお、了解性と了解不能性が機械的に任意性の存否に対応するのではなく、了解可能であるが任意性を欠く場合もありえます。例えば銃を突きつけられて虚偽自白する場合を考えれば、誰もがそれを肯定するでしょう。ただ、この場合でも恐怖反応による瞬時の自我の崩壊〔疾病性〕の面を考慮する必要があります)。

　　ii　前項に関連して、鑑定資料の問題に注意しなければなりません。浜田氏の方法においては、不任意自白も供述心理過程の動態的把握のために不可欠の資料ですが、刑事訴訟法上は不任意自白には証拠能力はないから、かような自白調書を罪体認定からは排除しつつ医学・心理学鑑定の資料となすことは法学上の課題ですが、ほとんど検討されていないように思われます。

　　iii　私[22]は自白任意性否定の指標として、①精神遅滞者の自白、②事件時の意識障害や逆行性健忘による追想不能下の自白、③事件時の意識障害の継続下の自白、④拘禁反応下の自白、⑤異常心理体験下の自白を考えてきました。拘禁反応については中・長期反応である目的逃避反応や人格反応の報告が多いのですが、ここでは初期反応が重要です。初期には驚愕・恐怖反応の色彩が強く、しかも心の準備のない無実の被疑者にあっては一層そ

の理が妥当するからです。拘禁それ自体が不任意・虚偽自白の温床になり
やすいゆえんです。

3 精神鑑定と事実認定の関係

　精神鑑定が事実認定に寄与することがあります。我が国の先例として、八丈
島事件(最二判昭32・7・19刑集11巻7号1882頁)や足跡裁判事件(東京高判昭43・
2・15判時535号5頁)においては精神鑑定による被告人の精神遅滞と自白心理
の解明が無罪判決に多大な影響を及ぼしました。また、正統的な精神医学のみ
ならず力動精神医学とくに精神分析もこれに寄与することがあり、フロイト[23]
も司法上の事実認定を直接的テーマとして論文を書いているし、ヒルシュベル
ク[24]は精神分析によって認識が深められ誤判から解放された事例を紹介し、フ
ロイトを高く評価しています。ただ、精神医学的・心理学的解釈には物証のよ
うな一義性はないから(物証の評価もしばしば一義性を欠くことは別論です)、罪
体認定にこれを用いることは危険な場合の方が多く、したがって精神鑑定が事
実認定に寄与するのは副次的効果であるにとどまるというべきです。また、精
神分析を含む心理学的接近は有罪認定の抑制原理もしくは情状原理としてのみ
有意義であると考えるべきです。
　なお、ここで想起されるのは最近の米国の一部の動きです。ハーマン[25]は幼
児期の性的虐待の回復記憶による司法的事実認定が可能であるとし、ボーグ
ら[26]のような子どもの司法面接の研究もあります。しかしながら、補強証拠な
しの有罪認定を許容するとすれば冤罪は不可避であると危惧されるのです(ハ
ーマンらの研究は北米を対象としますが、中井久夫氏もいうように、我が国は小児
ポルノの世界最大の輸出国であり、幼児性虐待の広汎な潜在を考えなくてはなりま
せん。我々はその法的救済手段を研究する責務を負うというべきですが、しかし、
だからといって司法とくに刑事司法における不確かな事実認定を許容することが正
しいとは思われないのです。これは非常に困難な問題であり続けるでしょう)。

4 否認事件における鑑定

　一般的にいって否認事件における精神鑑定は危険性が大きく、鑑定の適応を
有しないことが多いと思われます。弘前事件のように鑑定留置を拘禁延長に悪
用されることさえあることに注意しなければなりません。

しかしながら、否認事件において鑑定の適応が存することもありうるのです。私は死刑判決の前提としての必要的鑑定制度を採用すべきと考えますが、死刑の可能性のない否認事件においても、弁護人において鑑定請求を迫られる事例が絶無とはいえません。被告人が鑑定中に否認に転じた場合はどうか。その時点で鑑定手続を打ち切るべきとの考え方もあるようですが、否認事件が絶対的に鑑定不適応という訳ではないし、鑑定人に犯人性の有無の判断を迫ることも不相当ですから、少なくとも鑑定時における精神状態(疾病の有無)の報告は求めるべきであろうと考えます。

5　鑑定手法の限定

　鑑定において麻酔分析や催眠分析がなされることがあり、我が国においても少なからぬ報告があります。被告人が健忘を訴え、その原因・性質(器質性か否か。心因性であるとしても、記銘自体が不可能であったか、それとも事後的に記憶障害を生じたか)が鑑定結果に直結するとき(例えば、病的酩酊や心因性朦朧状態等の意識障害が問題になるとき)、あるいは鑑定人が被告人の健忘自体や否認供述を疑うとき、薬物や催眠による供述誘導の誘惑にかられることがあるかもしれません。しかしながら、後者の自白獲得目的はもとより、前者の診断目的であっても、抵抗不能下における供述誘導が不可欠ですから、それは黙秘権を侵し違法というべきです。麻酔や催眠は精神医療における劇薬というべきであって、医師・患者間の信頼関係を前提とせずに用いられるべきではないのです。

6　初期鑑定の重要性

　これまでも起訴前簡易鑑定について多くの問題が指摘されてきましたが、医療観察法の成立によって起訴前鑑定の重要性は一層大きくなったといわなければなりません。新法による審判手続中の鑑定制度もありますが、これは処遇の要否を鑑定事項とし、責任能力自体は起訴前鑑定によって検察官が判断することを前提としているからです(もっとも、付添人は検察官の責任能力判断を批判しうるし、新法下の鑑定によって行為時の精神状態にかかる新たな知見が得られるときは責任能力についても再検討の必要が生ずるでありましょう)。
　また、検察官が完全有責と考えて公判請求する場合であっても、死刑が想定されるような重大事件については起訴前に正式鑑定がなされるべきであり、か

つ医療施設に鑑定留置して鑑定医が被疑者の動静を直接観察するとともに、可能な限りビデオ等に記録すべきです。このことは、重大事件においてしばしば再鑑定・再々鑑定がなされて審理が長期化し、拘禁反応との関係で問診供述の評価が困難を増すことを考えれば、容易に理解されるでありましょう。

なお、私としては、これからの実務において、従前の起訴前簡易鑑定と起訴前正式鑑定の中間型の鑑定方式、すなわち48時間乃至72時間程度の鑑定留置をなして挙動を観察する短期日の鑑定の導入も検討の余地があると考えています。

7　集団事件における鑑定

(1)　集団事件においては精神鑑定についても単独犯とは別個の思慮を求められることがあります。集団精神病理の解明のため、当該被告人以外の関係者の鑑定を要する場合がその一例です。

(2)　オウム真理教事件についてこのことを検討しましょう。一審の麻原弁護団は被告人の鑑定請求をしなかったようですが、罪体を争っているのであるから当然だとの意見がありましょうし、それを別論としても(死刑事件についても必要的とはされていない)現状において鑑定請求は困難であったかもしれません。他方、実行犯(弟子)らの弁護団は被告人がマインドコントロールを受けていたとの視点から鑑定請求したものの、却下された(一部の被告人については心理学鑑定のみ認められた)と聞きます。

そこで、私が思うのは、麻原の公判でも鑑定請求されるべきでありましたが、それ以上に、実行犯の公判においてこそ麻原教祖の鑑定が必要であったということです。新興宗教団体においては一般に宗教精神病理性と集団精神病理性(あるいは感応精神病理性)が混在しており、オウムもその例外ではありません。秋元先生は麻原が空想的虚言者であると指摘していますが、同人においては宗教性(空想的虚言性と両立する意味での)と世俗的権力欲が交錯しているように思われ、弟子たちは宗教的感化とともに権力的支配をも受けるので、その集団精神病理は相互性よりも教祖から弟子に対する一方向性が強いのです。その意味ではマインドコントロールという見方も誤りではありません。したがって、弟子の弁護人が自己の被告人を護るためには被告人本人の鑑定のみでは不十分で、集団精神病理の根源たる教祖の鑑定が必要なのです。もっとも、このよう

第1部　精神鑑定と刑事司法

な鑑定請求は前例がなく、また、麻原の公判との関係で困難な問題が予想されますが、しかし、事案の真相に近づくためには、それが不可欠であると私は考えます。

⑶　上記の当該被告人以外の者の鑑定請求は、いわゆる統一公判の論理と共通の思想性を蔵するように思われます。1960年代末期の大学事件とくに東大裁判において、統一公判を求める被告・弁護団に対し、裁判所はグループ別公判を進め、その根拠として「最も本質的なことは、刑事裁判は思想や信条を裁くものではないことはもとより、いわゆる東大問題そのものを直接に審理の対象とするものでもないということである」（東京地裁の1969年4月3日付「東大関係事件の取り扱いに関する基本方針」）と述べましたが、佐伯千仭博士[27]の「それは当然のことではあるが、それが審理の対象はあくまでも訴因とされた具体的行為であり、その行為に駆り立てた被告らの思想や、その機縁となった東大問題等の社会的背景は二次的な意味しかもたないという形で展開されるところに問題がある。もともと、犯罪成立を阻却する事由は、犯罪類型そのものに内在するものではなく、むしろ、その外にある附随事情なのであり、情状事実の多くも同様であるから、事実に犯罪類型をあてはめて構成された訴因だけの審理で足りるというようなことはありえない」との指摘は傾聴に値します。東大裁判において統一公判論に一定の理由があったように、オウム事件において公判分離された他の被告人の精神鑑定請求にも理由があるのです。

なお、東大裁判が思想を裁くものでないのと同様に、オウム裁判も信仰を裁くものでないことは勿論です。しかしながら、教団内部において計画され、信徒らによって実行された本件においては、教祖と実行犯信徒双方の鑑定によって集団精神病理が解明されない限り、適正な責任判断も適正な量刑判断も不可能なのです。

Ⅳ　おわりに

精神鑑定の問題は極めて多く、しかも新法による新たな課題も生ずるところとなりました。また、精神鑑定における鑑定人の倫理の問題も重要で、中谷陽二氏[28]はつとに有益な発言をされています。弁護士の立場からその一端を述べましたが、いかなる問題も法と医の協力なくして解決されることはありえません。相互批判が深められることを期待して本講を終了させていただきます。

第3章　刑事責任能力　105

【注】

1 H・エー（石野博志訳）『反精神医学——その意義と誤解』（金剛出版、1981年、原著1974年）。

2 秋元波留夫『精神医学と反精神医学』（金剛出版、1976年）。

3 中田修「刑事責任能力論」法と精神医療3号（1989年）。

4 Ziehen, Th.: Neuere Arbeiten ber pathologische Unzurechnungsfhikeit, Mschr. Psychiat. Neur., 5-52, 1899.

5 E・クレペリン（西丸四方ほか訳）『精神医学教科書〔第8版〕分冊・精神医学総論』（みすず書房、1993年、原著1909年）。

6 G・アシャッフェンブルク（荻野了訳）「司法精神病学より見たる独逸刑法」精神神経学雑誌41巻9号～42巻11号（1937～38年、原著1934年）。

7 団藤重光『刑法綱要総論〔第3版〕』（創文社、1990年）。

8 福島章『殺人という病——人格障害・脳・鑑定』（金剛出版、2003年）。

9 福島章『精神鑑定——犯罪心理と責任能力』（有斐閣、1985年）。

10 K・ヤスパース（内村祐之ほか訳）『精神病理学総論〔第5版〕』（岩波書店、1953年、原著1948年）55、56頁。

11 井筒俊彦『意識と本質——精神的東洋を素めて』（岩波書店、1984年）。

12 福島・前掲注8書。

13 山下格「操作的診断基準の使用をめぐって」精神科診断学11巻2号（2000年）。

14 前田雅英「刑事責任の本質」法学教室230号（1999年）。

15 H・ビンダー（影山任佐訳）「アルコール酩酊状態について」精神医学24巻8～10号（1982年、原著1935年）。

16 影山任佐『アルコール犯罪研究』（金剛出版、1992年）。

17 加藤伸勝「酩酊犯罪者の精神鑑定における飲酒試験と血中アルコール測定の意義」精神神経学雑誌61巻1号（1960年）。

18 小片基「アルコール依存症候群と病態生理」精神医学24巻12号（1982年）。

19 佐藤直樹『共同幻想としての刑法』（白順社、1989年）。

20 "Holmes-Laski Leters," Harvard University Press, 1953.

21 浜田寿美男『自白の研究』（三一書房、1992年）。

22 北潟谷仁「法医・精神鑑定から見た誤判」日本弁護士連合会人権擁護委員会編『誤判を語る(8)』（日本弁護士連合会、1994年）。

23 Freud, S.: Psycho-Analysis and the Establishment of the Facts in Legal Proceedings, 1906 (Translated from the German under the General Editorship of Strachey, J. & Freud, A. The Standard Edition, vol. 9).

24 M・ヒルシュベルク（安西温訳）『誤判』（日本評論社、1961年、原著1960年）。

25 J・L・ハーマン（斎藤学訳）『父　娘　近親姦』（誠信書房、2000年、原著1981年）。

26 W・ボーグほか（藤川洋子ほか訳）『子どもの面接ガイドブック』（日本評論社、2003年、原著1991年）。

27 佐伯千仭＝米田泰邦「集団事件の刑事手続」法律時報42巻8号（1970年）。

28 中谷陽二「刑事精神鑑定と倫理」季刊刑事弁護32号（2002年）。

【別紙（レジュメ）】

1　精神医学的疾病論と責任能力論の歴史的素描

a　近代精神医学の黎明——ピネルとエスキロール

○ピネル（影山訳）：精神病に関する医学＝哲学論、1800

……前近代的魔術的疾病観に対する哲学的＝経験科学的疾病観の提唱、いわゆるピネル神話として伝えられる病者の解放

○エスキロール：精神病論、1838

……モノマニー論と免責原理としての部分的責任能力論

b　身体因（脳病説）的疾病観の発展から疾患単位論の確立へ——グリージンガーからクレペリンへ

○グリージンガー：精神病の病理と治療、1845

……「精神病は脳病である」

○カールバウム（渡辺訳）：緊張病、1874

……統合失調症の緊張型の原型

○ヘッカー（渡辺訳）：破瓜病、1871

……統合失調症の破瓜型の原型

○クレペリン（西丸ほか訳）：精神医学教科書、1883〜1927

……外因性・内因性・心因性の病因論および内因性精神病（真性精神病）としての早発性痴呆・躁うつ病・真性てんかんの疾患単位の確立

c　心因論的・力動的精神医学の発展——シャルコーからフロイトへ

○シャルコー：神経病学臨床講義、1887

……神経病学者シャルコーによる心因性ヒステリーの発見

○ジャネ（松本訳）：心理学的医学、1923

……心因論における最も広く深い知見

……解離概念を中心とする深層心理学

……近時の心的外傷論・多重人格論における解離現象の再発見

○マイヤー（西丸訳）：早発性痴呆の力動的解釈、1910

……精神的身体的ストレスに対する全体的反応としての精神障害

……最もバランスのとれた見方であり、心身医学の先駆

○ブロイエル＆フロイト（懸田ほか訳）：ヒステリー研究、1895

……精神分析学の成立

……抑圧概念を中心とする深層心理学。

○ユング(安田訳)：早発性痴呆の心理、1907

……統合失調症への深層心理学的接近

○アードラー(山下訳)：人間知、1927

……精神分析に社会学的視点を導入

d　クレペリンによる現代精神医学確立に至る諸視点

○部分的精神病論と単一精神病論

……エスキロール(前者)とツェラー、ノイマン、グリージンガー(後者)

……ツィーエンのパラノイア論と可罰原理としての部分的責任能力論

……ツィーエンとアシャッフェンブルクの論争

……団藤によるツイーエンの援用

○精神論者(サイチカー)と身体論者(ソマチカー)の対立

……ドイツロマン派精神医学サイチカー(ハインロート、イーデラー)から
自然科学的疾病観のソマチカー（グリーンジンガーら)への移行

○疾病単位論と症状群論

……クレペリンとホッヘ、ブムケら症状群論者の対立

……ポンヘッファーの急性外因反応型と疾病単位の関係

……クレペリン自身の晩年の現象形態論と疾病単位の関係

e　クレペリン体系とドイツ語圏の司法精神医学的慣例の成立

○ブロイラー(飯田ほか訳)：早発性痴呆または精神分裂病群、1911

……早発性痴呆概念から精神分裂病(統合失調症)概念へ

……心理学的視点の導入による診断基準の拡がり

○ヤスパース(西丸ほか訳)：精神病理学総論、1913

……精神病理学における唯一の方法論の書。現在もこれを超えるものはない。

○シュナイダー(懸田ほか訳)：精神病質人格、1923

○シュナイダー(西丸訳)：臨床精神病理学、1936

……診断基準の再整備とコンベンションの成立

○ビンダー(影山訳)：アルコール酩酊状態、1935

……意識障害の発見

f　1950年代の向精神病薬開発から現在に至る動向

○ドレー＆ドニケル(秋元ほか訳)：臨床精神病理学、1961

○精神医学と反精神医学

……反精神医学とくにレイン、クーパーに対する実存主義哲学とくにサ
ルトルの影響

108　第1部　精神鑑定と刑事司法

……正統精神医学からの反論(エー、秋元)
　○米国における精神分析の隆盛からDSM −Ⅲ(1980)以降の生物学的精神
　　医学
　　　……ネオクレペリン主義への回帰
g　共通財産としての進化論的視点
　　　……ジャクソニズムとネオジャクソニズム
　○ジャクソン(秋元訳)：神経系の進化と解体、1874
　○エー(大橋ほか訳)：ジャクソンと精神医学、1975
h　英米の責任能力論
　○英米の責任論の伝統
　　　……インサニティとオートマティズム
　○マクノートン事件(1843)とマクノートンルール
　　　……生物学的要素と心理学的要素の混合的方法をとるが、後者について
　　　　は知的要素＝弁識能力のみをもって構成し、これが存しないとイン
　　　　サニティを理由として免責するが、制御能力を不問とする。
　○レイズルール(ニューハンプシャールール)(1870)
　　　……生物学的・医学的要素を重視
　○ダラムルール (1954)
　　　……同上
　○米国モデル刑法典(1955・62)
　　　……混合的方法をとるとともに大陸法に接近
　○ヒンクリー事件(1981)後の免責制限傾向——連邦法による立証責任転
　　換、一部の州における責任無能力(インサニティ)免責の廃止
i　本邦の司法精神医学
　○呉秀三：精神病学集要、1894
　　　……クレペリン体系の導入
　○呉秀三・樫田五郎：精神病者私宅監置ノ実況及ビ其統計的観察、1918
　　　……「我邦何十万ノ精神病者ハ実ニ此病ヲ受ケタルノ外ニ、此邦ニ生マ
　　　　レタルノ不幸ヲ重ヌルモノト云ウベシ」
　○菊地甚一：犯罪と被告人、1930
　　　……1920〜30年代の代表的鑑定家
　○三宅鉱一：責任能力、1931：精神鑑定例、1937
　○吉益脩夫：犯罪心理学、1948

……司法精神医学専任教室教授の嚆矢

　　○内村祐之：責任能力、1952

　　○中田修：犯罪精神医学、1972：放火の犯罪心理、1977

　　　　……伝統的な司法精神医学の代表的業績

　　○村松常雄・植村秀三：精神鑑定と裁判判断、1975

　　　　……前同様の立場に立つ医師と裁判官の共同研究

　　○福島章：精神鑑定、1985：殺人という病、2003

　　　　……力動論と政策的配慮による心神耗弱の拡大と裁判官の裁量権の肥大

　　　　……免責の著しい減少と他方で死刑の限定

　　○山上皓：精神分裂病と犯罪、1992

　　　　……1980年の責任減免全事例にもとづく実証的研究

　　○中谷陽二：精神鑑定の事件史、1997

　　○秋元波留夫：刑事精神鑑定講義、2004

j　本邦の刑事責任能力論

　　○植村秀三：刑事責任能力と精神鑑定、1955

　　○墨谷葵：責任能力基準の研究、1980

　　○浅田和茂：刑事責任能力論(上・下)、1983・99

k　代表的な精神医学史書

　　○シルボーグ(神谷訳)：医学的心理学史、1941

　　○バリュック(影山訳)：フランス精神医学の流れ、1967

　　○アッカークネヒト(宇野ほか訳)：精神医学小史、1957

　　○エレンベルガー(木村・中井監訳)：無意識の発見——力動精神医学発達史、1970

　　○内村祐之：精神医学の基本問題、1972

　　○保崎秀夫：精神分裂病の概念——歴史と分類、1978

　　○中井久夫：西欧精神医学背景史、1979

　　○影山任佐：フランス慢性妄想病論の成立と展開、1987

　　○ピショー(帶木ほか訳)：精神医学の二十世紀、1996

l　基本的な見方

　　○精神障害はその実体が不明確であるため、時代に流行する哲学の影響を受けて、「次から次へと新しい見方が出滅するように見えるが、根本的には症状群論と疾病単位論、身体論と精神論、自然科学的因果論と精神医学的意味論の反復である」（西丸四方：精神医学入門、1976)との指摘は

精神医学の全てを語っている。

2　鑑定手続の諸問題
a　基本的な視点
○法律家にとって精神障害はわかりにくいが、本質的な問題として、精神障害者すなわち異常者で全般的に狂える人との偏見ないし誤解が作用している。

○「精神障害者といえども、その行動が総体的に非理性的であるような者は極く僅かしかいない。そもそも非理性的な行為しかしない人間がいったいどこにいるか。」(E.ブロイラー)

b　実務における着眼の仕方
○本人・家族との接見・面接による病歴の聴取

○酩酊犯罪等の意識障害→記憶障害(健忘)

○調書の「はっと気がつくと……」等の覚せい体験供述による意識障害の推定

○接見のさいの病的徴候
　　……自開的印象
　　……幻覚・妄想を思わせる不合理な言動
　　……躁的あるいは抑うつ的印象
　　……知的水準の低い印象
　　……意識のくもった印象

c　鑑定の必要性の立証
○病歴と病的徴候の具体的記載

○医学文献による説明

○専門医の意見書・簡易鑑定書の添付

d　初期鑑定の重要性と鑑定留置場所
○事件当時と直後の急性症状把握の必要性

○拘禁の長期化による精神状態や供述の変化——拘禁反応の問題

○医療施設に鑑定留置して鑑定人が行動を観察することの重要性

e　鑑定資料の限定
○鑑定人は独自に必要かつ相当な資料を用いることができるが(最判昭35・6・9)、違法収集証拠も含まれうるし、それによって鑑定がゆがめられることもある。

○逆に、不任意自白が自白信用性批判に活用されることもある(例えば浜田寿美男の心理学鑑定)。その場合、証拠能力なき自白をどう扱うか。

　f　鑑定手法の限定
　　○麻酔分析・催眠分析の問題
　　　……自白強要のためでなく診断目的であっても黙秘権を侵害
　　　……上記分析下の供述の評価
　　　……島田事件、みどり荘事件の鑑定批判

　g　鑑定事項の限定
　　○「事件記憶の存否」を鑑定事項とすることの危険性——麻酔分析・催眠分析を誘発しやすい。
　　○「供述時の精神状態」を鑑定事項とすることの当否——帝銀事件の鑑定批判
　　○鑑定事項の逸脱——帝銀事件、弘前事件の鑑定批判

　h　否認事件における鑑定の当否

　i　集団事件における鑑定のあり方
　　○集団精神病理の解明のため、当該被告人以外の者を被鑑定人とする鑑定の必要性
　　　……オウム裁判批判
　　　……統一公判論との関連性

　j　不任意自白・虚偽自白の排除
　　○罪体を認めて責任能力のみを争うときも自白を無批判に同意することは不相当である。
　　　……自白任意性否定の指標
　　　　①精神遅滞者の自白
　　　　②事件時の意識障害や逆行健忘による追想不能下の自白
　　　　③事件の意識障害の継続下の自白
　　　　④拘禁反応下の自白
　　　　⑤異常心理体験下の自白

　k　立法論としての死刑の手続要件としての必要的鑑定制度について

3　責任能力等の判定をめぐって

　a　鑑定意見の拘束性——最決昭58・9・13(判時1100号156頁)をめぐって
　b　統合失調症者の責任能力——最決昭59・7・3(刑集38-8-2783)をめ

112　第1部　精神鑑定と刑事司法

ぐって
　c　判例の思考様式と部分的責任能力論
　d　不起訴裁定と裁判判断の矛盾（ダブルスタンダード）
　e　病的酩酊の診断基準をめぐって
　f　責任能力以外の実体的問題
　　○犯意
　　○過失犯における注意義務
　　○正当防衛における防衛の意思
　　○強姦被害者の拒否不能性
　　○強盗被害者の拒否不能性
　　○オートマティズム
　g　心神喪失者等医療観察法（新法）における「入院治療の必要性」の鑑定

4　処遇の諸問題
　a　従前の矯正実務における医療の実情と弁護の不在
　b　心神喪失者等医療観察法について
　　○対象行為認定手続の問題性——誤判の危険性
　　○強制入院要件の曖昧さ
　　○入院治療ガイドラインの内容と批判
　　○通院治療ガイドラインの内容と批判

5　最後に——我々の認識の深化のために
　a　適正な司法判断に寄与する鑑定・誤判原因たる鑑定——両刃の剣としての鑑定
　b　防止の一方法としての法医学・司法精神医学

　〔参考文献〕
　下記文献中の拙稿に各種文献を引用した。
　『刑事弁護の技術（上）』第一法規出版、1994
　「季刊刑事弁護17号」現代人文社、1999
　「法と精神医療15号」法と精神医療学会、2001
　「季刊刑事弁護32号」現代人文社、2002
　秋元波留夫『刑事精神鑑定講義』創造出版、2004

第4章　弁護活動と精神医学

Ⅰ　はじめに
Ⅱ　実体的問題について
Ⅲ　手続的問題について
Ⅳ　おわりに

Ⅰ　はじめに

　札幌弁護士会の北潟谷でございます。実は今回の研修で当初主催者から求められた演題は「精神障害者の弁護活動」で、私のレジュメ(以下、省略)とは異なっておりました。ただ、私はもう少し広い立場から話をさせていただきたい、私の問題関心で話をさせていただけるのであればということで、お引き受けした次第であります。

　レジュメにも少し書きましたけれども、これまで司法精神医学は主として責任能力判定のために活用されてきたわけですけれども、それも問題の一つの主要な場面であることは間違いありませんが、私自身の問題関心はそれ以上に誤判防止のために精神医学を活用する余地があるのではないかということです。医学の司法的活用の基本的な考え方として、身体病理学的な立場での医学と精神病理学的な医学を不可分なものとして誤判防止に活用することが必要ではないかと考えております。

　他方、鑑定はかような意味で誤判防止に寄与できますが、他方ではそれが誤判原因たりうるということも否定できない事実であります。したがって、私たちは誤判防止のために鑑定を活用すると同時に、それが誤判原因にならないように注意しなければならないと思うのです。

　レジュメに普段考えている問題の幾つかのテーマを書きましたが、今日はレジュメにはこだわらないで、日頃考えているところを申し上げたいと思います。いろいろと好き勝手なことを言っておるわいと、後でお叱りを受けるかもしれませんが、率直にご批判いただいて議論させていただければと思います。では内容に入らせていただきます。

Ⅱ 実体的問題について

1 責任能力と犯意

⑴ 精神障害ゆえに犯意が否定される理由

　まず実体的な問題としては、責任能力について精神鑑定を活用するということは常識でありますから、これについて詳しく触れることは省略させていただきます。続いて、責任能力とともに重要な問題として鑑定を犯意の認定のために、あるいは犯意を否定するために活用する場合があるのではないかということが、私の主要な問題関心の一つです。責任能力の要素についてはいろいろ議論がありますけれども、まず生物学的な要素、それから心理学的な要素、人によっては規範的な要素という人もいますけれども、規範的な要素というとらえ方は私はあまり賛成できませんが、いずれにしても生物学的な要素の上に認識能力の問題がある。それからさらに行動を制御する能力の問題があるととらえられているわけです。その認識能力の問題は、同時に犯意の問題にもなることは当然であろうと考えなければなりません。

　例えば、相手が自分を殺そうとしているという妄想があって、相手をその妄想の対象として自己防衛のために刺したなどというような場合には、一応対象を認識した上でそれに対する反撃として行っている。このような場合に誤想防衛論的に犯意が否定されるという議論もありえますが、少なくともその場合には対象に対する認識はあるわけですが、そうではないケースもある。例えば錯乱状態で相手が人間だということがわからないで刺したというようなケースもあります。

⑵ アルコール性せん妄による殺人事例

　極端なケースですが、次のような鑑定例があります。

　重度のアルコール症の患者が振戦せん妄状態になった。アルコール性精神病の中でもアルコール幻覚症では幻聴が中心になりますが、振戦せん妄の場合は幻視が多いといわれています。このケースでは、自分の家で酒を飲んでいるときに、犬がまとわりついてうるさいから灰皿でもって犬をたたきつぶした、そうしたら犬がおとなしくなった、ところがその犬は実は自分の子どもであったという、まことに悲惨な事件です。この場合、対象を犬だと思っているので、人間に対して暴力をふるうという自覚がないわけです。このような場合に殺意

第4章　弁護活動と精神医学　115

があるといえるのかどうか、だれもが問題の所在を理解できるはずです。また、これほど極端でなくとも錯乱状態で事件を起こす場合には、対象の認識が危うい場合が少なくありません。したがって、責任能力を論ずる以前に犯意の問題が重要だと思われます。

(3) 窃盗無罪事例

　もう一つ事例をご紹介します。季刊刑事弁護32号(2002年)の司法精神医学特集に出ていますが、品川駅の地下道で酔っ払って仮眠してしまったサラリーマンが、横に寝ていた人の財布から金を盗んだという窃盗事件です。実は盗んだのではなくて、そばにいた人は自分の先輩社員で、タクシーで帰るために自分に金を渡してくれたと勘違いしたのではないか、という問題です。これはまさに犯意の問題です。一審は有罪でしたが、控訴審で中谷陽二教授が鑑定をしまして、どうも誤認をした可能性が強いという鑑定結果が出ております。東京高判平14・10・7判例集未登載で逆転無罪になって、そのまま確定しました[1]。このような日常的な事件の中でも犯意を争うために鑑定が活用され得るという実例です。

2　オートマティズム

　犯意とともに私が関心を持っておりますのは、英米の「オートマティズム・ディフェンス」という訴訟法上の抗弁です。英米のコモンローには、伝統的にインサニティとオートマティズム(自動症)の両方の抗弁を有しています。英米の場合、20世紀の初頭から保安処分制度が整備されておりまして、無罪になっても長期間の強制入院に付されるということで、弁護人もあまりインサニティ・ディフェンスを活用しないという傾向が強くなっています。これに対して、オートマティズムはインサニティとはまた別で、一過性に自由を失って行動したのだから責任を問えないという考え方であります。ただ、このオートマティズム・ディフェンスも、最近はあまり活用されていません。

　先年、東京で世界司法精神医学会がありまして、アメリカからきていた何人かの医師や弁護士に聞いてみましたが、皆知らないと言っていました。ただ、文献にはあるのです。また、近年もイギリスに裁判例がありますので、これは大いに活用する余地があります。どういう事例に適用されるかといいますと、例えば一時的なてんかん発作。てんかんですから、普段から脳器質性の病気は

あるわけですけれど、薬で抑えている。それが大発作をおこすと殺人行為など
はできなくなりますが、小発作とか精神運動発作で肉体的な行動能力は残って
いるけれども制御できないというような状態で殺人事件を犯したケースがあり
ます。また、糖尿病性のインシュリンによる低血糖の錯乱状態で人を殺したと
いう事例もあります。このように日常は一応健康な市民生活をしている人が一
過性の病気で事件を起こした場合で、ドイツ語圏の精神医学では意識障害の問
題として把えることになるでしょうが、法学的には犯意の問題とも重なるとこ
ろがあり、参考になると思われます。

　先ほど紹介しました季刊刑事弁護32号(2002年)で、イギリスのオートマティ
ズムの事例を、司法精神医学者の五十嵐禎人氏[2]に書いていただきました。
私も長いこと関心を持ってきたのですが、日本でこれを論じた文献は初めてで
はないかと思います。これがなぜ重要かといいますと、今度日本でも心神喪失
者等医療観察法という昨年成立した法律で、責任無能力で無罪になっても、英
米の保安施設と同じような病院に強制入院させるという新しい制度ができま
す。そうなりますと、日本の弁護士も責任能力を争いにくくなるということが
起こり得る。そういう法制度を一方でにらみながら弁護する場合に、オートマ
ティズムの視点は有益だろうと思います。これは一過性の病気で、事件のとき
には一時的に認識能力や行動の自由を失っていた。しかし、あくまでもこれは
一過性のもので強制治療の必要がない、治療するにしても、てんかんの場合だ
ったら一般の脳神経外科の臨床がふさわしいだろうし、糖尿病の血糖管理など
の場合は内科の治療がふさわしいだろうし、強制入院精神医療が不要な事例な
のだという弁護が可能な場合があるということです。

3　正当防衛

　次に、正当防衛に対する司法精神医学的な見方について触れたいと思います。
　正当防衛は急迫不正の侵害による生命・身体の危機に対する反撃ですから、
極度の驚愕・恐怖反応を招くであろう。恐怖反応の状態においては、冷静に行
動することは不可能で、行動も錯乱的になるでありましょうし、また、事後的
に記憶障害を残すことが自然です。そういたしますと、正当防衛であっても、
事後的にそれが正当防衛であったということを自分で説明できないということ
になるだろうと思います。たまたま目撃者がいて、あれは正当防衛だったのだ
ということを立証してくれればいいですけれども、そうでなければ、自分だけ

第4章　弁護活動と精神医学　117

で正当防衛性を捜査官や裁判官に納得させるということは至難の技だろうと思います。それゆえ私は殺人や傷害あるいは傷害致死で有罪になっている人の中で、少なからぬ正当防衛者がいたはずだと思っています。このようなところにも誤判はたくさんあるであろうと思います。

4　強姦・強盗被害者の抗拒不能性

　正当防衛に類似の問題として、強姦や強盗の被害者の抗拒不能性問題が考えられます。これは逆の誤判といいますか、本当は強姦であったのにもかかわらず和姦のように扱われているケースがあるのではないかということを、私は考えております。私自身経験があるのですが、弁護士になりたての頃、国選の強姦事件被告人が、和姦だったと、被害者も納得していたということを強く主張しまして、私もその被告人の言うことを信じて、被害者に執拗な反対尋問をしたことがあります。今、被害者支援の立場から、そのような反対尋問の問題性が指摘されています。反対尋問権を制約することは誤判防止の見地から容認できませんが、被害者にとって耐え難い反対尋問はあるであろうということも、また否定できません。私自身の反省の中にも、そのような事例が現にあるわけです。まことに悩ましいことであると思います。なぜ強姦被害者にそのような問題が生ずるかといいますと、女性にとっては貞操に対する攻撃も生命に対する侵害と同じような恐怖反応を招くでしょう。そういたしますと、錯乱状態になって行動制御能力を失う場合もあるでしょうが、それと同時に驚愕反応・恐怖反応には昏迷状態といって、ボーっとしてしまって何もわからなくなるというもう一つのタイプの反応があります。錯乱していた場合にはまだワーッと言って抵抗するけれども、昏迷状態になるとボーっとしていますから、受け入れたように誤解されることもあり得るであろうということです。また、強盗の場合も、犯人の目的は財物ですが、攻撃は被害者に向けられるので、同様の事態が絶無ではないと思われます。なお、恐怖反応の典型として、クレッチマーの研究が著名ですが、自白任意性批判に関連して後にお話ししたいと存じます。

5　強姦被害と解離現象

　レイプについて付け加えますと、中井久夫博士[3]が最近の本の中でこんなことを言っています。強姦被害については、私は攻撃を受けたときの恐怖反応・

118　第1部　精神鑑定と刑事司法

驚愕反応の面を見てきたのですが、中井先生は解離の機制が重要だと。解離というのは、例えば最近問題になっている多重人格などというのも、その人格の現実性が乏しくなって別の人格に移るときに、解離現象がベースにあるという、そのような考え方です。中井氏の表現によれば、解離というのは圧倒的な脅威を人ごとのようにすることによって命だけは維持するための無意識的な防衛機制である。抵抗すれば殺されるので、意識的に受け入れるのではないけれども、そこで無意識的に暴風雨をやり過ごす、そのような自己防衛反応として起きる。それが、加害者側からは和姦だったという主張につながりやすいのだという、そのような指摘です。

　ちなみに中井氏が紹介している有名な事例があるので、ご紹介します。アフリカで猛獣狩りをしていた人がライオンに喰われかけた。危ういところで仲間がライオンを撃ち殺し、ライオンの口から重傷を負って救い出されたのですが、当人の談によれば、むしろ恍惚として快感に近く、また体外離脱体験が生じてきて、喰われている自分をひとごとのように眺めていたというのです。

　典型的な解離現象です。そういえば、西洋の魔女裁判の記録を見ていると、焚刑に処せられた人が死の寸前に「もっと薪を」と叫んでいるものがありますが、解離の機制が作用していたかもしれません。私は攻撃を受けたときの驚愕・恐怖の面を見てきたのですが、中井先生はもう少し後のほうの解離の反応を見ている。どちらもありうるということです。

6　情動性朦朧状態

　ついでにその驚愕・恐怖というものに関連して、極度の激情から人を殺すような場合に、激情だけでは通常は責任能力は失われないのですが、それが情動性の朦朧状態、病的酩酊だとかてんかん発作のような朦朧状態になると、責任能力を失う場合があります。このような場合には、朦朧状態ですので、意識が徐々になくなって徐々に回復するのではなくて、ストンとなくなってまたストンと回復する。朦朧状態の特徴ですが、これが極端なケースでは数分間ということがあります。事件を起こす数十秒前あるいは数秒前まで意識がある。それが朦朧状態になると同時に包丁を持った、そこのところからもうわからない。そしてハッと気がついたら、自分の手に包丁が握られており、血が付いており、目の前に相手が倒れている、こういうようなケースもあります。その間の意識障害の時間は、数分から長くて数十分。これが数分ですと、捜査官は容易に信

じません。たまたま刺したその数分間だけ記憶がない、何もわからない。その前もその後もはっきりわかっているというと、なかなか信じてくれないのですが、現にそういうことがあります。私の担当した国選の一審で、そのような数分間の朦朧状態が認められて、心神喪失無罪になった事例があります。

その激情性の朦朧状態について、参考までに申し上げますと、トルストイが『クロイツェル・ソナタ』という小説の中で、こんな面白いことを言っています。この小説では、ロシア貴族がシベリヤ出張から家に帰ってくると、以前から不貞関係を疑っていた妻と音楽教師が案の定密通していた。それを見て逆上して二人を殺そうとしたけれど、男には逃げられてしまって奥さんだけナイフで刺して殺したという設定なのですけれども、実際にそのような事件があって、それを素材にしたのだそうです。トルストイは作中の犯人者にこんなことを言わせています。「慣りの発作に駆られると自分のしていることを覚えていない、なんて言う人がいるけれども、あれはでたらめです。自分の内部の慣りをますます強くあおりたてればあおりたてるほど、意識の光が一層明るく燃えあがるので、その光の下では自分のしていることのすべてが見えないはずはないのです」。何といいますか、非常にモラリストらしい人間理解です。だから激情による意識障害ということはあり得ないという理解です。そういう人間の見方もあり得るのでしょう。

ただ、私が思うには、この作品の設定では怒りですが、激情には、憤怒、怒りもあるが、恐怖、不安もあります。憤怒の場合と恐怖の場合とでは少し違うのではないか。怒りの場合には社会性を反映して意識の表層も下層と同時にある程度働いているが、恐怖の場合には下層の原始的レベルが直接侵されるので、原始反応としての恐怖反応ゆえの意識障害や、それ故の記憶障害も生じやすいのです。

7　過失犯

最後に過失犯について検討したいと思います。過失犯の成立には一定の認識能力と判断能力が前提になると思いますが、その認定に精神鑑定が寄与する余地があります。

我が国の判例の中で精神鑑定を活用して過失を否定したという事例は聞いたことがないのですが、1962年の有名な事件で国鉄三河島事故という160人が死亡した鉄道の大惨事がありました。あのときに第一事故で脱線して乗客がた

くさん線路の上に出た。そこに別の列車が突っ込んできて第二事故になった。これで大惨事になったわけですけれども、その最初の第一事故の後、車掌が乗客をしっかりと誘導しないで、みんなを外に出してしまったからこういうふうになったということで、第一事故の車の車掌の方が業務上過失致死罪に問われた。しかるに、脳神経外科医の三輪和雄氏[4]は第一事故による脳震盪性の自動症の状態であった可能性が大きいと指摘されています。自動症の状態でも、日常いつもやっているような行動はできるのです。ですから外部の人間が見ると健常な状態で行動していたように見えるけれども、本人はボーっとしていて判断能力を失ったまま普段と同じようなことをやっていた。その状況に対応した乗客の誘導などはできない。それが健康な意識状態・精神状態にありながら乗客の誘導を怠ったためこういう事故になったという判断を受けてしまったという意見を述べておられます。残念なことに、この事件の弁護団にはそのような問題意識がなかった。国労の大弁護団がこの運転手の弁護をしたはずですが、精神医学的な観点からの弁護が欠けていたということのようです。

III　手続的問題について

1　訴訟能力

　次に、手続的な問題について、私の考えていることを少し申し上げたいと思います。まず訴訟能力につきましては、これまでは被告人の訴訟能力、それから確定囚の受刑能力ということが問題にされてきました。刑事訴訟法上も心神喪失の場合には公判を停止することになっていますから、訴訟能力の鑑定も間々行われることがあります。ピアノ殺人事件では死刑判決後の控訴取下げの有効性が争われました。結局は有効だということで、死刑が確定してしまいました。ただ、この事件については、実体的な責任能力の鑑定自体も非常に問題があったことが精神医学界では定説になっておりますが、ピアノ殺人自体が、ピアノの騒音で自分に苦痛を与えている階下の人間を道連れにしようという拡大自殺的な面と死刑になって死のうという間接自殺的な面があったうえ、控訴取下げにも自殺念慮の作用が指摘されています。

　精神医学的な議論に踏み込んでいきますと、今のような問題において、訴訟能力について考える場合、個別の訴訟行為が問題になりますので、その行為について能力があるかないかということが問題になってきます。そういたします

第4章　弁護活動と精神医学　121

と団藤博士が強調しているような部分的責任能力の問題に重なっていくことになります。今この問題に深入りすることは避けたいと思いますので、興味のある方は私の別稿（法と精神医療15号、2001年）をご参照くださると幸いです。人間観の差異が鮮やかに刑法理論とくに責任論を分けていることがわかります。

なお、部分的責任能力については、精神医学界でも重要な論争があります。団藤先生[5]が引用しているのは、ツィーエン[6]の1899年の有名な論文、これに対してアシャッフェンブルク[7]というツィーエンのちょっと後輩で20世紀前半のドイツの有名な司法精神学者が、人間の能力をそのように分解してモザイクのように見るのは相当ではない。人間の精神は全体的なものであって、その行為限りの異常のように見えるのはその時点における一時的精神病というべきで部分的精神病ではないのだという批判をしています。精神医学的にはそのほうがオーソドックスな見方であろうと思います。

2　鑑定手続の問題──鑑定手法の限界

ここでは鑑定手法、特に麻酔分析や催眠分析の可否を検討したいと思います。

麻酔分析はかつて「自白剤」とか「真実の血清」などと呼ばれ、政治的弾圧や植民地支配のためにしばしば利用されました。麻酔や催眠によって意識の表層の抵抗を奪って自白させるということですから、「自白剤」と呼ぶことには一定の理由があります。しかし、誘導によって供述がゆがめられるので、「真実の血清」ということは誤っています。

これが刑事事件で活用されたらどういうことになるかと、誰もが考えると思いますけれども、少なからぬケースで現実に使用されているわけです。診断目的、すなわちこの人は詐病なのか、あるいは記憶がないと言っているけれども本当に事件当時に朦朧状態であったために記銘できなかったのか、それとも事後的にいやなことは忘れたいという心因性健忘の機制が働いたのかというような鑑別のためになら麻酔分析をやってもいいという意見が、かつてかなり有力でした。現に少なからぬ鑑定で使われています。ただ、診断目的だけとはいっても、鑑定において黙秘権を奪う形でしか麻酔分析は使いようがないのではないか。要するに黙秘しようという意思を化学的に打ち破る、そのために薬を使うわけですから、やはり黙秘権の侵害で違法であると私は思います。事例としても過去に冤罪の原因になったものが多数ありますが、ここでは2例だけ紹介したいと思います。一つは島田事件、4件の死刑再審無罪事件のうちの一つで

122　第1部　精神鑑定と刑事司法

す。これは幼女強姦殺人で、麻酔分析の中でこういうふうにやったようなことを言って、覚めてからまた否定したという事件で、本人は起訴前に自白調書を取られているけれど、公判ではずっと否認していた。ところが精神鑑定でそういうことを述べたと鑑定書で書かれたものですから、裁判官に強烈な心証を与えただろうと思います。それが重大な誤判原因になったと私は思います。

それから九州のみどり荘事件、これも強姦殺人です。一審有罪で、二審で無罪になった事件です。この事件でも鑑定留置をした起訴前鑑定の中で麻酔分析をやって、その中で本人が強姦したとは言っていないけれども、被害者の部屋に行ってこの被害者の死体を見てびっくりして帰ってきたとか、そんなことを言っているのです。鑑定人に有罪の心証があって誘導したのだろうと思います。実際には行っていないということで、控訴審では無罪判決になって確定しましたけれども、その内容については時間がないので、省略します。

なお、麻酔分析で重要なことは、第二次世界大戦後のドイツ刑訴法が明文をもって薬物使用を禁じていることです。ナチ時代の反省が作用していると思いますが、当時のニュルンベルク国際軍事法廷[8]で被告人の元ナチ副総統ルドルフ・ヘスの弁護団がアムネシア(健忘症)による訴追の打ち切りを主張したのに対し、ソ連邦検事団が麻酔分析の実施を強く主張し、論争になったことも影響したと思われます。ソ連邦では1930年代スターリン時代の政治裁判においても利用されています。もっとも、ナチやスターリンのみではなく、欧米諸国の大半や日本でも使っていますし、フランスが1950年代のアルジェリアで行った薬物や電気ショックによる凄まじい拷問取調べについてはファノン[9]やアレッグ[10]の報告があります。

3 自白の精神病理学的批判

(1) 自白批判の根拠と方法

自白の任意性あるいは信用性について多くの研究が公表されていますが、両者の批判の方法に関する自覚的検討は乏しかったように思われます。法学の立場からは任意性は証拠能力(証拠の許容性)問題であり、許容せられた証拠についてのみ信用性(証拠価値)が評価されることになるため、従来の自白信用性研究はそれを任意性から一応切り離したうえ、自白内容を他の証拠と対比する静態的研究が中心を占めてきたと思われます。その原因としては、任意性の問題は拷問等の外面的強制や取調時間の長さ等の客観的状態を中心に考えられ、被

疑者の内面的事情は主として信用性の次元でとらえられてきたことが考えられます。もとよりこのこと自体は誤りではありませんが、しかし、被疑者の主観的・内面的事情が任意性を奪いうるという視点もまた必要であると私は考えます。任意性の核心を被疑者の主体的な防御能力から見るときは、それを奪うものが外的強制であるか異常心理体験等による内的強制であるかによって区別すべき本質的理由を失うと思われるのです。足跡事件控訴審の東京高判昭和43年2月15日判時535号5頁もこの理を認めています。ここに精神医学が自白批判に活用されるべき理由があります。

　なお、近時、心理学の立場から、旧来の法律家による静態的自白研究を批判して、供述過程における取調官と被疑者双互の心理力動を動態的にとらえる必要が指摘されています。私はこの視点は有益であると思いますが、同時に次の点も考える必要があります。すなわち、心理学は人間行動を了解性の立場から見ることによって信用性判断に寄与しますが、精神病理学は了解性と了解不能性(疾病性)の境界を究めることを使命とし、これが任意性判断の参考になるということです。したがって、両者は一人の人の精神を別方向から照射し、相補的な関係に立つとともに、両者の交錯するところに任意性と信用性の全体を展望する契機があるように思われるのです(念のために付言しますと、了解性と了解不能性が機械的に任意性の存否に対応するのではなく、了解可能であるが任意性を欠く場合もありえます。例えば銃を突きつけられて虚偽自白する場合を考えれば、誰もがそれを肯定するでしょう。ただ、この場合でも恐怖反応による瞬時の自我の崩壊〔疾病性〕の面を考慮する必要があります)。

(2)　任意性否定の指標

i　精神遅滞者の自白

　自白批判のために任意性否定の指標ということを考えております。レジュメの①～⑤は私の実務経験に基づいて類型化したものですが、①の精神遅滞者の自白については詳しく申し上げるまでもないと思います。精神遅滞者ゆえにそもそも取調べの意味が良くわからない。加えて被暗示性が強い。簡単に誘導されて虚偽自白をする。過去の事件として八丈島事件、これは昭和21年の住居侵入強姦致死事件ですが、最二判昭32・7・19刑集11巻7号1882頁で被告人2名のうち精神遅滞者であった1名について自白の任意性を否定して無罪(他の1名は自白の信用性を否定して無罪)になったという事件です。足跡裁判事件も著明な事件で多くの文献が紹介しているとおりです。

倶知安簡判昭54・6・8判例集未登載の事例は私が国選で担当した事件です。農村のごく平凡な農家から10万円位入った封筒がなくなって、隣家の奥さんが警察に呼ばれて数時間取調べを受けて自白し、在宅で起訴されたというものです。本人は私が最初に会ったとき「やりました」と言っていたのですが、どうも腑に落ちないので何度も聞いているうち、やったのか、やっていないのか、はっきりしなくなり、最後に「やらない」と言うようになりました。判決は無罪ですが、自白の信用性を否定するのみで、任意性については何の判断も示しておりません。

　被告人は小・中学校は形だけ出ているけれども殆んど行ってません。中学校の集団知能検査でIQ46とされていますが、教育を受けていないので不当に低い評価をされた可能性は否定できませんが、言葉や文字は全くダメで平仮名しか読めず、達文の供述調書をサーと読み聞かされても全然理解できません。外国語を解さない人に外国語の文章を読み聞かせるのと同じではないか、こんな自白に任意性があるのかと弁論したのですが、裁判所の容れるところにはなりませんでした。精神遅滞者の自白にはそういう問題もあるように思います。

　ⅱ　事件時の意識障害や逆行健忘による追想不能下の自白

　人の記憶のメカニズムは先ず体験を脳に印象づける記銘、印象された内容を意識下に保っておく保持、印象内容を再び意識の上にのぼらせる追想、再生されたものと以前の印象内容の同一性を確認する再認の四過程からなるといわれますが、事件時に重い意識障害があれば記銘自体ができません。もっとも、後から想起できないといっても、当初はわかっていて時間の経過とともに自分の想い出したくないことを都合良く忘れてゆくという無意識的な心理機制が働く場合もあります。これをフロイト的健忘と呼ぶ人もいます。長期被拘禁者の拘禁反応にはこのような心因性健忘を伴うことが少なくないようです。かかる健忘は犯罪事実や責任能力の認定に影響しないでしょうが、事件当時において記銘自体を困難にする意識障害がある場合、例えば病的酩酊の朦朧状態とか譫妄状態の場合には、責任能力が否定されるのみならず、記憶がないのですから犯行についての供述も不可能と思われます。

　また、逆行健忘とは記憶の障害を起こすような出来事によって、それ以前の健全な時期に遡及して記憶を欠如することで、脳外傷による意識喪失者もしくは意識混濁者は概ねこれを伴うといわれています。交通事故の場合、過失が問題になるのは衝突の直前数秒以内のことが大半であると思いますが、衝突によって短時間でも意識喪失をきたせば逆行健忘のため直前の運転状況は想起でき

第4章　弁護活動と精神医学　125

ないはずで、できるはずのない供述が調書にとられている訳です。記憶のない人が誘導あるいは理詰めの尋問によって自白させられる場合、任意供述といえるでしょうか。

iii　意識障害の継続下の自白

飲酒酩酊下の事件や薬物を飲み自分も自殺するつもりで子どもに手をかけた事件などで、アルコールや薬物の影響から覚醒しない段階で自白することです。誰でも酒に深酔いした翌日は良く想い出せないことがあるように、意識障害下の事件の場合、事件後の睡眠によって追想できなくなることがあり、その意味で初期供述の重要性は否定できず、特に思わず発した言葉が事件の客観的内容の説明よりも犯意などの主観面を率直に表す重要な証拠となることもあります。ただ、この段階においては覚醒後の冷静な状態のような防御能力はないうえ、子殺しの事例などでは事件自体を心因とする錯乱が加わって一層意識障害を深めることもあり、不正確な自白をとられることが少なくないと思われます。したがって、法律家としては、重要な証拠は同時に危険な証拠でもあることを知る必要があります。

iv　拘禁反応下の自白

私は冤罪事件における虚偽自白は拘禁初期における急性一過性の拘禁反応という視点から検討することが有益であると思います。これまでの研究は長期被拘禁者に関するものが多いのですが、我が国の中田修博士[11]は中長期反応と初期反応の差異について指摘されていますし、ドイツのライヒも逮捕直後数日間の拘禁反応について鋭い観察をしています。我が国の報告例は戦前の思想犯に関するものが多く、当時の思想犯は行政検束によって何か月も留置場をたらい回しにされたうえ、精神異常をきたして病院に送られた人が少なくないのですが、初期の拷問による恐怖反応がないはずはないのであって、時代の制約のため報告者がこれを書けなかったのであろうと思います。

私が関心があるのは逮捕直後の初期反応で、拘禁それ自体がもっている心理的効果と自白の関係です。拘禁下においては看守や取調官に全権を握られているのですから、拘禁の長期化とともに取調官との人間関係と真実の人間関係の区別がつかなくなって、暗示性が高まり、相手に依存するような心理で何かを話す。そのうちに真実と虚偽との境界がはっきりしなくなる。これが多くの拘禁反応であり、多くの虚偽自白です。ですから我が国の代用監獄批判論でもかかる面が強調されています。その視点は正しく、かつ重要であると思いますが、ただ初期反応に対する視点が十分でありません。拘禁初期の異常が目立たない

場合でも、初期反応は潜在的には被拘禁者を捉えており、人格の解体が進行していることを理解しなければ皮相理解に終わるように思われるのです。

　人間の人格や心理学を層構造をもってとらえるとき、人格の表層で嘘をつけば、正に虚言となり、もう少し深いところですと嘘か真か自分でも分からないというレベルの虚偽があり、概ねそういうレベルの虚偽自白が多いと思うのですが、ごく初期の拘禁反応はもっと深い層の原始的なレベルを冒すことが少なくない。初犯の場合、ましてや無実の人が誤って逮捕された場合は驚愕反応・恐怖反応的な要素が大きく、戦争神経症や災害神経症と共通の面が大きいと思うのです。

　ドイツのクレッチマー[12]によれば、戦場で塹壕に身を伏せている兵士が恐怖に耐えられなくなって錯乱的に飛び出したり、塹壕の中で爬虫類のようにベターと動けなくなり意識を失い昏迷状態になることがあるが、これは単細胞動物から人間に至るまで全動物界に普遍的な生物学的反応であり、前者は一羽の鳥が室内に閉じ込められたときバタバタと右往左往に運動の嵐を乱発する運動暴発、後者は虫をつつくと死んだようになる擬死反射と同種の本能行為の一種であるというのです。また、関東大震災のときの報告を見ましても、皆が逃げているのにペタンと座り込んでいる人が少なからずいた。冷静にそうしているのではなく、ボーッとしている。腰が抜けて動けないなどというのもこういうタイプの現象で、擬死反射と同類の原始反応といえると思うのです。

　私が拘禁初期における驚愕・恐怖反応が原始反応的だと申し上げるのは、拘禁初期の被疑者にしばしば類似の現象が見られるからです。

　拘禁初期に錯乱ないし運動暴発的な反応をすることは時折見られることですが、その異常性は素人目にも分かり易いので、このような場合は取調べを控えて、担当医師に委ねるべきですが、実際には錯乱状態下において自白調書が作成されてしまうことがあります。山上皓教授[13]の報告例は無理心中未遂で、子どもを殺し自分だけが助かった事案です。逮捕直後から錯乱状態で、子どもの姿が見えるのか(幻視)、声が聞こえるのか(幻聴)、「○○ちゃん、○○ちゃん」と言って取調室の中を歩き回り、全然取調べができないと言って警察官がこぼしていた。これは本当の意味での精神病ではなく、異常体験反応性の幻覚だろうと思いますけれども、公判にはその間に作成された詳細かつ整然とした供述調書が出てくるわけです。自白内容は子殺しの決意後において意を強めるため薬物を服用して犯行に及んだというものですが、公判における被告人の供述は自殺を決意して薬物を服用後において衝動的に子どもを道連れにしようとした

第4章　弁護活動と精神医学　127

というもので、山上教授の見方もこれを支持しています。

これに対して擬死反射的な驚愕反応の場合には、目立った動きがなく、ただボーッとして、何を聞かれても機械的に「うん、うん」と答えてしまうため、捜査官も本当に認めていると思って調書を作成することがあると思います。そして、重要なことは、いずれの場合にも原始的な層に支配されて精神の理性的作用である防御能力が失われているということです。

拘禁の心理に関連して、人類の経験の中で非常に貴重な報告があります。アウシュビッツの記録で、ここでは我が国でも広く読まれているフランクルとコーエンを引用いたします。

フランクル[14]はウィーンの精神科医で強制収容所の実態を概ね察知する知的な層の人でした。入所後の自分の心理について自分自身いろいろ思いを巡らしながら収容されましたけれども、入った直後の自己の心理体験について次のように書いています。

「外界からの突然の遮断、一切の私物の剥奪、すべての人間的自由の喪失、先着収容者の大量殺戮や生存者の悲惨な状態を目のあたりにして、かかる現実がまるで自分とは無関係であるかのように感じられた」。フランクルはこれを表面的な人格分裂と呼んだうえ、「このように我々がまだもつことのできた幻想は次から次と消え失せていった。しかし今や我々の大部分を襲ったものは全く予期されないものであった。すなわち捨て鉢なユーモアであった。他に別の一つの感情が我々を支配し始めた。すなわち好奇心であった」。言うまでもないと思いますが、これは逆説的な急性症状で、直視するには現実は余りにも残酷なので自我の防衛機制がそれを直視することを拒むわけです。さらにフランクルは「異常な状況においては異常な反応がまさに正常な行動である」と述べていますが、誰もが心から共感を禁じ得ないでありましょう。

コーエン[15]の体験と観察も極めて興味深いものです。「初期反応の性質は、その犠牲者がどのような心理的条件下におかれていたかということによって決められた。犠牲者が自分の将来についてどのような考えを抱いていたかということが初期反応の性質を決定する重要な要素となった」。すなわち、コーエンのように強制収容所がどういうところか大体わかっていた少数の人々にとって、「一応の予備知識があったとしても、自我がその意味をすばやく理解するには 現実はあまりにも恐ろしいものであった。そこに急性離人症が生じたのである。私はこれを自我の防衛機制とみなしている」。他の多くの人々にとっては「強制収容所やガス殺戮に関する全ての事柄が不意に意識の中に自覚され

るに至った。意識はそれに対して何の準備もしていなかったのだ。この死の恐怖に対する反応が恐怖症的反応であった」。ここに原始反応としての恐怖反応が明確にとらえられています。

　私が申し上げたいのは、そこに心の準備(防衛機制)のある真犯人と、それのない無実の人との違いを類推できるのではないかということです。かような意味で、無実の被疑者が逮捕勾留された場合、心の準備を欠いているという面と、初期反応ゆえに人格の深い層が侵され易いという面が相俟って、殆んど瞬時に防御能力を失いやすく、短期間に虚偽自白に陥るおそれがあると言えるのではないでしょうか。

　それからサポルスキー[16]という人が精神的ストレスによる神経内分泌学的研究の中で、「ストレスの極端な例として拷問の犠牲者に脳萎縮や痴呆が高率に見出されるという報告があるが、その一部には一時的変化にすぎないものもある」という趣旨のことを書いています。拷問は肉体的苦痛と心理的な恐怖のみならず、さらに脳の機能的レベルを超えて器質的な、ましてや萎縮ですから形態的な損傷にまで及んでいるということです。拷問の恐怖が人格を解体しないではおかないことの証左というべきではないでしょうか。なお、サポルスキーによれば、一時的変化で元に回復した人もあるということですが、そのことは正に一過性の心理現象が脳をおかすほどの生理的な影響を持つということの逆の証明にもなるのではないかという気がいたします。

　ⅴ　異常心理体験下の自白

　この例として取り上げたものは私が札幌地裁小樽支部で担当した国選の殺人事件で、自宅で夫婦喧嘩のあげく妻を包丁でメッタ刺しにして殺したのですが、アルコール幻覚症に加えて激情による朦朧状態が認定され、責任能力が否定され無罪になったケースです(但し、控訴審・上告審で心神耗弱とされています。季刊刑事弁護17号〔1999年〕の特集参照)。被告人はアルコール幻覚症の傾向があって、あまり定型的ではないが事件前夜まで幻聴があった。事件当時はなかったので幻覚症による免責は困難ですが、激情による朦朧状態発生の基礎をなしています。

　ところで、私がここで問題にしたいのは、責任能力よりも自白任意性についてでありまして、被告人は逮捕直後から進んで自白していますが、公判や精神鑑定における供述によれば、妻を刺した数分間のみ記憶が欠落しており、取調べのときは想像で述べたと言い、死体の傷を詳しく調べると自白の犯行態様と符合しません。したがって、起訴前の自白は信用性に問題はあるが、想像によ

るのであれ進んで述べているから任意性は問題ないというのがこれまでの実務
の大勢かと思います。ただ、この人の場合は、アルコール幻覚症のベースがあ
ったうえに妻を殺したという心因的なものもあったのでしょう、事件直後から
幻覚症が再発し、「お前なんか死んでしまえ」とか「お前はなんで正直に言わ
ないんだ。想い出せ」と、妻を殺して生き残り、かつ犯行を想起できない自分
を責める幻聴が生じた。そして、実際に留置場内で手首の血管を噛み切り自殺
を図っているのです。自殺未遂をする人は、ヒステリー的といいますか、それ
を大袈裟に表すことが少なくないのですが、この人は誰にも言わなかった。警
察官も検事も知らず、私も知らなかった。白いシャツなら血の色でわかったの
でしょうが、黒っぽいシャツで傷を隠していたため誰にもわからず、鑑定留置
の入院先で初めて発見されたのです。したがってヒステリー的な要素はまず否
定できる。しかも鑑定医が抗幻覚剤を与えると幻覚が軽減し、偽薬を与えると
また出てくるという具合に幻覚の身体的基盤が明らかである。詐病ではないこ
とが客観的に証明されている。したがって、「死ね」というのとともに、「想い
出せ。しゃべろ」という幻聴があり、かかる内部の声に命じられ、自分の犯行
を想像して述べている訳です。これは捜査官の強制という意味での任意性を否
定する要素はないけれども、かかる自白に任意性を認めて良いのかどうか、い
かがでしょうか。私は本件の自白に精神の自由が欠けており任意性はないと主
張しましたが、裁判所はこれを容れませんでした。

　参考になりますのは足跡裁判事件の控訴審判決です。一審の東京地裁は無罪
ですけれども自白の任意性を認めているのに対し、二審判決はこんなことを言
っています。「もし、被告人が自ら体験しない事実であるのに捜査官がくり返
し問いを発し、被告人がそれに応答したために自ら体験したものと思い込んで
供述したものであるとすれば、その供述には信憑性は勿論、任意性すら否定さ
れるものといわなければならない。けだし、供述の任意性というのは体験とし
て記銘したことが前提とされるのであって、殊更な虚偽でなく、虚偽を真実と
思い込まされた場合の供述は、その思い込まされたことが強制によると、その
ものの能力的欠陥によるとによって差異をうけるべきではないからである」。
私の担当事件における幻聴による自白の内部的命令も、精神の上層の理性的レ
ベルが機能せず、下部の原始的な層に支配されているという意味で、足跡裁判
の能力的欠陥と同様ではないでしょうか。

　なお、この犯行が原始反応の結果として為されたとすれば、かかる錯乱状態
における心理をもって刑法上の殺意と評価しうるかを問題とする余地がありま

す。私は弁論でこのことを指摘しましたが、判決は何の判断も示しませんでした。我が国の実務上、この問題はあまり検討されていないようですが、米国のように謀殺と故殺を区別する立法のもとでは日常的な問題となるでしょうし、我が国でも心神喪失者等医療観察法のもとでは重要な問題となる可能性があることは前述のとおりです。責任無能力による無罪は強制入院処分を要請するけれども、犯意なき故の無罪は否だからです。

⑶ 任意性の医学心理学的側面と法的側面

最後に自白任意性の医学心理学的側面と法的側面について私の考えを申し上げ、批判を仰ぎたいと存じます。任意性は脳の高次の作用としての理性的防御能力を前提とし、任意性否定の指標と述べたものは理性的防御能力を失なわしむ事情の類型ではないか。また、訴訟能力の中核はこのような防御能力であり、防御能力が失われれば当然に訴訟能力も否定され、訴訟無能力者の自白は任意性を否定すべきではないか。また、取調べ受忍義務につきいかなる立場に立つにせよ訴訟無能力者にはかかる義務はなくその意味においても、その自白は排除されるべきではないか。訴訟無能力者が有効に取調べ拒否権と黙秘権を放棄するということは背理であるから。なお、精神遅滞のように訴訟無能力が継続する場合もありますが、取調べ中の錯乱等によって一過性に防御能力が低下することもあり、多くの冤罪事件における虚偽自白は訴訟無能力もしくはそれに近い状態において、しかも捜査官がそれを利用することによってなされているのではないかと思うのです。

4 司法精神医学からみた死刑問題

今年の日弁連人権大会は死刑問題をとりあげますが、精神医学がこれに直面する問題の一つは受刑能力の鑑定です。そして、これは精神科医に対しても極めて困難な問題を提起します。鑑定をして大丈夫だということになると刑執行につながるわけですから、精神医学者が協力を求められても受けにくいケースが多いのですが、逆に受刑能力に問題があるという場合の鑑定は従来から活用されているはずです。

それから、冤罪を争っているにもかかわらず死刑の恐怖から拘禁反応を起こしていると言うケースもあります。現に、袴田事件においては今そのことが非常に問題になっています。このような場合には、被告人との意思疎通をはかる

ためにも精神医学的な援助が必要であろうと思います。

5　重大な集団事件における精神鑑定

　オウム事件についてはレジュメに書いたとおりです。麻原被告人に対する一審判決(東京地判平16・2・27判時1862号47頁)は量刑理由として各犯行が「被告人の悪質極まりない空想虚言のもたらしたもの」と述べ、空想虚言を悪性の徴表とみるのみで、それが本来的に蔵している疾病性を看過しているところに基本的な問題があります。また、麻原には公判中途から拘禁反応の症候も認められるようで、事件当時の責任能力と訴訟能力の両面から鑑定が必要と言うべきです。また、オウム事件について私が強調したいことは、麻原の弁護のための必要と同時に、あるいはそれ以上に、弟子(実行犯)たちの弁護のために麻原の鑑定が必要であるということです。新興宗教団体の行動については集団精神病理の見地が不可欠であり、しかも、オウムでは集団構成員間の相互性よりも、麻原から弟子たちに対する一方向性の支配が強烈だからです。そして、このことはオウム裁判においても、かつての東大裁判のような統一公判論的思考が求められることを意味するといえます。もっとも、東大裁判が思想を裁くものでないのと同様にオウム裁判も信仰を裁くものでないことは勿論ですが、教団内部において計画され、信徒たちによって実行された本件においては、教祖と実行犯信徒双方の鑑定によって集団精神病理が解明されない限り、適正な責任判断も適正な量刑判断も不可能なのです[17]。

Ⅳ　おわりに

　弁護活動に対する司法精神医学の寄与の見地から私の考えを申し上げました。時間の関係で精神鑑定が誤判原因になった事例については詳しく述べませんでしたが、レジュメに記したとおり、この視点も重要であることは言うまでもありません。

　最後に、私の経験に照らして、我が国の誤判の実情について述べさせていただきたく存じます。自己を語る僭越についてひんしゅくを買うかもしれませんが、司法統計が公表する0.1パーセント前後の無罪率が実態を反映しているとは到底考え難いにもかかわらず他に適当な資料がないからです。

　私の1974(昭和49)年の弁護士登録から30年間の担当刑事事件の判決を集計

すると、全件数910(国選827、私選83)のうち無罪10件(人違い起訴4、実行行為ないし犯意否定3、心神喪失2、過失事件1)で、すべて国選です。司法統計と計算方式が同じかどうかわかりませんが、無罪率は1パーセント強になります。私の言いたいことは、すべて地域の国選事件として機械的に受任したもので、問題事例を選んだわけではないので、我が国の実情の一端を示しているということです。否、真実は無実の事件はもっと多いのです。私は主として法医学的視点から事案を見てきましたが、他の視点からの検討が不十分であったことは私の自認するところで、無罪件数よりも、そうなすべくしてなしえなかった事件の方が多いであろうと思います。すなわち、我々は冤罪被害者のせいぜい10人に1人しか救済しえていないのです。

上記無罪10件のうち過失事案を除く9件はすべて自自事件で、私は全件で任意性を争いました。判決でその主張が容れられたものは1件もありませんが、信用性判断に影響したのであろうと思っています。

私は刑事司法の事実認定とは何か、有罪心証と無罪心証の関係はいかに、と考えることがあります。両者は別の世界にあるものでしょうか。私にはどうもそうではないように思われます。意図的なフレーム・アップでない限り、一見訴因を認定するに足る証拠があると思われ、検察官は有罪性を信じて起訴しているのだと思いますが、その認識を深めてゆくと有罪証拠が蔵している矛盾の相が顕になるということであろうと思うのです。すなわち、冤罪事件において有罪心証と無罪心証は事実の外形(皮相)と内実(深相)の関係にあるところ、弁護は法廷の認識を深めて深相にいたる作業であり、これによって初めて法廷は哲学の広場たりうるのであると私は考えます。

私の学んできた法医学・司法精神医学は認識深化の一つの方法であるとともに、方法の一つでしかありません。弁護士個々人の力は余りにも小さいのです。弁護士会の活動や集団的弁護の重要性を訴えて本講を終えさせていただきます。

【注】

1　石原悟＝松井清隆『裁かれるべきは誰か——酩酊えん罪・刑事裁判物語』(現代人文社、2003年)。

2　五十嵐禎人「オートマティズムの抗弁」季刊刑事弁護32号 (2002年)。

3　中井久夫『徴候・記憶・外傷』(みすず書房、2004年)。

4　三輪和雄『空白の五分間——河島事故・ある運転士の受難』(文藝春秋、1979年)。

5 　団藤重光『刑法綱要総論〔第3版〕』（創文社、1990年）。

6 　Ziehen, Th.: Neuere Arbeiten ber pathologische Unzurechnungsfhikeit. Mschr. Psychiat. Neur., 5-52, 1899.

7 　G・アシャッフェンブルク（荻野了訳）「司法精神病学より見たる独逸刑法」精神神経学雑誌41巻9号〜42巻11号（1937〜38年、原著1934年）。

8 　Trial of the Major War Criminals before The International Military Tribunal vol. 1, 1947.

9 　F・ファノン（鈴木道彦ほか訳）『地に呪われたる者（フランツ・ファノン著作集3）』（みすず書房、1961年、原著1960年）。

10 　H・アレッグ（長谷川四郎訳）『尋問』（みすず書房、1958年、原著1958年）。

11 　中田修「未決拘禁に於ける精神病に就いて」矯正医学雑誌1巻1号（1952年）。

12 　E・クレッチマー（西丸四方ほか訳）『医学的心理学〔第10版〕』（みすず書房、1955年、原著1950年）。

13 　山上皓「精神鑑定と誤判」日本弁護士連合会編『現代法律実務の諸問題（昭和61年版）（日弁連研修叢書）』（第一法規、1987年）。

14 　V・フランクル（霜山徳爾訳）『夜と霧』（みすず書房、1956年、原著『強制収容所における一心理学者の体験』1947年）。

15 　E・A・コーエン（清水幾太郎ほか訳）『強制収容所における人間行動』（岩波書店、1957年、原著1953年）。

16 　Sapolsky, R. M., et al: The neuroendocrinology of stress and aging: the glucocorticoid cascade hypothesis. Endocr. rev. 7-284 1986.

17 　秋元波留夫＝北潟谷仁「死刑と精神鑑定——オウム事件を素材として」季刊刑事弁護42号（2005年、本書第12章所収）。

第 **2** 部

精神鑑定の誤用・悪用と誤判

第5章 鑑定の誤用
共産党スパイ査問事件[1,2]における悪性格の立証

1 鑑定採否のあり方について少し考えてみたい。我国の実務において、捜査・公判段階で精神障害が看過され、多数の精神障害者が鑑定を受けずして受刑していることは医療刑務所の現状に照らし明らかである。また、精神病者でなくとも、事件時もしくは取調時の一時的な意識障害等のため自白の任意性に疑問のある事例は少なくないと思われるのに、鑑定によってこれが明らかにされることは非常に稀である。従って我国においては精神鑑定は不十分にしか活用されていないと言わねばならないが、他方では被疑者・被告人の悪性格の立証を企図して鑑定が誤用され、それが誤判の原因となったり、甚だしきに至っては刑訴法を脱法し拘禁期間を不当に延長するためにこれが悪用される例すらあるように思われる。

本稿においてはその代表的事例であると思われる共産党スパイ査問事件について検討しよう。

2 本件は公知の事件であり、また今日においても政治的な思惑のもとに論評されることが少なくないようであるから、本稿においては精神鑑定の採否の問題に限定して述べる。1933(昭和8)年12月26日当時の日本共産党中央委員宮本顕治は同月23・24両日の所謂スパイ査問事件(同党中央委員大泉兼蔵・同小畑達夫[3]をスパイの疑いで査問中に小畑が急死した)の主犯として逮捕され、1934(昭和9)年12月までの約1年間都内数カ所の警察留置場に勾留され、この間相当激しい肉体的拷問を受けたが[4]、完全黙否のまま同年9月25日検事局に送致され、次いで同年11月30日、「治安維持法違反・殺人・同未遂・死体遺棄・不法監禁・銃砲火薬類取締法施行規則違反」で起訴された。よって、同年12月1日刑務所未決監に移監され、同日から予審が開始されたが、宮本は予審判事に対しても一切供述せず、また調書に署名捺印しなかった。宮本の予審は1938(昭和13)年10月10日終結し、同日付予審終結決定[5]は前記起訴事実を全て認めている。

公判は1940(昭和15)年4月18日から開始され、同年中に6回の公判が開かれたが、宮本は起訴前の勾留中に健康を害し(拷問と留置場の不衛生が大きな

要因であろう）、1937(昭和12)年には腸結核で危篤状態となったこともあり、審理に耐えないとして共同被告人らから分離されて審理が中断されたのち、1944(昭和19)年6月13日から審理が再開され同年11月30日結審されるまで15回の公判が開かれた。

一審判決（東京地判昭19・12・5）[6]は小畑・大泉のいずれに対する殺意も採らず、「治安維持法違反・不法監禁致傷・同致死・傷害致死・死体遺棄・銃砲火薬類取締法施行規則違反」の観念的競合を認定したが、刑は求刑どおりの無期懲役であった[7]。

当時は裁判所構成法戦時特例改正法によって控訴権を奪われており、宮本は大審院に上告したが、1945(昭和20)年5月4日上告棄却となり、右判決は確定した。よって同年6月から網走刑務所に収監されたが、ポツダム宣言にもとづく連合軍最高司令官の覚書「政治的・市民的および宗教的自由に対する制限の撤廃」によって同年10月9日解放され、更に連合軍指令にもとづく勅令第730号「政治犯人等の資格回復ニ関スル件」（同年12月9日公布）によって復権した。

3　ところで、宮本の精神鑑定は予審中に判事の職権によってなされ、東京地裁の嘱託医であった菊地甚一がこれを担当した。予審判事が鑑定を命じた理由は何であろうか。宮本の弁護を担当した森長英三郎[8]は「この非常時に転向もせず、予審の供述にも応じない宮本は精神異常ではあるまいかということになったらしい」と回想しているが、私には、判事が真に宮本の精神異常を疑ったとは信じ難い。そうではなくて、判事は宮本の黙否を悪性格[9]の徴表と把えたのではなかろうか。そして、それが予断を強め、予審終結決定における殺意の認定に影響したのではないかと思うのである。

このように精神鑑定が犯意認定のために積極的に利用されるとすれば、非常に危険であると言わなければならない。それは容易に有罪の予断を強めるに拘わらず、被告人には反証が不可能だからである（ポリグラフ検査や麻酔分析にも同様の問題がある。尤も、ポリグラフの場合は生理学的変化を外形的に把える面もあるので、まだ反証が可能な場合もあろうが、麻酔分析はこの意味でもより問題が大きい）。

本件における鑑定採用は著しく不相当であり、鑑定の濫用ないし誤用と評価する外はないと考える。

第5章　鑑定の誤用　137

4 以上のとおり、本件における鑑定の採否は宮本の黙秘に大きく影響されており、これを評価するためには宮本における黙否の意味を検討することが不可欠であると思われる。

　宮本は再開後第9回公判（1944〔昭和19〕年10月14日）における菊地鑑定に対する意見中、「鑑定ノ結論ハ精神ニ異常ハナイ、身体的ニハ重症デアルト云フニ帰着スル等ハ大体誤リガナイ唯其ノ観察説明ニ誤ッタ判断ガアルノデソレヲ是正スル必要ガアル……自分ガ警察以来陳述シナカッタコト兵役違反事件ニ付上告トカ抗告シタト云フ様ナ事ヲ材料ニシテ精神状態ヲ観察シテ居ルガ元来我々ノ斯様ナ場合ニ於ケル陳述ノ原則的態度ト云フモノハ決ッテ居ルノデアッテ即チ無理ナ事ハ喋ラナイ密行審理デハ供述シナイ唯公開ノ席デノミ云フ事ニナッテ居ルノデアル、ソレハ文献ニモアル即チ警察デ世界観ヲ述ベルノハ邪道デ裏切ヘノ第一歩デアルト、又所謂オシャベリハ裏切リト紙一重ダト強調サレテイルノデアル、処ガ鑑定人ハ之ヲ知ラナイノデアル鑑定人ハ大イニ喋ッテ一人ノ判事ヲモ獲得スル事ガ主義者ノ任務デハナイカト云ッタガ之コソドンキホーテ的幻想デアル」と述べ、戦後においても、小林多喜二の『党生活者』に因んで、この作品の主人公の同趣旨の言葉を引用し、「戦後の憲法にも黙秘権として認められたことがらがここに描かれているわけである」と述べているが、多喜二に事寄せて宮本自身について述べたのであろう[10]。

　いずれにせよ、宮本の警察・検察・予審各調書は全て「黙して語らず」とあるのみである反面、公判調書は（宮本の要求により）速記録をもって作製されているのであるが、このことは直接主義・口頭主義あるいは伝聞法則という憲法・刑訴法の理念に照らしても高く評価されるであろう。

　なお、一部には本件が監禁致死などの破廉恥罪の罪名を含むことをもって論難する者もあるようであるが、（宮本らの政治活動の歴史的評価は別論としても）本件が形式上は治安維持法違反との観念的競合であり、また実質上も警察側のスパイ政策に対する組織防衛としてなされた（当時の共産党が非合法であるとしても、スパイ政策や拷問は明らかに違法であり、だからこそ警察はその事実を否認することを常とした）ことを看過すべきではあるまい。否、私はむしろ、宮本が〈リンチ事件〉の破廉恥犯として喧伝され、また重病[11]で生還の見込みが乏しい中で、なおかつ黙秘が貫かれたところに本件の意義があると考える。岩田義道や小林多喜二のように逮捕直後に拷問死した者、野呂栄太郎のように黙秘のまま獄死した者も少なくないが[12]、宮本の場合は公判活動と相俟って刑訴法の理念を体現したと言えるのではあるまいか。そして、本件の予審判事は黙秘

権の思想・刑訴法の哲学を解さない人であった故に鑑定の採否を誤ったのではなかろうか。

　右は単なる歴史的興味ではなく、自白調書の任意性や検面調書の特信性(刑訴法321条1項2号)を安易に認めて、公判廷における被告人や証人の供述に耳を傾けようとしない現在の実務にも共通の問題性が顕われていると思うのである。

【注】

1　本件について政治的な観点から論評するものは少なくないが記録と証拠にもとづく実証的な研究が乏しいことは遺憾である。基本的資料として『宮本顕治公判記録』(新日本出版社、1976年)が公刊されているが公判調書のみであり、全記録の公表を期待したい。本件記録は刑訴法哲学の優れた教材であると思うからである。なお、立花隆「日本共産党の研究」(文藝春秋1976年1月号から連載。講談社文庫版、1983年)は資料の豊富さにおいて貴重であるが、私としては立論に同意できない点がある。

2　私は未だ鑑定書自体を入手しえないので、鑑定採否の問題に限定して述べる。

3　大泉・小畑両名が警察のスパイであったか否かについては議論がある。共産党は両名がスパイであるとし、特高の公式見解としては両名ともスパイであることを否認し、警察は戦後においても同様の主張をしているが(警視庁史編さん委員会編『警視庁史(3)昭和前編』警視庁史編さん委員会、1962年)、大泉がスパイであったことは定説であり学問的レヴェルにおいては議論が確定している(本件発覚直後、大泉は自らスパイであると名乗って警察に保護を求め、大泉自身が訴追された治安維持法違反の公判においてもその趣旨で無罪を主張したが、特高課長の証言はこれを否定し、判決も有罪であった。但し、裁判官も特高課長の証言が偽証であることは知悉していたであろう。大泉は立花の取材に対しても自らスパイであったことを認めているようである)。小畑についても、同人がスパイであった事実は一般に疑われていなかったところ、立花前掲書や亀山幸三(現代1976年6月号)はこれを否定し、しまねきよし『日本共産党スパイ史』(新人物往来社、1983年)もこれに同調しているが、所論にかかる状況証拠には決定的なものはなく、やはり私としては当時思想検察の要職(司法省第5・第6課長)にあった太田耐造の論文「検察側から見た治安維持法とその運用」(ジュリスト14号、1952年)が「一時有名になったいわゆる共産党リンチ事件の被害者大泉兼蔵、小畑達夫は警視庁のスパイであった」と明言している事実を重視せざるを得ない。

　いずれにせよ、かかる問題の真相は当事者(官権とスパイ本人)しか知らぬはずであり、国家が過去の特高制度やスパイ政策を反省するのであれば、進んで歴史的事実を明らかにすべきではないか。

4　宮本顕治「私の五十年史——覚え書き」週刊新潮1975年1月2日号。

5　「宮本顯治予審終結決定」思想月報52号(1938年)。

6　文藝春秋1976年1月号から引用した。

7 宮本に対する一審判決に先立ち、共犯として起訴せられた袴田里見らに対する裁判は1942（昭和17）年12月に上告審判決が確定しており、同人らに対する一審判決は殺人罪を認定したが、控訴審以降はこれを否定しており、宮本を担当した裁判所も特段の審理に基づいて予審終結決定を否定したものではないようである。公判を傍聴した宮本百合子の1944（昭和19）年6月24日の日記（『宮本百合子全集㉕』新日本出版社、2003年）には「書記の側の判事居眠り大したもの。以前のときも、こっち側の人は眠った。どういうわけか」とある。担当裁判官において緊張感は乏しかったのであろう。

8 森長英三郎『新編史談裁判(4)』（日本評論社、1984年）。

9 刑事訴訟において悪性格にとらわれることの危険性は既に佐伯千仞「悪性格と類似事実」法律時報39巻8号（1967年）の指摘するところである。

10 宮本顕治「党生活者の黙秘権」角川書店版昭和文学全集月報6号（1956年、原著1952年）。

11 森長・前掲注8書は「百合子夫人は宮本氏が監獄から出ても世話してやれるものは自分以外にはないといっていた。無期懲役になっても、遠からず出所すると思っていたのであろう。前記菊地鑑定は、宮本を監獄で不帰の客となる人のように書いてあったし、宮本の病状は重いと警告する人もあったため、平凡な私は、宮本氏が出所して百合子夫人に面倒をみて貰うときがあるなどとは思っていなかったので、この百合子夫人の言葉にはっとしたことがあった」と回想している。

12 岩田と小林の死の状況につき安田徳太郎『思い出す人びと』（青土社、1976年）。安田は二人の屍体を直接見分した人である。野呂は病院に移送直後に死亡したが、実質は獄死である。小林・野呂については多数の文献があるが引用は省略する。

第6章　鑑定の悪用
弘前大学教授夫人殺し事件[1]における鑑定留置の違法

1　本件ほど精神鑑定の問題性が集中的に顕われている事例も珍しい。本件は著名な再審無罪事件であり、論点は多岐に亘り、主として血痕鑑定について論じられてきたが、精神鑑定もまた誤判の重要な要因をなしている。本稿においては精神鑑定の問題に限定して検討したい。

　1949(昭和24)年8月22日、被告人那須隆は本件(同月6日夜半、屋内で就寝中の弘前医科大学教授夫人〔当30年〕が頸部を鋭利な刃物で突刺され、殺害された)の被疑者として逮捕され、同月25日勾留、同年9月3日勾留延長を経て、同月12日勾留期間満了のところ、同日から1カ月間精神鑑定(鑑定人丸井清泰)のため鑑定留置され、更に鑑定留置期間の満了する同年10月12日別件(極く軽微な銃砲等所持禁止令違反で、刑は罰金5千円)で逮捕され、同月14日右別件で勾留され、次いで同月22日本件で再逮捕され、同月24日本件で起訴された。

　那須に対する一審判決(青森地弘前支判昭26・1・12)は本件につき無罪であったが、控訴審判決(仙台高判昭27・5・31)は原判決破棄自判・懲役15年の有罪であり、右判決は上告棄却(最一判昭28・2・19)によって確定した。

　而して那須は服役したが、1971(昭和46)年に真犯人が出現したことから再審が請求され、仙台高決昭49・12・13はこれを棄却したが、仙台高決昭51・7・13は右棄却決定に対する異議申立を容れて再審を開始し、同高裁の再審無罪判決(仙台高判昭52・2・15)が確定した。

2　ところで、本件の起訴前鑑定は何故に行なわれたのであろうか。鑑定嘱託の動機、鑑定事項並に鑑定人選任の妥当性につき検討しよう。

(1)　右鑑定は再勾留の満期である1949(昭和24)年9月12日の2日前である同月10日に嘱託された。鑑定事項は「被疑者那須隆の本件犯行当時及現在に於ける精神状態」である。右は公判において罪体に関する証拠調べを了した段階におけるそれと同様であり、鑑定事項から判断する限り検察官は罪体の立証に何らの不安も無かった如くに見える。

　併しながら、捜査の状況は全く逆であった。那須は逮捕以来一貫して否認し

ていたし、同人と犯人の同一性を証するものは皆無と言ってよい状態であった。捜査官は本件の最重要物証である白シャツと白ズック靴(事件発生当時被告人が着用していたもの。なお、被告人は事件後も全く同様に着用していた)並に路上血痕について同年8月24日血痕鑑定の専門家である引田一雄(北海道帝大法医学教室出身で、台北帝大、北海道帝大助教授を経て、本件当時弘前医大教授。台北時代に「血痕の経時的変色について」と題する研究報告あり)に鑑定嘱託したが、白ズック靴の斑痕にかかるベンチジン反応試験・ルミノール反応試験は全て陰性(即ち、血痕の認定不可)であったし、白シャツについては引田教授が検査を開始した翌日ころ何ら理由を告げずに鑑定物件を全部同人の手許から引上げたため、詳細な検査はなされなかったのであるが、引田の肉眼検査によれば帯灰暗色の斑痕数点を認めたが、仮にこれを血痕としてもずっと古いものであると思われる。

捜査官は引田の意見を聞いて他の鑑定を求めたのであろう。右のうち白シャツ・白ズック靴の2点について、同月27日付で国警本部科学捜査研究所に鑑定嘱託をしている。

而して、同所の北豊・平嶋侃一両名作成にかかる同年9月12日付鑑定書によると、白ズック靴については引田鑑定と同旨で血痕を証明しえず、白シャツについては褐色斑点1個のみにつきベンチジン反応試験・ルミノール反応試験・ヘモクロモーゲン反応試験各陽性で且つB型とされているが、人血である旨の記載はなく、また被告人が右シャツを着用して本件犯行(検死調書や法医鑑定によると、死因は左総頸動脈の円周の約3分の2の切断による失血死)をなしたとせば、血液が噴出するはずであって血痕1個ということは殆んど考え難い(事実、北・平嶋両名の同年10月19日付報告書によれば、抗ヒト血色素沈降素反応試験は酷暑に左右されたのか沈降価が低くなって疑陽性を呈し、人血とも他の動物血とも判定できなかったとされており、再審請求棄却審における船尾忠孝教授の証言によれば、かかる場合は陰性の意味に解されなければならない。船尾証言の論旨は法医学の常識である)。

してみれば検察官は被告人について有罪証拠の全く無かった9月10日の時点で鑑定を嘱託し、勾留期限の切れる9月12日から1カ月の鑑定留置を請求したが、その時点においても有罪証拠は極めて薄弱であった。

(2)　検察官が那須の精神状態に疑問を呈すべき何らかの徴候が存したであろうか。鑑定嘱託の時点の以前も以後も那須には何らの精神障害の徴候も無かった

ことは明らかであり、丸井の鑑定結果もこれを裏付けている。また、検察官が丸井を鑑定人に選任したのは何故か。丸井は事件直後の新聞[2]に「犯人は精神病質者で残虐性に富むサディストである」旨の意見を公表していたので、この見方を援用して犯行動機を解明したいと考えたのかもしれない。併しながら、問題は真犯人の犯行動機であって、那須という現実の被疑者についてそれを考えるには、同人と犯人の同一性がほぼ立証されていることが前提されるはずである。しかも那須には精神障害の如何なる徴候もなかったのであるから、いずれにしても右鑑定は不要かつ不相当であった。

(3)　丸井の鑑定資料は検察官提示の一件記録と1回それも15分程度の面接のみであり(那須の主張による。もし事実に反するとせば、拘置所の記録に基き検察官の反証は容易)、不可欠の身体的検診と心理検査並に詳しい問診は全くなされていない。かかる場合、簡易診断ないし簡易鑑定の方法で十分であるのに、何故か1カ月の鑑定留置がなされている。

(4)　それでは鑑定留置期間中の捜査はどのように進められたであろうか。再審公判ではじめて開示された白ズック靴にかかる松木明(弘前市公安委員・開業医)の同年10月4日付鑑定書によると嘱託日は8月20日であるが、(この鑑定の経緯には多々疑問あるが)いずれにしても鑑定留置期間中にその準備がなされたであろう。また鑑定留置期間満了の10月12日から被告人は別件で逮捕勾留されているのであるが、その間の同月15日松木明と間山重雄(弘前市警鑑識係)に白ズック靴・白シャツの鑑定嘱託がなされ、三木敏行教授(東北大)にも白シャツの血痕鑑定が嘱託されているが、これらの準備も鑑定留置期間中になされたと思われる(因みに、三木教授に対する鑑定嘱託事項のみ「付着せる人血の血液型はQかqか」とされ、不可解なことに人血であることを前提としており、三木も血痕と他の鑑別、並に血液の種族鑑別をしていない)。
　そして、これらの鑑定が一審公判における古畑種基鑑定と相俟って有罪証拠とされるのであるが、右各鑑定に関する疑問を再審判決や国賠一審判決は次のように述べる。
　「これを要するに昭和24年10月19日付松木・間山鑑定ならびに三木鑑定および昭和25年9月20日付古畑鑑定の結果本件白シャツ附着の血痕が被害者の血液型と同じB・M・Q・E型であったという結論を導き出した当時の斑色の色合いと、これを押収した昭和24年8月22日当時の斑色の色合いとの間に色

合いの相違が瀝然としていることは疑いなく、この点は大きな疑問としなければならない。……このようにみてくると、本件白シャツにはこれが押収された当時には、もともと血痕は附着していなかったのではないかという推察が可能となるのであり、そう推察することによって始めて前記(1)ないし(3)の疑問点即ち被告人が右シャツを平然と着用していたことも疑問でなくなり、〈噴出〉または〈迸出〉血液の附着が不自然であるという疑問点も解消し、色合い相違という重大な疑問も氷解する」(再審判決)。

「……してみれば、古畑鑑定当時本件白シャツに附着していた血痕が、果して引田教授による肉眼検査がなされた当時にも付着していたかどうかについては重大な疑問があるといわざるをえない」(国賠事件一審判決)。

(5)　以上を要するに、右鑑定は刑訴法を脱法し違法に身柄拘束を継続する手段として悪用されたのであり、しかも鑑定留置(及びこれに続く別件逮捕勾留)の間に証拠の捏造がなされるとともに、公訴事実や有罪判決に変態性欲とか変質傾向という犯行動機論を与え、誤判に寄与したのである(但し、変態性欲論が検察官による鑑定意見の拡大解釈であり、技巧的表現であることは後述)。

かかる鑑定の悪用について、我々は繰り返し反省の必要があるだろう。

3　本件の丸井鑑定は鑑定理論ないし鑑定内容においても際立って特異なものである。

検察官の前記嘱託事項に対する鑑定主文は「被疑者那須隆の本件犯行当時及現時の精神状態は正常健康な精神状態から著しくかけ離れた状態にあったものとは認めることは出来ない。換言すれば被疑者は右両時共に刑法に所謂心神喪失者及心神耗弱者の状態にはなかったものと断定する。」というものであるところ、理由中において「鑑定人は凡その事実を各方面より又あらゆる角度から考察し被疑者は少なくとも心理学的に見て本件の真犯人であるとの確信に到達するに至った。」とか「被疑者の本件犯行は突発的・衝動的要素を含まず、計画的に行なわれたものと考えられ」と述べるのであるが、右が鑑定事項を逸脱することは別論としても、如何なる根拠からかかる推論がなされたのであろうか。

丸井によれば、被疑者の母や友人が被疑者をして〈短気なところがある〉とか〈おとなしいが負けず嫌い〉等と評するが、面接時の印象がおとなしく女性的なるは、「精神分析学の教うる処によると此は内心に残忍性・短気な傾向を

包蔵し此の傾向を抑圧する結果反動として極端に柔和な猫の様な態度が表面に
あらわれるに至っているものと察せられる」のであり、友人の供述調書中に〈女
の話などについて強姦とか殺すとか云う言葉が出たことがある〉のは「精神内
界に残虐性の潜んでいる事を察せしめる」のであり、被疑者が友人の自殺や病
死を逸早く知って「花をあげなければならないと友人間を歩くのは不思議な点
であり、……此処に被疑者が他人の死とか不幸を問題にし、これに無意識的に
興味を持つ傾向があり、而かも意識的にはその反動としての偽善的・博愛主義
的傾向を示した事が窺われ」、これらを「綜合して考察すれば被疑者は表面柔
和に見えながら内心即ち無意識界には残忍性・サディスムス的傾向を包蔵して
居り、両極性・相反性なる性格的特徴を顕著に示す」ということになり、また
右傾向は性的方面に於ても顕著に認められ、「内面的には女に対し常人以上の
興味を持って居たものと察すべく、この傾向を強く抑圧する結果反動として表
面的には謹厳な人と見えただけの事であり、精神の深層即ち無意識界には婦人
に対する強い興味がうっ積していたものと見るべきである」というのである。

　右の推論はいずれも根拠を欠いており、学問的批判を加うべき価値を有しな
いと思うので、鑑定内容についてはこれ以上論じない。ただ私が興味を覚える
のは、右鑑定意見と丸井の学問体系の間に内的関連性があるのか、延いては、
かかる恣意的な解釈・推論が精神分析理論の本質的部分から生ずるものか否か
という点である。後述のとおり、本鑑定は鑑定人の人的特性と鑑定を取り巻く
外的条件の両面において特異なケースであり、これを一般化することは慎まね
ばならないが、やはり精神分析に対するヤスパース[3]の根本的批判を想起しな
い訳にはゆかないであろう。私は精神分析理論が鑑定の場から一義的に排除さ
れるべきとは考えないが、本鑑定という悪しき実例がある以上、これが精神分
析学者によって深く研究されることを期待したい。

4　かかる鑑定がなされた原因を如何に考えるべきか。これまでにも、誤鑑定
の防止・鑑定の公正さ維持のために多くの議論がなされているが、ここではヒ
ルシュベルク[4]、ペータース[5]、山上[6]を参考として、①鑑定人の専門的能力の
問題（精神鑑定においては、精神科医としての知識経験と司法精神医学的知識経験
の二段階的に考える必要がある）、②鑑定の場の諸条件が専門性を発揮させ得る
状況にあるかの問題、③鑑定人の人格的公正さと公正さを維持し得る状況の問
題につき各々検討したい。

(1) 丸井鑑定人の専門性について[7]

　丸井は我国における精神分析理論の導入者として知られる人であるが、東北帝大精神科教授を経て本鑑定当時弘前医大学長の職にあったのであるから、一般的な意味での学識は有していたと考えられようが、臨床的な能力は如何であったろうか。伝えられる幾つかのエピソードをみることとしよう。

　東北帝大で丸井と古沢平作[8]に師事した懸田[9]は次のように述べる。「丸井教授は、はじめ内科学を専攻していたが、1916年、今日の学問的レベルからは考えられないことであるが、東北大学医学部における精神医学講座の新設にともない、その担当教授となるために専攻を精神医学に変え、その年ただちにアメリカに留学した。ジョンズ・ホプキンス大学のA・マイヤー教授[10]のもとで精神医学の研究をするためであった……1919年に帰国すると、彼は東北大学教授となり精神医学を担当した。……丸井教授は日本精神医学会の年次総会においても、毎年、その門下生たちとともに精神分析学上の研究を発表しつづけた。しかし、日本における精神分析学のパイオニアとして、彼が精神病理学の領域においてなした仕事は、日本の臨床例についてフロイトの精神分析学的ノイローゼ論を検証するにとどまった。このことは、彼が精神分析学の基礎的訓練をへていなかったということと相まって、やむをえないことであった。……与えられた理論を、たんに実例に適用してみるというディレッタント的な方法にとどまらず、意識的に一定の方法論を確立し、それにもとづいて臨床的経験を重ねていった日本精神分析学界の先駆者は古沢平作博士であった。……古沢博士について精神分析学の勉強をしていた私は、私の受けもつ患者の治療上の問題で、私を前にして丸井教授・古沢博士のお二人が激しい論争をされるのを聞いた。今にして思えば、丸井先生の主張されるところは、精神分析の簡便法あるいは精神分析的見解を用いての心理療法というべきものであり、古沢先生の主張されるところは、純粋にフロイト的な自由連想法にしたがって、精神分析学の正しい基盤をつくろうというところにあったのではないかと思う」。

　次に、丸井と森田正馬[11]、下田光造[12]との各論争は有名である。我国における神経症者に対する独得の精神療法〈森田療法〉として今日では評価の確立している森田正馬の学会報告「強迫観念の成因に就て」（1934〔昭和9〕年）に対する討論において、丸井は「森田博士の御話では強迫観念の成因はよく理解できないのであって、私共から見ますと非常に素人臭いという印象を得るのであります」と発言し、これには温厚をもって知られる森田も流石に「（貴説は）誤って滑り、怪我をした所以をも分析しなければならぬというに同じ。強迫観念に

146　第2部　精神鑑定の誤用・悪用と誤判

関する加虐性説(サディスムス)は、私はこれを迷信と認める」と答え、憤然と席を立ったという[13,14]。

また、1940〔昭和15〕年の学会において下田光造の躁うつ病病前性格理論に対して「吾人は精神或は性格の根底に存する著しいアンビヴァレンツ・アンビテンデンツの傾向が躁うつ病の発生に大関係あるものと考え、特に本病が正反対なる病像即ち躁病状態並にうつ病状態を以て現れ来る事及び其他種々の事実はこれによって一定度迄よく理解し説明し得るものと考えて居る。クレッチマーの所謂循環気質[15]なるものも吾人はこのアンビヴァレンツ・アンビテンデンツに関連せしめて理解し得る事と考えていた。処で下田教授の所謂執著性気質とは如何なるものを云うか、又それと躁病状態並にうつ病状態発生との関係を下田教授が如何に説明せんとして居られるか詳細伺いたし[16]」と論争を挑み、下田から「私は Ambivalentz (Bleuler)[17] なる語には、それが感情に於てであり或は動向であれ思考であれ、同時性ということが重要な条件であると解して居る。夏に暑く冬に寒い現象は Ambivalentz と云えず、寒暖一時に到来する如き状態を形容する言葉であり、此同時性なくしては此語は意味をなさぬと思う。従って此語は Schizothymie や Schizophrenie に見る特殊の現象を形容するには屢々便利な言葉であるが、zyklothymie には余り関係が無い様に私は考えて居た……何れにしても Ambivalentz・Ambitemdentz なる語は一定の精神状態を形容するに好都合な表現であるに過ぎず、其疾病の発生を説明する語ではない様に私は思って居るが、丸井教授は Ambivalentz を以て躁うつ病の Pathogenese を如何に説明して居られるのであろうか。これに関し高教をお願いする次第である」と回答された[18]が、その後丸井からの発言はなかった。下田の執着気質は今日ではテレンバッハ[19]のメランコリー親和型性格の先駆として世界的評価を受けており、右論争の優劣は明らかである。

以上によれば、丸井の精神分析理論紹介者としての功績は別論として、臨床家としての能力はディレッタント(即ち素人)の域をあまり超えず、ましてや司法精神医学上の素養・経験は殆んど有しなかったのではあるまいか。山上[20]も「その診断にいたるまでの調査、診療の粗雑さ、考察における軽卒な分析的推断の乱用などを見ますと、少なくともこの鑑定書で見る限り、その専門性自体にも重大な疑いが生じます。また、事件記録にある証言を全て鵜呑みにする行為は、あるいは司法精神医学上の経験の不足からくるものかもしれないとも思われます」と述べているが、同感である。

⑵　鑑定の場における物理的諸条件について

　鑑定人が十分な専門的能力を有していたとしても、家族歴や本人の生活史・病歴等の客観的資料の収集を十分になし得なかったり、診察時間が不十分なため診断を誤る事例も無いとはいえない。いわゆる簡易鑑定は本来的にかかる危険性を蔵している。

　本件の場合も、起訴前鑑定であるから資料の客観性という意味では制約があった訳であるが、このことは全ての起訴前鑑定に共通の問題であるにすぎない。また、鑑定人自身による調査・資料収集がなされず、被疑者との面接時間も僅か15分程度に過ぎないが、(その適法性は格別)被疑者は1カ月間の鑑定留置に付されていて鑑定人が調査・面接をなす時間は与えられていたのであるから、本件の場合は物理的諸条件の問題に帰すことは出来ないと思われる。

⑶　鑑定の公正さを維持し得る状況の問題について

　ここでは丸井の人格一般については触れない。ただ、山上[21]の指摘する〈被鑑定人に対する防衛反応〉や〈捜査当局との馴れ合い〉の問題については、鑑定書を読んだ誰もが感ずるところであろう。丸井は如何にして本件に関与していったか。丸井は大学で被害者の夫と極めて親しい関係にあり、自ら学長として被害者の大学葬を主催した。また警察は当初大学関係者を疑って学生らの素行調査を続け、これに非協力的な大学と軋轢があった。かかる状況の中で、大学関係者以外から早急に犯人が逮捕されることを期待し、また新聞[22]に「犯人は精神病質者で残虐性に富むサディストであろう」と述べていた丸井にとって、間もなく逮捕された被疑者に対し、右の見方に促われず自由かつ公正な鑑定をなすのは困難なことではなかったろうか。また被疑者が犯人である旨の確信表明は論外であるが、責任能力についても、前述の手続をもって断定的意見を述べることは出来ないはずであり、この点からも被疑者に対する処罰願望を認めざるを得ないように思われる。

5　本件における鑑定意見と司法の対応について

　丸井鑑定に対し、各司法機関は各々如何に対応したであろうか。

⑴　検察官は丸井の鑑定書提出の前日である10月24日「被告人は変態性欲者であるが……」との公訴事実をもって那須を起訴した。犯行動機を全く解明し得なかった検察官としては、丸井の意見を利用してかかる構成をせざるを得な

かったのであろう。この点は国賠一審判決において〈公訴提起の違法性及び過失〉の一要素として指摘されたところである。ただ、注意すべきは、丸井自体は〈変態性欲〉なる表現は用いていないことである。丸井は被疑者における表面的勤厳さが無意識界における女性に対する強い興味の反動だと言うのみで、その性欲が変態的だと言っている訳ではない。おそらく検察官としてはそのままでは公訴事実を構成できないと考えたのであろう。即ち〈変態性欲〉は動機の説明を放棄するための検察官の技巧的表現だったのであり、その意味でも検察官は那須を起訴してはならなかったのである。

(2)　原一審判決は無罪であったが、判決理由は「殺人の点はその証明十分ならず」と述べるのみで、具体的証拠評価は一切記載しないので、本鑑定に対する具体的評価も詳らかではない。

(3)　原控訴審は石橋俊実教授(東北大)に再鑑定を命じた。鑑定事項は「被告人は変態性欲者であるか。若し然りとすれば被告人が変態性欲の満足を得る目的で本件殺人行為をすることがあり得るかを明らかにする。尚可能ならば被告人は性交不能者であるか否か」であり、石橋の鑑定主文は「一、被告人が変態性欲者であるという断定は下し得ない。従って同人が変態性欲の満足を得る目的で本件殺人行為をすることがあり得るかの考察を加え得ない。二、被告人が性交不能者であるかどうかの確実な判定は不可能である。但し同人を性交不能者なりとする根拠は見出せない」であった。控訴裁判所としては三木・古畑らの血痕鑑定から有罪の心証を抱いたが、それにしては動機が分明ならずと考え、前記鑑定事項を定めたのであろう。石橋鑑定は重厚かつ堅実な内容であり、現在においても学問的批判に耐えるものであると思われるが、丸井鑑定の問題点については一切言及していない。それも一つの見識であろうが、本件のような特異なケースにおいては前鑑定に対する批判的検討が有益であったと思われるし、また弁護人から法廷でこの点の証言を求めることも可能だったのではなかろうか。而して判決は「当審鑑定人石橋俊実の鑑定書も、目下の段階では、被告人が変態性欲者であると確実に断定は下し得ないというに過ぎない。……されば、本件犯行の動機が不明確なりとして、直ちに、犯罪の証明十分ならずとなすを得ない。」としてこれを採らず、丸井鑑定に従って「被告人は精神医学上いわゆる変質状態の基礎状態である生来性神経衰弱症者であって、変質的傾向とみられる性行があった」と認定したうえ、有罪を宣告した。血痕鑑定の影

第6章　鑑定の悪用 ｜ 149

響が大きかったとは思うが、裁判所が石橋の優れた鑑定内容を解せなかったことは残念である。

⑷　再審開始決定及び再審判決が丸井鑑定の相当性を否定したことは当然であり、また国賠一審判決も血痕鑑定とともに本鑑定の疑問を指摘して起訴の違法と過失を認めたが(尚、同判決は訴訟追行の違法と過失も認める)、起訴前手続の違法性は否定し、更に、国賠二審判決は引田教授の記憶に混乱ありとして捜査官の証拠握造を否定したうえ、原告の請求を棄却した。私は少くとも鑑定留置とそれに続く別件逮捕勾留の違法性は否定できないと考えるが、国賠事件については機会を改めて検討したい(尚、国賠二審判決は、破棄判決としては、著しく粗雑なものであり、多くの方が批判的検討を加えられることを期待したい)。

6　以上のとおり、本件の起訴前鑑定は鑑定採否の相当性、鑑定留置の適法性、鑑定人選任の相当性、鑑定人の専門性、鑑定経過の相当性、検察官による鑑定意見の拡大解釈、裁判官による鑑定内容の理解の全てにおいて問題のある事例であると思われるのであるが、問題の核心はそもそも鑑定の採用自体と鑑定留置決定に存したことは多言を要しないであろう。

【注】
1　私は本件の裁判に関与したことがなく、参照しえたものは左の記録と若干の著書論文に限られる。
　　【刑事確定事件】
　　　一審・青森地弘前支判昭26・1・12、控訴審・仙台高判昭27・5・3、上告審・最一判昭28・2・19。以上、刑集7巻2号305頁以下所収。
　　【刑事再審事件】
　　　再審請求棄却審・仙台高決昭和49・12・13、異議審・仙台高決昭51・7・13判時819号14頁（再審開始）、再審（控訴審）・仙台高判昭52・2・15判時849号49頁（無罪・確定）。
　　【国家賠償請求事件】
　　　一審・青森地弘前支判昭56・4・27判時1002号25頁（一部認容）、控訴審・仙台高判昭61・11・28判時1217号39頁（破棄・棄却）。
　　【鑑定書】
　　　丸井清泰作成の昭和24年10月25日付精神鑑定書、石橋俊実作成の同26年12月11日付精神鑑定書。
　　　なお、血痕鑑定については原記録を参照しえなかったので、次の文献によった。吉岡

述直『刑事証拠上における血液型の価値（検察研究叢書９）』（法務研修所、1952年。確定審で調べられた全鑑定書の鑑定事項と鑑定主文を輯める）、木村康『血痕鑑定』（中公新書、1982年。著者は再審請求段階の鑑定人であり、前鑑定の検討内容は有益である）。

日本弁護士連合会編『再審』（日本評論社、1977年）、井上安正『真犯人はつくられた』（自由国民社、1977年）、鎌田慧『血痕――冤罪の軌跡』（文藝春秋、1978年）、後藤昌次郎『冤罪』（岩波新書、1979年）。

2　1949（昭和24）年８月13日付東奥日報（但し、鎌田・前掲注１書から引用）。

3　K・ヤスパース（内村＝西丸＝島崎＝岡田訳）『精神病理学総論（中）〔第５版〕』（岩波書店、1955年、原著1948年）。

ヤスパースは言う。フロイトが多数の例で問題としているのは、気付かれない関連を了解し、意識内へ引き上げることではなくて、意識外の関連を見掛け上（意識的にそうした）かの如く了解することである。フロイトはこのようなあたかも了解されたかの如き現象を沢山記述して、その仕方をば、破片から人間の事業を判ずる考古学者と同列におくのであるが、大きな違いは、かの如き了解の際には了解されたものが実際に存在したかどうかが全然決定されないところにある。

4　M・ヒルシュベルク（安西温訳）『誤判』（日本評論新社、1961年、原著『刑事訴訟における誤判――判決病理学のために』1960年）。

5　K・ペータース（能勢弘之＝吉田敏雄訳）『誤判の研究』（北海道大学図書刊行会、1981年、原著1970～74年）。

6　山上皓「精神鑑定と誤判」日本弁護士連合会編『現代法律実務の諸問題〔昭和61年版〕』（第一法規出版、1987年）。

7　私が通読した丸井の著書は『精神病学』（金原商店、1936年）のみであるが、特異な教科書の一つであると言って良いと思う。尤も、他にも多くの著作があるが、私の知る限り司法精神医学上の業績はない。

8　古沢平作は東北帝大の丸井の教室から出て、在野で我国に精神分析の基礎を作った先駆者。主論文「罪悪意識の二種――阿闍世コンプレックス」（1932年）はウィーンのフロイトに提出されたもの。ユダヤ教・キリスト教文化を背景とするフロイト理論に対し、仏教（浄土教）思想を基礎とする。古沢は敬虔な真宗信者であった。懸田をはじめ、土居健郎、小比木啓吾など我国の精神分析学者はほとんど例外なく古沢の門下から出ている。

9　『世界の名著(49)フロイト』（中央公論社、1966年）の懸田克躬による解説文。

10　アドルフ・マイヤーはアメリカ精神医学の創建者。フロイトとともに力動的見方を代表する人であるが、ヨーロッパの精神医学を過不足なく米国に導入した。世界の精神医学史上最も公正かつ柔軟な人の一人であり、丸井の独断的態度を見ると、同人はマイヤーのもとで一体何を学んできたのか、との感想を禁じ得ない。

マイヤーの業績についてはジョンズ・ポプキンス大学から著作集が出ているが私は未だ入手していない。マイヤーの適切な紹介としてマイヤ-グロスの教科書 Mayer - Gross, W., Slater, E. & Roth, M.: Clinical Psychiatory, 3rd ed., Balliere, Tindall Casell, London, 1969.

11 森田正馬の主著『神経質の本態及び療法』（吐鳳堂、1928年）は現在も数種の復刻版が出ている。今日においては森田療法に関する文献は枚挙に暇がない。

12 下田光造の躁うつ病論については、同『精神衛生講話』（岩波書店、1942年）、同「躁うつ病について」米子医学雑誌2巻1号（1950年）。

13 森田正馬「強迫観念の成因に就て」及び学会討論・神経学雑誌37巻5号（1934年）。

14 右学会討論の状況を伝えるものとして、内村祐之『わが歩みし精神医学の道』（みすず書房、1968年）。

15 E・クレッチマー（相場均訳）『体格と性格』（文光堂、1960年、原著1921年）。疾病と非疾病を峻別するハイデルベルク学派に対し、クレッチマーは体質・気質と疾病の間にゆるやかな移行ないし連続性があるとし、分裂病には分裂気質が、うつ病には循環気質が各々対応するという。

　クレッチマーは精神病に対する了解関連的見方を打ち出した処女作『敏感関係妄想』（初版1918年）から上掲『体格と性格』や『ヒステリー』（初版1922年）を経て、精神と身体を統合する壮大な多次元診断を構想した。

　これに対し、下田は我国の躁うつ病者に対する臨床経験から、少くとも我国の患者については循環気質との直接的関連は無いとし、特有な病前気質を執着性気質と呼んだ。下田の知見は臨床的な卓見であると言われる。

16 下田に対する丸井の学会発言は精神神経学雑誌44巻6号（1940年）。

17 Ambivalenz. 両価性と訳される。同一の対象に対する愛と憎のように、相反する心的傾向、感情、態度が同時に存在すること。E. Bleuer が統合失調症の概念を提唱した名著（飯田真＝下坂幸三＝保崎秀夫＝安永浩訳）『早発性痴呆または精神分裂病群』（医学書院、1974年、原著1911年）において〈自閉〉とともに分裂病の心的特徴の一表現として用いた。

　少し横道に逸れるが、次のエピソードは興味深い。1921年にビンスワンガーが論文をブロイラーとフロイト両名に献呈した際のフロイトの同年6月23日付返信は「ブロイラーと私の名前を並べていただいて光栄だと申し上げるべきかもしれません。しかし私としては、ブロイラーが深層心理の探究を途中で放棄し、独善的なアンビバレンツの概念を作って私の不評を買った事実を忘れることはできません」（L・ビンスワンガー〔竹内直治・竹内光子訳〕『フロイトへの道――精神分析から現存在分析へ』（岩崎学術出版社、1969年、原著1956年）。また、同書は1910年2月のゼミナールにおけるフロイトの発言とビンスワンガーの感想を次のように伝える。曰く「フロイトの次の言葉は非常に思慮深い示唆に富んだ言葉であった。〈我々は一方では自我と意識過程を、他方では無意識と性本能過程を同時に考えるという習慣を身につけていないのです。〉この同時に考えるという要求こそ、意外にもフロイトが真の哲学的天分の持ち主であることを示していた。しかし、フロイト自身はそれに気づいていなかった。むしろ彼は哲学に暗い素人と同じように、哲学的とか哲学とかいうものを、究極的事物に関する純粋思弁の意味に受けとっていた」。また1917年8月のビンスワンガー宛私信には「あなたは無意識というものをどうしようとされるのでしょうか。むしろ無意識などなくてすませるとお考えになっているのでしょうか。とうとうあなたまでが哲学という悪魔の手中に落ちてしま

われたのでしょうか」。

これはフロイトの哲学嫌いの本領を伝えて楽しいが、対立するもの・矛盾するものの同時性ということは人間存在の根本にかかわることではなかろうか。我々は矛盾の中に生き、我々自身が矛盾を体現しているのであり、このことは古今東西の哲学の教えるところである。そうでなければ、例えばヘーゲルの自己疎外的精神も、マルキシズムの階級的矛盾も、西田哲学の絶対矛盾的自己同一も、鈴木禅学の即非の論理も理解に由ないであろう。フロイトはアンビバレンツの概念を、神経症者において表面（意識）に現われた心的傾向と対立するものが裏面（無意識）に存在する現象に転用したのであるが、この場合にも表裏の同時性が当然の前提とされている。丸井にあっては、これらのことが分らなかったのであろうか。いずれにせよ、丸井はアンビバレンツにおける同時性ということを解さず、下田に対しピント外れの論争を挑んでいるのであるが、これによれば同人の（ブロイラーは勿論）フロイト理解にも疑問を覚えるのは私一人ではなかろう。

なお、ビンスワンガーはチューリッヒでブロイラーとユングに学び、その後フロイトとも生涯の友情を交わした人。フッサールの現象学、ハイデガーの実存哲学を取り入れ、哲学的精神分析ともいうべき〈現存在分析〉を構想した。

18 下田光造「躁うつ病の病前性格について――丸井教授の質疑に対して」精神神経学雑誌45巻1号（1941年）。

19 H・テレンバッハ（木村敏訳）『メランコリー〔第3版〕』（みすず書房、1978年、原著1976年）。

なお、下田は執着気質を操うつ病の病前気質と考えたが、テレンバッハはメランコリー親和型をメランコリー（うつ病）についてのみ考えており、両者の見解が全き同一という訳ではない。

20 山上・前掲注6論文。

21 山上・前掲注6論文。

22 東奥日報・前掲注2新聞記事。

第7章 帝銀事件被告人平沢貞通の精神鑑定

1 私は、司法精神医学が法手続に寄与すべき多くのものを持ちながら、我々がこれを充分活用していないと信ずるとともに、司法精神医学の誤用による誤判の防止のためにも、我々がこれを学ぶ必要があると思う者である[1]。

これまでにも精神鑑定の誤用が証明された事例は少なくないが、帝銀事件における内村・吉益鑑定[2]もそれが疑われる事例の一つであると思われる。

私は本件の裁判には関与したことがないが、今般平沢の訃報に接したことを機縁として、これにふれたいと思う。固より、本件においては平沢が真犯人であるか否かについて基本的な争いがあり、これは精神鑑定の枠を越える問題であること勿論である。ただ、私自身は事件の証拠を検討したことがないので、右の基本的争点については何も語る資格がない[3]。従って、この小稿のテーマも精神鑑定の問題に限定されるが、内村・吉益鑑定が犯行当時の責任能力にとどまらず、自白の信用性について踏み込んだ意見を述べているので、これに関連して事実認定のあり方に言及することは許されるであろう。

2 本鑑定は一審において弁護人申請によって行なわれた。鑑定事項は、
(1) 本件各犯罪発生の当時
　①1947（昭和22）年10月14日（安田銀行荏原支店における強盗殺人未遂）
　②同年11月25日（詐欺）
　③同年12月中（私文書偽造行使・詐欺未遂）
　④1948（昭和23）年1月19日（三菱銀行中井支店における強盗殺人予備）
　⑤同年1月26日（帝国銀行椎名町支店における強盗殺人）
(2) 被告人が検事に本件強盗殺人の犯行を自白した当時（1948〔昭和23〕年9月・10月）
(3) 被告人が催眠術が醒めたと称する当時（同年11月18日）
(4) 本件公判当時（1948〔昭和23〕年12月20日より現在まで）
上記各時期における被告人の精神状態に異常があったかどうか、若し異常ありとせばその程度、
とされており、弁護団としても平沢の特異な供述態度に困惑し、責任能力の否定あるいは限定による刑の減免よりも、自白の非任意性・非信用性の立証を意

図して本鑑定申請に及んだものと想像される（弁護団は平沢が無実であると主張していたし、主任弁護人の山田義雄弁護士はこれを確信していたと伝えられている）。

　平沢は事件の23年前（34歳当時）に狂犬病予防接種を受け、その後約1年に亘って重い脳疾患の症状（コルサコフ症候群）[4]を示していた。ところが、本鑑定が行なわれている間に、たまたま内村ら[5]によって同様の症状を示す患者が発見され、それが狂犬病ワクチンに対する中枢神経系の反応によって生じた脱髄現象によるものであることが証明され、また本鑑定によって平沢もこの疾患に罹患していたことが明らかにされた。内村らの発見は学問的にも貴重なものであり、優れた業績として世界的評価を受けている。

3　内村・吉益は鑑定主文として次のとおり述べた。
(1)　本件発生当時すなわち、①1947（昭和22）年10月14日、②同年11月25日、③同年12月、④1948（昭和23）年1月19日、⑤同年1月26日における被告人の精神状態は、1925（大正14）年に受けた狂犬病予防注射によって起った脳疾患の影響による異常性格の状態で、その特徴は顕揚性ならびに発揚性精神病質に相当するもので、その最も前景に立つ現象は欺瞞虚言癖と空想性虚言症である。但しその程度は自己を統御する能力の著しく減退した状態と言えるほど高度のものではなかった。
(2)　被告人が検事に本件強盗殺人の犯行を自白した当時（1948〔昭和23〕年9月・10月）の精神状態は、被告人の異常性格である欺瞞癖と空想性虚言症とが一層誇張された形で示されていた以外には、平素の状態と大差のない精神状態であったし、殊に自白が催眠術下になされたことを証明すべき何等の根拠はない。また自白の真実性については、これを被告人の性格に照らして、精神医学的立場のみからは決定的判断が困難である。
(3)　被告人が催眠術が醒めたと称する当時（同年11月18日）の精神状態は、(2)において述べたと大体同様の精神状態であったと思量する。
(4)　本件公判当時（1948〔昭和23〕年12月20日より現在まで）の精神状態は、(2)および(3)において判断された精神状態と大体同様のものである。この期間中に仮性幻覚または妄想を想わせる病的着想を示すことがあったが、これは軽い拘禁反応と見做されるべきであり、且つその程度は自己を弁護する能力に支障を与える程のものではない。

4 右鑑定は下記の点において検討の余地があろう。

(1) 鑑定人らは平沢の特異な人格が狂犬病ワクチンによる脳の脱髄の後遺症として形成されたものであり、その最も前景に立つ現象を病的虚言症であるとしながらも、「空想虚言症の要素が強ければ強いほど、前に述べた可能性（注：虚偽の自白の可能性）があるのに、その性格内に欺瞞癖が多分に併存すれば、この人は同時に利害にも敏感であるから、自己に不利である無実の自白をする可能性の極めて低いことが当然考えられるし、また等しく空想虚言症であっても、壮年に赴くほど現実的生活態度は強められることも心理学的事実として考えられる。そしてこの二点は、鑑定人等が被告人の性格全般を通観して印象づけられたところなのである。……自白時の全般的状況と被告人の利己的欺瞞癖とを考慮すると、この自白には空想虚言者の単なる虚偽の所産とは考えられぬものがあるとの感を深くしたのである」と述べているが、この記載は鑑定事項を逸脱していないのであろうか。

(2) 次に、平沢の人格変化が狂犬病ワクチンによる脳の器質的疾患によると認めながら、責任能力が限定される程高度のものではないとするが、この意見は妥当であろうか。右の疑問は本鑑定書を検討したものにとって等しく感じられるところと思われるのであるが、裁判所は右鑑定意見を採用して完全責任能力を認定し、死刑を宣告した。判決は自白の真実性に関する上記(1)の説明には特にふれていないけれども、有罪の心証を形成するうえで、事実上相当の影響をあたえたであろうことは想像に難くない。

　右鑑定は既に吉田・西山[6]をはじめ多くの批判を受けているが、私も(2)の論点については心神耗弱が相当であり、(1)は鑑定事項を逸脱するものと言わざるをえないと考える。以下に少しく詳しく検討しよう。

5　責任能力について

(1) 完全責任能力を主張する本鑑定意見に対しては、既に種々の批判がなされているが、私は右に対する最大の批判は右鑑定書自体が蔵していると考える。即ち、右鑑定の結論（鑑定主文）は完全責任能力を主張するけれども、鑑定書中の既応歴・現在症等の事実記載は、平沢において生じた重篤な脳疾患とそれによる深刻な人格変化を余すところなく説明している（なお、春原の前記論文は6名の死亡例と平沢を含む32名の後遺症例を追跡調査し、平沢を人格変化が著しく、社会的適応性を欠き、それが病後30年を経過した今日まで変ることなく続いている症例としてまとめている）のであって、してみれば責任能力の生物学的要素

においても、また、心理学的要素のうち主として制御能力の面においても著しい限定が認められ、心神耗弱と考えることが自然であろう。私は本鑑定が自己矛盾を蔵していると考える。それでは何故そのような矛盾が生じたか。ここで誰もが考えることは、本鑑定が2名の共同でなされたこととの関連であろう。共同鑑定人のうち内村はその後も本鑑定に言及して、自らこれを擁護しているが[7]、吉益は、（私の知る限り）この問題について全く発言していない。私は、吉益が真に本鑑定の結論に同調したのであろうか、との疑問を禁じ得ないのである。

(2)　本鑑定については、宮城が鑑定直後から批判を加えており[8]、また白木も脳病理学の立場から本鑑定の問題性を指摘して再鑑定すべき旨の意見書を提出しているほか[9]、吉田・西山の前記論文も責任能力の減免を主張し、（内村・吉益鑑定で鑑定助手をつとめた）中田[10]は内村と吉田・西山の意見対立を評して「この二つの見解のいずれが正しいかは存在科学的立場からは解答は困難であると思う。われわれは今後のなりゆきを見守りたいと思う」と述べて結論を留保しているが、中田の右見解によっても吉田・西山の批判に少なくとも五分五分の正当性が認められると言うべきであり、そうとすれば刑事裁判上は被告人の有利に判断されなければならないはずである。

(3)　私は本鑑定書を一読して以来以上の疑問を抱き続けてきたのであるが、秋元の近著における本鑑定批判は私の疑問とほぼ同趣旨であり、私としては大変意を強くした。曰く「私がこの事件に疑問を感じるようになったのは、内村と吉益の精神鑑定書が精神神経学雑誌に発表され、被告人が内村の発見である狂犬病予防ワクチン接種後脱髄脳炎の罹患者であることを知ってからである。……不可逆的かつ重篤な脳組織の破壊を生じ、その結果不可逆的かつ深刻な精神障害を残すことが明らかとなった以上この大変な病気の罹患者が「犯罪」の責任を問われて死刑に処せられるといいうのはどう考えても納得のいかないことであった。………私はまことに内村のお説の通りだと思う。しかし、それは脳疾患罹患後の精神状態や行動が厳密な臨床的観察及び検索によって病前と比較して著しい変化がないことが確認された場合に限られる」[11]。

6　鑑定のあり方について

　自白の真実性（即ち、平沢が犯人か否か）について検討することは本稿の目的ではないが、平沢の疾患が病的虚言を内容とする以上、鑑定内容が自白の任意性・信用性の判断に影響を及ぼすことは避け難いところであろう。秋元前掲書

は「平沢が真犯人ではないのではないかと私が考えたもう一つの理由は、彼が罹患している脳疾患後遺症の精神病理学的特徴である。私の臨床経験では、空想虚言、あるいは病的欺瞞といわれる人たちには現実的危機を空想的虚構に逃避することによって回避するというヒステリー性防衛機構が共通して認められ、従って彼らの行動には緻密な計画、計算、一貫性、なかんずく攻撃性や惨酷性を欠いているのが大きな特徴である。……平沢という人が病的虚言症にひとしい状態にあったとすれば、およそこのような計画犯罪の犯人像とは結びつきにくい精神状態なのである」と述べている。これに対し本鑑定書の記載は前述のとおりであるが、固より鑑定人が被告人をして真犯人であると信ずること自体はやむをえないことであるが、鑑定事項たる「自白当時の精神状態」にとどまらず、自白の真実性自体に関する主観的印象を述べることは（吉田・西山が強く批判するように）鑑定事項を逸脱したと言わざるをえない。但し、このことは、我々も自白の非任意性・非信用性を立証する目的で鑑定を求めることは本件に見られるような危険と隣接していることを自覚すべき旨を教えているし、また鑑定事項も自白時の精神状態の医学的検討（幻覚・妄想や意識障害の有無等）に限定すべく、双方が自制すべきであろうと思う（自白の真実性の評価は訴因の認定に直接的効果を与えるため、責任能力に関する意見を述べることとは同一に論じられないだろう。但し、自白当時の精神の病理性が任意性と両立しなかったり、自白内容と符合せず信用性が否定される場合のあることは別論である）。

7　私が本件精神鑑定について最も興味をひかれるのは、内村・吉益に対する批判が（宮城は別として）鑑定人らの教室の弟子など身近な人達によってなされてきたことである。例えば白木は内村の直弟子で前記疾患の共同発見者であるし、秋元も内村の直弟子で内村の後任として東大精神医学教室教授を勤めた人であり、吉田・西山もこの教室の孫弟子に該る由である。この鑑定が謂わば身内の弟子達によって厳しく批判されているに対し、これを擁護する意見が全く聞かれないのである。これは誠に稀なことであると言わなければならない。前記疾患を身近に知る医師たちにとって、平沢の死刑を放置することが正義に反すると感じられた故ではないかと思われるのである。

【注】

1 ここに誤用とは、単なる誤診とか、単に責任能力に関する参考意見が妥当性を欠いたという例ではなく、鑑定のあり方に刑訴法の理念を逸脱するものがあり、それが誤判の一原因になったという趣旨である。かかるものの代表的事例として弘前事件につき、青木正芳「いわゆる弘前事件における丸井鑑定について」精神神経学雑誌82巻（1980年）694頁以下、塚崎直樹「弘前事件における丸井鑑定の批判」同83巻（1981年）109頁以下。島田事件につき、日本臨床心理学会精神鑑定問題検討小委員会「赤堀裁判における精神鑑定書批判」臨床心理研究14巻2号（1979年）、「赤堀裁判に関する資料（そのⅠ・そのⅡ）」精神神経学雑誌81巻（1979年）233頁以下および同巻357頁以下。

　なお、近時の新聞報道によると、鑑定人が再審請求審の裁判所にかつての鑑定書の撤回を上申したという（1986〔昭和61〕年5月22日読売）。

　精神鑑定によって取調の違法ないし自白の非任意性がほぼ証明された事例として、昭和10年の第二次大本教弾圧事件の被告人のうち出口日出麿につき、内村祐之＝吉益脩夫監修『日本の精神鑑定』（みすず書房、1973年）所収の三浦百重鑑定、池田昭編『大本史料集成(Ⅲ)事件編』(三一書房、1985年)、出口栄二『大本教事件』(三一新書、1970年)。

2 内村祐之（東大精神医学教室教授）・吉益脩夫（同脳研究所教授）の共同作成にかかる平沢の精神鑑定書。本鑑定書は1950（昭和25年）3月20日一審の東京地裁に提出されているが、精神神経学雑誌59巻5号（1957年）に全文が、内村＝吉益監修・前掲注1『日本の精神鑑定』に主要部分が各掲載されている。なお、両鑑定人はいずれも当時の学会の水準を代表する最高権威者である。

3 本件記録中、私が一読する機会を与えられたものは以下のものに限られ、上述鑑定書は別論として、証拠類は含まれていない。

　一審判決（東京地判昭25・7・24）、二審判決（東京高判昭26・9・29）、上告審判決（最判昭30・4・6）。いずれも刑集9巻4号663頁以下。

　高木一検事の一審論告（法務府検務局編『帝銀事件における検事の論告（検察資料9）』〔1950年〕）、正木亮弁護人の一審弁論（正木亮『死刑』〔日本評論社、1964年〕）。

　被告人の上告趣意書（昭30・4集刑104号）。

　第3次再審棄却決定（東京高決昭34・1・31判時176号）、第10次ないし12次再審棄却決定（東京高決昭40・3・11判時402号）、第17次再審棄却決定（東京高決昭61・9・10判時1211号）。

　帝銀事件を論じた文献のうち、精神鑑定関係以外で参照しえたものは以下のとおりである。森川哲郎『獄中一万日──追跡帝銀事件』（図書出版社、1977年）、松本清張『小説帝銀事件』（講談社文庫、1980年）、同『日本の黒い霧』（文藝春秋新社、1961年）、青地晨『冤罪の恐怖』（現代教養文庫、1975年）、ウイリアム・トリプレット（西岡公訳）『帝銀事件の真実』（講談社、1987年）、轍寅次郎『追跡・帝銀事件』（晩声社、1981年）。

　以上はいずれも興味深いものであるが、トリプレットは占領軍が米国に持ち去った捜査資料の一部を紹介し、轍は事件当時の平沢の身辺を取り巻く人間たちを調査したもの。轍によると、本件は複数犯によってなされ、そのグループは米軍関係者を含み、平沢は犯人グループの一員ではあるが主犯ではなく、狭義の帝銀事件の実行犯でもないという。

私はこのような説の真偽を判断すべき何の資料も持たないが、ただ感じることは、本件には公判未提出の証拠が多数残されており、これを開示することが裁判の出発点でなければならぬのに、本件ではこれを欠いていたのではないかということである。

4 Korsakov, S.（池田久男訳）「Eine psychische Störung combiniert mit multiple Neuritis」精神医学16巻7・8号（1974年、原著1889年）。

5 内村祐之＝白木博次＝春原千秋「脱髄性脳脊髄炎の病理およびその発生機序——狂犬病予防ワクチンの予防接種による脳脊髄炎を中心として」精神神経学雑誌56巻10号（1955年）、春原千秋「狂犬病予防注射による脳炎の精神障害について」同58巻6号（1956年）。

6 吉田哲雄＝西山詮「脳器質患者の刑事責任能力について——狂犬病予防注射による脳炎後の1例に関する内村・吉益鑑定の批判を含めて」精神神経学雑誌74巻1号（1972年）は内村・吉益の本鑑定が「第一にそれが専門家としての任務を果たしていないという点において、第二にそれが専門家としての任務を越えているという点において、重大な誤りを犯している」と厳しく批判している。

7 内村祐之『わが歩みし精神医学の道』（みすず書房、1968年）305頁以下。

8 宮城音弥『人間の心を探究する』（岩波新書、1977年）にその経緯が紹介されている。

9 森川・前掲注3『獄中一万日』による。なお、白木博次ほか『脳を守ろう』（岩波新書、1968年）参照。

10 中田修ほか編『司法精神医学（現代精神医学大系〔24〕）』（中山書店、1976年）。

11 秋元波留夫『迷彩の道標——評伝/日本の精神医療』（NOVA出版、1985年）。

【追記】

1 本稿にも記したとおり、本稿執筆時、筆者が読んだものは公刊物に限られていた。しかるに、筆者はその後再審請求弁護団に参加したので、現在では確定事件記録を読んでおり、現在では平沢は帝銀事件に関して無実であったと考えている。

2 再審請求の主要な論点はいくつかあるが、一つは毒物の問題である。確定判決はそれが青酸カリであったとしているが、そうとすれば本件の被害者らが倒れるに至る時間的経過の長さや状況が青酸カリ中毒死の多くの事例と合致しない。また、死亡被害者12名中6名を剖検した慶応大法医教室では死体血中の青酸濃度を測定しているが（他の6名を剖検した東大法医教室では測定していない）、その数値が青酸カリ中毒死の多くの事例に比して高すぎるという疑問がある。一般的知見としての致死濃度の10倍以上なのである。

毒物に関する疑問は裁判当時から指摘されていたところであり、青酸カリや青酸ナトリウムなどの無機青酸ではなく、旧日本軍が開発した人工的合成化学

物質アセトンシアンヒドリンであると主張する者もあった。また、近時においては天然の植物（例えばバラ科の植物の種子など）に含まれる青酸配当体であった可能性を指摘する声もある。いずれにしても、人工的合成物であるか、天然の物質であるかは格別、本件の毒物は青酸カリであるよりも何らかのシアノゲン（通常の条件下では安定であるのに、特定の条件下では分解して青酸を発生する物質の総称）であったと考えた方が、第1薬と第2薬を使用した本件の犯行状況をよく説明するし、死体血中青酸濃度の高さとも調和する。また、被害者らが倒れた状況とも調和することになる。青酸カリを経口で服用した場合には胃内の酸性下で青酸ガスとなり、胃粘膜から吸収されるとともに、青酸ガスが食道に逆流して肺に達し即死することになるが、第1薬がシアノゲンであった場合には第2薬と反応して青酸を発生することになるので、それは腸管に達した後になり、従って青酸は門脈を経て肝臓に達し、全身の血管に廻ることになるため、若干の時間を要するとともに死後血中濃度も高くなる訳である。

3　他の論点である目撃証言の評価と自白の信用性について心理学的研究がなされており、再審請求審に提出された鑑定書の要旨を公刊した浜田寿美男『もうひとつの「帝銀事件」』（講談社選書メチエ、2016年）を見ても、本件の自白が虚偽自白であったことが説得的に論証されている。

4　本稿との関連で重要なことは重症のコルサコフ症に罹患していた平沢の脳の評価とそれが本件発生当時と自白当時の平沢の精神状態とどのように関連するかということである。

　本件発生当時とは平沢が真犯人であると仮定した場合に問題になることであるが、責任能力に重大な疑義のあることは本稿に述べたとおりである。

　しかし、本件で重要なのは責任能力の問題ではない。平沢の脳病理が自白任意性と信用性に及ぼす影響である。とくに平沢は公判において催眠術にかけられたと主張しており、それが意図的な催眠でないとしても、自白時の特異な精神状態ゆえに自白後に催眠状態から醒めたと考えたことも十分ありうるからである。

　平沢の死後脳は剖検されているが（松下正明「帝銀事件」松下ほか編『司法精神医学(6)』〔中山書店、2006年〕参照）、脳病理と精神病理の関連を解明することは本件に残された課題である。

第7章　帝銀事件被告人平沢貞通の精神鑑定 | 161

第 **3** 部

自白の
精神病理学的
批判

第8章　拘禁反応下の自白

1　我国における刑事弁護、特に冤罪事件の弁護が、多くの場合不任意自白・虚偽自白との闘いを意味することは全く説明不要であろう。かかる自白の多くは被拘禁下においてなされ、例外的に非拘禁下においてかかる自白がなされた場合にも、ほぼ拘禁に近い客観的状況もしくは被疑者における精神薄弱や社会的無知のため主観的には被拘禁状況と同様の心理状態が認められることが一般である（逮捕前であっても、任意同行の実質的態様が逮捕に近かったり、警察署内での取調が長時間に及んだり、自白しないと帰さないと言われたり、自白しないと本当に帰して貰えないと誤解する等の事例は少なくない。私の担当した窃盗被告事件[1]はかかる事例であるが、近時のいわゆる山下事件[2]も同様のようである）。

　かかる問題はこれまでにも繰り返し論じられ、弁護士にとっては常識に属する事柄であるが、少なからぬ裁判官の間においては〈たとえ勾留されても、また多少の誘導があったとしても、人は軽々に虚偽の自白などするはずがない、他に特別の事情がなければ、任意かつ真実の自白であると認めることが妥当である〉との誤った観念が未だ克服されないようであり、判決中にその旨を堂々と記載している例すらある（例えば、松川事件第一次控訴審判決[3]・鹿児島ホステス殺人事件控訴審判決[4]）。

　このような刑事司法の病弊を根本的に改めるためには、代用監獄を廃止し、法曹一元化のもとに判・検事が豊かな弁護体験を持ち、また全ての法律家が被拘禁状況を体験して自ら被疑者の心理を知る必要があるであろうが（なお、志願囚の如きは真の体験とは言えず、不完全なものではあるが、無意味ではない。後述の模擬刑務所実験もかかる意味で参考になる）、現状においては、我々がかかる自白の心理をより深く理解し、これを法廷に生かしてゆくの外はないであろう。本稿は医学・心理学上の知見を援用して右問題を考えるためのささやかな試みであるが、被拘禁下の被疑者は不安定な心理状態を避けられず、それが拘禁反応と呼ばれる程度に達するときは防御能力を失い、自白の任意性を否定すべきことが少なくないように思われる。

2　拘禁反応[5]とは拘禁状況から心因性ないし状況因性に生ずる精神障害の総称であるが、その症状は多彩で、古くから多くの分類の試みがなされている。

而して、文献例の多くは既決囚もしくは未決囚でも起訴後の症例に関するものであり、本稿との関連において重要な逮捕・勾留直後の初期反応に関する研究はあまり多くはない。ただ、右に関しても幾つかの医学的知見や心理学的実験結果が報告されており、また、ナチス・ドイツ支配下の強制収容所、戦前の我国における治安維持法違反等の思想犯弾圧もしくは第二次大戦後の中国でなされたと伝えられる洗脳等の不幸な経験は我々の問題についても貴重な示唆を与えてくれるように思われる。更に、拘禁反応は心因的に生ずるものであるが、拘禁による精神的ストレスは身体にも生理学的変化を及ぼさずにはおかぬのであり、心身両面からの理解が不可欠であると思われる。

3　先ず、精神的ストレスの身体的意味について検討しよう。我々は常識的にこのことを知っており、昔から〈驚いて腰をぬかす〉とか〈恐怖で一夜にして髪が真白になる〉事実を承認してきたと思われるが、この問題を体系的に研究した最初の人は(私の知る限り)ダーウィン[6]である。彼は種々の情動が(人間を含む)動物に与える表情と肉体的変化を詳しく観察し、例えば恐怖のさい「心臓の鼓動は迅速激烈で、肋骨を波立たせ或は之に打突かる……皮膚は失神の初期のように直ちに蒼白となる……皮膚が非常に影響されることは直後に汗が滲み出るあの不思議な有様でも判る……心臓の働きの妨碍と関連して呼吸は促進され……唾液腺の働きは不完全となり、口は渇き、屢々開閉する……最も顕著な徴候の一つは全身の筋肉の震顫である」こと等を記述しているが、後述の症例を理解するための基本的な視点を与えるものと言える。

　次に精神的ストレスが如何に迅速かつ深刻な身体的変化をもたらすものであるかを示す最近の症例を紹介しよう。

【ストレス性消化器潰瘍——並木の報告例[7]】
「ある町の教育委員長が川で鮭の密漁をしていたところ、川岸にパトロールの車が来たため、反対側の川岸に逃げ、舟のロープを手にして首から上を水面に出して様子を窺っていた。立場上、見つかっては大変と必死の思いであった。すると2時間位して心窩部に痛みを覚え、それがだんだん増強し、ついに我慢しきれなくなったため、意を決して岸辺に這い上り、近くの病院にかけこんだ……ガストロファイバースコープで見たところ、胃体部、胃角部および幽門部にかけて、かなり広範囲にすさまじい出血性エロジオンと粘膜出血を認めた。……この症例は、筆者らがサルを用いて行

第8章　拘禁反応下の自白　165

なった拘束水浸によるストレス実験を、期せずして人間が行なってくれた
ようなものである。尤も不安・緊張、罪悪感といった精神的ストレスのほ
かに、水につかるといった寒冷ストレスも加わってはいるが、なんといっ
てもこの場合の潰瘍発生には精神的ストレスが大きな影響をもたらしたも
のと思う」。

　また、並木[8]は、他にも、夫が収賄事件で逮捕されるという不測の事態
がおこり、参考人としての取調中に胃痛と嘔気をもよおし間もなく吐血し
た43才の主婦、娘が結婚式の前日自殺するという事件が起こった夜半か
ら激しい胃痛・嘔吐があり、翌朝胃潰瘍を認めた54才の婦人、団交の席
上、緊張と恐怖から胃痛・嘔気を訴えて吐血した49才と53才男性の各大
学教授など多数のストレス潰瘍を紹介したうえ、「日常たんに胃痙攣とし
てすまされている患者や、一方ではなにか精神的要因が強く感じられると
ヒステリーなどとして片づけられているもののなかに、実際にはこのよう
な急性の潰瘍性変化がさっと現われ、そして気づかれずに消えていってい
る例があるのではないか」と述べているが、我々にも重要な示唆を与える
ものと言える。並木は専門の消化器疾患についてのみ記述しているが、ス
トレスの影響は(ダーウィンも述べるように)全身のあらゆる器官に及びうる
うえ、右の理は被拘禁下の被疑者にも妥当し、従って逮捕・勾留後の比較
的短期間にストレス性の病変が生じながら看過されている可能性を教える
からである。かかる病変による苦痛は肉体的拷問にも類比され、被疑者は
防御能力を失い、その自白は任意性を失うことが多いであろう。また、こ
のような病変には至らないとしても、拘禁による精神的ストレスがしばし
ば相当高度の肉体的苦痛を伴うものであることを知る必要があると思われ
る。

4　次に拘禁の精神病理学的意味合いについて検討しよう。被拘禁下の被疑
者、特に無実の罪で逮捕・勾留された者の心理はどのようなものであろう。私
は、その核心は驚愕と不安・恐怖であると言ってよいと思う(キルケゴール[9]や
ハイデガー[10]のように不安について思索した哲学者は不安と恐怖の分離を真剣に考え
る傾向があり、現代心理学も具体的対象のある恐怖とそれの無い不安を区別するこ
とが一般的であるが、本稿では両者を一括して扱う)。

　それでは驚愕とか不安・恐怖は人間に如何なる影響を与えるであろうか。次
の事例は拘禁によらない一般的な心因反応であるが、右を考えるうえで参考と

なる。

【事例Ⅰ・E——野村の報告例[11]】

「二七歳ノ中華民国人。昭和七年三月上海事変勃発ヲ機会ニ発病ス。従来温順、真面目。三月三日挙動急変、即チ己ノ持物ヲ整理シ始メ落着カズ、夜間大声ヲ発シ、不眠、頭ヲ壁ニ打チツケ器物ヲ破壊ス……翌日入院……濱口サン！ト歌ノ如ク繰返シ唱歌ノ如ク叫ブ。濱口首相当時ハ日支関係円満良好ナルヲ思ヒ、因テ上述ノ独語ヲ発セシモノノ如シ。約二週間ハ運動性不安続キ幻聴モアリ、三拝九拝スル如キ挙動ヲ常同的ニ示セシモ、後沈静ニ向ヒ、問診ニハ答ヘシモ、一週間後ニ至リ興奮状トナリ、散乱性独語（音誦様）、不安、多動ノママ退院ス……本例ハ発病急激ニシテ、誘因トシテハ感動、殊ニ上海事変ニヨリテ郷里ニ残セシ妻子ノ身上ヲ焦慮スル不安ニ基キ発病セシモノノ如ク、其症状ハ興奮状ニシテ、一見緊張病様ニ見エタルモノナリ」。

　この症例は不安・恐怖が極く短時間をもって人間に異常心理を生ぜしむることを教えており、また家族の身上に関する焦慮は拘禁された被疑者が等しく経験するものであり参考となろう。

　それでは、かかる不安発作や驚愕反応と理性的・熟慮的行動との間には如何なる関係があるであろうか。これにつき最も優れた知見を提供したクレッチマー[12]は次のように述べる。少し長いが引用しよう。「もし一人の乙女が望まない結婚を強いられたならば、彼女にはこれを逃れる二つの道がある。すなわち彼女は計画と熟慮をめくらし……終にその目的を達する。そうでなければ彼女は或る日突然卒倒して痙攣的に打ち、或は震え、或は急動し、或は転倒し、かかる運動を求婚者から逃れるまで繰り返して止めない。……これが二つの道である。前者は殆んど人類だけに特有なものであるが、後者は単細胞動物から人間に至るまで全動物界を通じて見られる一つの顕著な生物学的反応である。一羽の鳥が室内に閉じこめられたときには、本能的に明るい場所へ向ってバタバタと右往左往に運動の嵐を発散し、偶然窓の隙から出られるまで、これを繰り返し発作的に反復する。……この運動乱発は生物が自身を脅やかし或は自身の生活遂行を妨げる境遇に対して行う代表的な反応である。……我々は如何なる条件の下に人間の生物学において運動乱発の反応様式を見出すだろうか。第一に恐慌、即ち過度に強い体験刺戟の影響の下にこれを見出す。過度に強い体

験刺戟は瞬間的に高等な精神的機能を麻痺し、その代りに系統発生的に一層古い調節を司るところの運動乱発が自動的に再び活動し出す。震災に際して群衆は閉じ込められた鳥と全く同様な振舞をする。……第二には運動乱発は小児に一層多く利用されている。……以上の二群、即ち恐怖と小児の身振りの中間に位するのがヒステリー性過動症状である。……ヒステリー反応はいわば地下道であり、地上の道は熟慮的な選択行為である。……ヒステリー反応は本能と同様に盲目強烈であって、しかも目的を追求するものである。……我々はヒステリー圏内において、しばしば理性的と本能的と両方の発動力の種々独得な混合を見る。……動物界に広く見られる本能行為の他の一つの大群は擬死反射(不動反射)を囲繞する一郡の現象である。動物のこの状態は生理学的に見た人間の催眠状態と本質的に同一であり、催眠様自発過程、例えば驚愕やヒステリーの際に見る昏迷や朦朧状態のようなものとも同一である。……人間の驚愕精神病と驚愕ヒステリーでは昏迷と同様にしばしば朦朧状態が見られる。主として擬死反射の感覚的側面すなわち身体的精神的外部刺戟の遮断である催眠様・睡眠＝夢幻様意識状態を具現するもので、本来の反応性睡眠状態であるナルコレプシーにまでなることもある」。

　また、ブラウン[13]はクレッチマーなどの影響のもとに三層からなる人格の層構造論を考えた。最も深い層は生物学的＝身体的層である(第Ⅰ層)。この上にある第Ⅱ層はすでに心的なものの領域に属するが、他方では生物学的なものと密接な関係を持つ、本能・欲動および情動の層である。規制されない無形式性・盲目性の故に盲目層と呼ばれる。最上層(第Ⅲ層)には知能・思考・意思などが属し、欲動や情動は規制され、熟慮によって決定されるので、分別層と呼ばれる。次にブラウンはこの層構造と意識とを組合わせて考えた。意識の最も明るい中心部を意識の眼、その周りの領域を意識の周辺、意識されない領域を無意識という。意識の眼は最上層にあり、ときに応じて縮小したり拡大したりしている。意識の周辺は眼の大きさの変化に応じて変化するが、分別層から盲目層に拡がり、その暗さは末梢にいくほど増加し、明確な限界なしに無意識に移行する。ブラウンはこの理論を心因反応に適用した。即ち心因反応では一般に下層が上層を支配し、人格の階級制度が無力化することになる。またどの層に起源をもつかによって心因反応の類型化を試みた。第一に、分別層の最上層にある意識の眼から発する詐病がある。第二に、意識の周辺で、分別層の下部から発する周辺性 ― 分別層因反応段階がある。これは願望・期待などから自己暗示によっておこった反応で、心因反応としては最も重要な型である。第三に、

体験が直ちに盲目層に働きかけ、原始的な生物学的機構を誘起したと考えられる生物学的＝盲目層因反応段階がある。勿論、これらが純粋な形でみられることは稀で、多くは様々な混合・移行の形でみられるという。

更に、中田[14]はクレッチマーやブラウンの右理論が概ね拘禁反応にも妥当することを認め「要するに拘禁性精神病は急性・慢性の驚愕・不安・期待等による諸反応から目的逃避反応を包含し、意識的な詐病へは全く明確な限界なく移行するものである。……以上の如き考察から、警察の留置場に於ては急性な驚愕反応がより多く見られるであろう。未決に於てはより亜急性の段階のものが見られ、目的逃避反応が多く見られる様になるであろう。既決に於ては拘禁性反応が急激に減少しより慢性の人格的反応が見られるであろう。未決が既決に比し堪え難いものである事は判決に対する不安が実に大きな精神的負担であるからである」と述べているが、右の指摘は重要である。

即ち、右の理から左の諸点が導かれるであろう。

① 被疑者が真犯人であれば格別、無実のときは、心の準備がないため、拘禁による驚愕・不安・恐怖反応が急激に同人を捉え易い。
② 逮捕・勾留の初期における程、右反応は急性かつ原始的・盲目的であり、詐病的要素が少ない。
③ また、初期における程反応が原始的・盲目的であって、クレッチマーの述べるように昏迷や朦朧状態などの意識障害や異常心理に陥る可能性が大きいが、精神医学的素養の乏しい捜査官がこれを正確に把握することは困難なことが多い（事例Ｔ・Ⅰ15のように、捜査官がある程度それに気付きながら、整然とした調書を作成してしまうこともある）。

そして、逮捕・勾留の初期が代用監獄において取調を受ける時期に合致することを考えれば、右の理は幾ら強調しても強調しすぎるということはないであろう[16]。

5 それでは、右の理は、人類が過去に経験した拘禁状況から得られた知見に照らし、支持されるであろうか。

以下に、最も過酷な拘禁状況であったと思われるナチス・ドイツ支配下の強制収容所体験を中心として、これを検討しよう（右強制収容所は史上にその類なき余りにも悲惨な拘禁状況であり、一般刑事司法手続を軽々に比較すべきでないこ

第8章　拘禁反応下の自白　169

とは当然であるが、普遍的な人間心理が極限的な形で表現されたこともまた事実であり、我々が向後の刑事司法のために教訓を酌み取ることは許されるであろう）。

フランクル[17]は自らアウシュヴィッツに収容された体験をもとに被収容者の心理的反応を三つの段階に区別した。即ち、収容所に収容される段階、本来の収容所生活の段階、収容からの解放の段階である。以下、私は本稿との関連で重要な収容直後の初期反応を中心として検討したい。「第一の段階はいわば収容ショックと名づけられるようなものによって特徴づけられている」。外界からの突然の遮断、一切の私物の剥奪、全ての人間的自由の喪失、先着収容者の大量殺戮や生存者の悲惨な状態を眼のあたりにして、かかる現実がまるで自分とは無関係であるかのように感じられる。フランクルはこれを表面的な人格分裂と呼んだ。「このように我々がまだ持つことのできた幻想は次から次へと消え失せて行った。しかし、今や我々の大部分を襲ったのは全く予期されないものであった。即ち捨鉢なユーモアであった。……他に、別の一つの感情が我々を支配し始めた。即ち好奇心だった」。言うまでもないと思うが、これは逆説的急性症状であり、現実に対する批判能力を殆ど失っている。直視するには現実は余りに過酷だからである。私はフランクルの「異常な状況においては異常な反応がまさに正常な行動である」という言葉に共感を覚えずにはいられない。

コーエン[18]も自らの被収容体験にもとづき次のように述べる。入所直後、抑留者がSS隊員に暴行される事件を目撃したさい、「この事件に対する私の反応は、明らかに私のパースナリティの分裂という形態をとって現われた。私は自分が何者であるかも忘れ、その事件が私とは全く無関係であるかのように感じた。私は、あたかも〈穴からのぞき見でもしようとしているかのように〉感じたのであった。……外界からの遮断というこの状態は急性離人症[19]とみなしてよいであろう」。そして、コーエンの観察で注目すべきは、「初期反応の性質は、その犠牲者がどのような心理的条件のもとに置かれていたかということによって決められた。犠牲者が自分の将来についてどのような考えを抱いていたかということが、初期反応の性質を決定する重要な要素となった」としていることである。即ち、彼のように収容所について予め心構えを持った少数の人々にとって「一応の予備知識があったとしても、自我がその意味をすばやく理解するには、現実はあまりにも恐ろしいものであった。そしてそこに急性離人症が生じたのである。私はこれを自我の防衛機制とみなしている」。他の人々にとっては「強制収容所やガス殺戮に関する全ての事柄が不意に意識の中に自覚され

るに至った。……意識はそれに対して何の準備もしていなかったのだ。この死の恐怖に対する反応が、恐怖症的反応であった」と述べ、予備知識のない大多数の人々は直接恐怖反応に陥ったとしている。

　人は、ここに逮捕された被疑者が真犯人である場合(もしくは犯人でなくとも、犯人と被害者に近い立場にあって事案の内容を察知している場合)と全く無関係である場合の差異を想起するであろう。津川[20]が松川事件に関し「身に覚えがあり、心の準備ができている人にとって逮捕拘留はさまでのショックでないが、無実の人が逮捕拘留された場合の精神状態について精神医学はもっと関心を持たなければならない」と述べた言葉もかかる意味において良く理解される。

　また、被収容者にみられた旺盛な食欲などの多幸的気分(コーエン)・捨鉢なユーモアや好奇心(フランクル)といった現象が被疑者に生じた場合、それが不安・恐怖反応の逆説的表現であることを我国の捜査官がどの程度理解するであろう。仮に理解したとせば、取調を控える場合と、それに乗じて自白調書の作成を急く場合のいずれが多いであろう。

6　拘禁状況ではないが、急性の恐怖・不安反応は戦場においてしばしば見られる現象である。第二次大戦の北アフリカ戦線でかかる患者を多数観察したグリンカーとスピーゲル[21]は恐怖のために完全に適応力を失った状態を恐慌反応と呼んだ。その一は戦慄の状態で、四肢に振戦、蒼白な表情、ものを言うこともできず、発作的に泣き笑いすることもある。急性の精神病の恐怖状態に似ており、統合失調症と誤診されることがある。他の型は無反応な昏迷 stupor の状態であるが、両者に本質的な差異はないであろう。そして彼らの報告で注目されるのは、かかる患者の多くに健忘が認められたことである。逆行性健忘の例もあるという。

　グリンカーとスピーゲルの観察はクレッチマーの知見とも概ね一致すると言えるだろう。ところで、起訴された被告人が起訴前の逮捕・勾留下の取調状況・自白状況を正確に想起できないことがあるが、(戦場に於ける程極端ではないまでも)不安・恐怖反応による健忘をきたした事例もあるのではないか。また、アルコール酩酊等の中毒状態でなくとも、事件に巻き込まれたさいの死の恐怖から右の如き完全健忘をきたし、正当防衛等の抗弁をなしえないこともありうると思われる。

7　続いて、急性の驚愕反応・恐怖反応に限らず、長期的拘禁の場合を含む、

拘禁状況における心理全般について検討しよう。次のような興味深い実験結果が報告されている。

【スタンフォード大学における模擬刑務所実験[22]】
　これは1973年にスタンフォード大学で行なわれた著名な実験である。この報告は自分が被験者であると想像して読むと面白い。期間は２週間で、応募者はクジ引きで囚人役か看守役かに割当てられ、日当が支払われる。
　次の日曜日、自宅にいるとパトカーがサイレンを鳴らしてやってきて逮捕され、身体検査をされたあと、警察署に運ばれて指紋を採られる。次に目隠しをされて大学の心理学実験室を改造した刑務所に送られる。ここで更に身体検査されたあと、囚人服・寝具・石けん・タオルを配給され、髪はナイロンのストッキングで被われる。囚人は名前では呼ばれず、囚人番号でのみ呼ばれる。さて、囚人は２週間後に、無事に実験を終えて出獄できるだろうか。－－結果は恐ろしいものであった。実験は６日間で打ち切らざるを得なかった。両方の被験者、特に囚人役に異常が見られるようになったためである。クジ引きで分けたのだから看守役と囚人役の性格・属性に差はないはずなのに、実験開始まもなく、看守は「侮辱的な権威的行動」をとるようになり、攻撃的になった。「驚くほど短い期間の間に、囚人と看守との間にはゆがんだ関係が発展した。最初の反乱が鎮圧された後、看守たちが日々攻撃を拡大するにつれて、囚人たちは受動的、次いで迎合的に反応するようになった。36時間もたたないうちに、最初の囚人が抑制できない号泣・激怒の発作・まとまりのない思考・重度の抑うつ症状の故に解放されねばならなかった。更に３人の囚人が同様の症状を起こし、連日、解放されねばならなかった。５人目の囚人は、仮出獄の訴えが模擬の仮出獄委員会から却下されたことをきっかけにして、身体中に心身症的発診を生じたとき、研究から解放された」。かくして、実験は６日間で終了した。
　この報告については解説を加えるまでもないであろうが、私が興味深く思うのは拘禁状況が短期間に権威と迎合の関係を造り出すことである。権威に対する迎合、権威との同一化は不安反応と表裏一体だからである。戦争神経症を研究したグリンカーとスピーゲル（前掲・注21）も、兵士達は自分の部隊と自己を同一視するとき、即ち部隊に自我を埋没させるとき、不

安の発生が少ないことに注目した。同一視がないとき、また戦闘によって部隊が潰滅に頻したとき、兵士達に激しい不安が発生したという。その意味で〈恐怖が危険に対する信号であるように、不安は破局に対する信号であり、不安のさいに人は破局から心理的に逃走する。即ち不安のさいには、人は権威と自己を同一視し、その不安を和らげるのである〉と主張する安田[23]や〈あらゆる種類のファシズムの根本的な支柱の一つは不安である〉と強調するゴールドシュタイン[24]に共感できるであろう。

8 拘禁下における不安反応としての権威への迎合・権威との同一化は、戦前の我国において多数の拘禁反応患者を出した治安維持法違反等の政治犯・思想犯にも認められるように思われる。これについては菊地[25]、吉益[26]、中と左座[27]、野村[28]らの研究が知られており[29]、中本[30]のように自ら発病体験を公表している人もいるが、最も詳しい報告をした野村によると1925(大正14)年ないし1933(昭和8)年の14年間に拘禁性精神病によって松沢病院に入院した患者30名中26名が思想犯であった。彼らに対する〈権威〉は直接的な弾圧者である警察権力・司法権力であるよりも、より抽象的な我国の家族制度であるとか醇風美俗の理念(究極的には天皇制)であることが多いが、過酷な拷問的取調を経て拘禁が長期化する中で、権威と一体化するとともに転向を余儀なくされたように見える[31]。

　前記各研究はいずれも長期拘禁後の入院の時点におけるものであるため、拘禁後間もなくの初期反応(おそらくは拷問等に対する恐怖反応)についての研究が脱落してしまったのではないかと思われるのであるが、(あるいは時代的制約の故に、その点は書けなかったのかもしれないが)右に報告された症状は目的逃避反応の色彩が強く、前述のクレッチマーらの知見がここにも妥当するように思われる。

9 拘禁心理については〈洗脳〉に関しても興味深い報告がなされている。第二次大戦後、特に朝鮮戦争の頃に、米国内で社会主義国家(主として中国)における洗脳に関する論述が多数公表された。当時の米国はマッカーシズムの吹き荒れた社会であり、そこで公表された資料や判断にかなり偏りがあることは否めないと思われるが、その点を考慮しても、なおかつ参考になる点がある。

　洗脳には個人的洗脳と集団的洗脳があるが、ここでは本稿に関連性の深い個人的洗脳について紹介する。米国の精神科医リフトン[32]は中国でスパイその

第8章　拘禁反応下の自白　173

他の理由で捕えられ、数年間抑留された後釈放された25名の欧米人(宗教家、教師、医師、実業家、学生など)について行った調査を報告した。「調査の対象となった抑留者は、多くは本人が納得できないようなスパイ行為などの理由で突然逮捕され、留置所に入れられて尋問官によって詳細な尋問を受ける。スパイ行為を行った覚えはないと答えても、尋問官はかくさずに全てを告白せよと繰り返すだけである。……このような長時間の尋問が最初の1～3カ月毎日続けられる。ほんの僅かな供述のくい違いも虚偽の供述として徹底的に追及されるので、抑留者は過度の緊張と強い不安状態に陥れられ、この苦しみからのがれるためには、実際には行なったことのない虚偽の犯罪事実を少しづつ自白して、尋問者の要求をみたそうとするようになる。……身体的衰弱も抑留者の抵抗を弱める。……精神的疲労と身体的衰弱とのため、抑留者の精神状態はしだいに混乱し、原始的な人格水準に落ち、外部からの暗示を受け易くなり、真実と仮装との境界が不明瞭になって、誘導されるままに多くの〈自白〉をするようになる。……単独で独房に隔離された場合には、特に精神的・身体的影響が強い。隔離の環境では、感覚遮断的要因[33]も加わって幻覚などの異常精神現象が生ずることもある。そのために自己の正常な判断力が失なわれそうになるので、これを防ぐために自分で暗算をしたり、手指を自ら絶えず動かしたりして知的並に身体的統一を保とうとしたという報告もある。……隔離状況に長い間おかれると、隔離による重圧から逃れようとして、誰とでもよいから人間関係を持ちたいと強く求めるようになる。自分を慰めてくれる人なら誰にでも依存しようという気持になってくる。精神的にも従順になり、被暗示性が高まり、ものごとの判断力、弁別力がかなり低下してくる。……このように抑留者が精神的破滅点に到達すると、突然尋問官の態度が変る。急にやさしい態度となり、それまでの手荒い扱いを詫び、全てを自白して協力すれば、待遇を改善しようといいだす。この戦術転換は極めて効果的であって、抑留者は尋問官の親切に感謝し、それまでの悲惨な境遇から逃れ出る唯一の途として、なんとか尋問者の要求に応じようと努力するようになる。……自白は、最初は実際に存在した〈人民の利益に反する〉些細な事実から出発するが、一度尋問者の気にいるように多少の色づけをした自白をし、これを毎日自分で繰り返して話していると、次第にその偽りが自分自身にとっても真実であったように思われ、自分が人民の立場に反する罪人であるように思われてくる。勿論、このような現実と虚偽との境界の不明瞭化は、全ての人にあらわれるわけではなく、偽りの自白を自ら信ずるようになる人もあるが、あくまで自分の意識的妥協であることを自覚し

ている意思強固な人もある」。

　右の報告を読みながら、ふと我国の代用監獄における取調についての記述と錯覚しそうな気分にならない人が果たしてどれ程いるであろう。若し、リフトンの報告が正確であるとすれば、我国の冤罪事件でしばしば報告される取調状況と殆ど同様ではないか。

10　リフトンの右報告は拘禁初期の急性反応よりも、拘禁と取調が継続する過程における被疑者の心身の変化に着目するもので、我国の判例で任意性を否定した事例もかかる観点に立つものが多い。勿論、その見方は誤りではないが、初期反応が急激に被疑者の人格を崩壊させるには至らない場合でも、それが基礎にあって徐々に亜急性の拘禁反応（目的逃避反応）に移行したと考えるべきでなかろうか。この場合、真犯人が重罰を免れたいとの心理からかかる症状に至る場合もありうるが、無実の者が取調の苦痛から逃れたいとの心理から同様の症状に陥る場合もあろう。ゼーリッヒ[34]はかかる自白を欲動的逃避的虚言と呼び、「警察においては、激しい苦痛を感じる訊問や手荒な取扱が続くのを免れるため、また時には―目的虚言への移行として―釈放されるためにも、犯行を自白することがある。同様、児童・少年、または心的に疲労して暗示され易くなっている成人も、威嚇と尋問者への暗示的隷属のため、特に拘禁の感銘のため、虚偽の自白に至るのである」と述べているが、威嚇・暗示的隷属・拘禁の感銘は原則として任意性を否定すると考えるべきであろう。ただ、かかる視点においても、拘禁後間もない時期の自白については任意性を（延いては信用性も）認める裁判例が多いのであるが、この場合も潜在的には急性の初期反応が被疑者を捉えている可能性を理解する必要がある。

　この点につき、帝人事件や所謂豚箱事件（木内前京都府知事事件）は参考になろう。いずれも、極めて社会的地位の高い被告人らが、肉体的拷問の事実もなく、逮捕後1、2日から次々と虚偽自白に陥っているのである。木内前知事を弁護した花井卓蔵[35]は「自自を強要された被告等の憤りは一変して怨みとなる。怨みは再変して悲しみとなる。悲しみは三変して恐怖となり憂慮となる。恐怖憂慮は四変して迎合となる。迎合は五変して終に虚偽の自白となる。……恐怖心は其性質に於て常に変態心理である。……恐怖心の襲来は心的不完全状態に伴うものであって、時としては之が為に心が朦朧状態となり、意思が狭窄せれ、時としては気が遠くなり、無意識状態に陥るのであります。本件の記録は変態心理の臨床的記録であると言っても誣言ではない」と述べ、帝人事件で大久保

銀行局長の特別弁護人となった穂積重遠[36]も「監獄の第一夜を鼾声雷の如く熟睡する度胸のなかったことを惜しみます。しかしそれは惜しむのであります。咎める訳には参りませぬ。それは非凡の大人物か稀代の大悪党でなくては出来ないことである。大久保如き平凡なる善人の企て及ばざる所であります。殊に眠れないということが大問題です」と述べている。いずれも興味深いが、殊に花井の変態心理論は隷眼であったと言えよう。

11　以上を要約すると、①拘禁による異常体験反応は、程度につき個人差はあるが、等しく被疑者を捉えるものであり、②右のうち慢性ないし亜急性の目的逃避反応よりも急性の驚愕反応あるいは恐怖・不安反応がより重要であり、かかる精神症状が出現する時期は代用監獄における取調の時期と合致すること、しかも症状が捜査官によって看過され易いこと、③被疑者が無実である場合は急性の驚愕反応・恐怖反応をおこし易いこと、但し、勾留が長期化する中で取調の苦痛を免れる目的逃避反応型として出現することもあること、後者の場合も初期反応は潜在的には被疑者を捉えている可能性があること、④捜査官に対する依存・迎合の心理は不安反応と表裏一体であること、⑤拘禁によるストレスは身体的病変を生ぜしむる場合があり、病変には至らなくとも身体的苦痛を与えることが少なくないこと、⑥これによれば拘禁反応は被疑者から防御能力を奪うことが多く、その自白の任意性・信用性について慎重なチェックが必要であること、⑦拘禁反応による意識障害や健忘のため、起訴後において被告人が自白過程を想起できないことがあるが、これを虚偽の弁解ととられるおそれがあること、以上である。

　これらは繰り返し検討されるべき問題であり、多少なりとも検討の資料を提供できれば幸いである。

【注】

1　倶知安簡判昭51・3・2（一審の無罪確定）。札幌弁護士会会報1988年5月号参照。

2　横浜地判昭62・11・10（一審の無罪確定）。

3　仙台高判昭29・2・23刑集13巻9号2134頁。

4　福岡高宮崎支判昭53・9・8。本判決は最三判昭55・7・1判時971号124頁によって破棄差戻され、無罪確定した。なお本件は渡部保夫『刑事裁判ものがたり』（潮出版社、1987年）のモデル事例である。

5　拘禁反応に関する総説として小木貞孝「拘禁状況の精神病理——とくに異常体験反応を中心として」井村恒郎ほか編『異常心理学講座(5)』（みすず書房、1965年）。

6 C・ダーウィン（濱中濱太郎訳）『人及び動物の表情について』（岩波文庫、1931年、原著1872年）。

7 並木正義「ストレス潰瘍」池見西次郎ほか編『心身医学の実地診療』（医学書院、1978年）。

8 並木正義＝諸岡忠夫＝河内秀希＝中川健一＝竹森信男「ストレス潰瘍についての臨床的研究」精神身体医学12巻3号（1972年）。

9 S・キルケゴール（水山英廣訳）『不安の概念（キルケゴール著作集⑽）』（白水社、1964年、原著1844年）。

10 M・ハイデガー（桑木務訳）『存在と時間（中）』（岩波文庫、1961年原著1927年）。
キルケゴールにあっては不安は原罪の可能性に対する果てしない戦慄的な不安であり、これに比べれば特定のものに対する恐怖などは色あせてしまう。ハイデガーにとっても、不安は「現存在の優れたひとつの開示性としての根本情態性」であり、「転落という背きは、むしろ不安に基づいていて、不安の方が、恐れを初めて可能にするのです。……不安の相手として、無が、すなわち世界自体が、取り出されるとすれば、このことは、不安が不安がる当の相手は、〈世界・内・存在〉自身である、ということを意味するのです」。
彼らが実存哲学者と言われる所以であろう。

11 野村章恒「心因性精神病、殊に拘禁性精神病に関する臨床的知見」精神神経学雑誌41巻3号（1937年）。

12 E・クレッチマー（吉益脩夫訳）『ヒステリーの心理〔第6版〕』（みすず書房、1961年、原著1957年）。

13 Braun, E. : Psychogene Reaktionen, Bumkesche Hdb. d. Geisteskh. V, 112, 1928.
但し、私はブラウンの原著を全く見ていないので、中田修「深層心理学⑵」井村恒郎『異常心理学講座⑴』（みすず書房、1966年）によった。

14 中田修「未決拘禁に於ける精神病に就いて」矯正医学1巻1号（1952年）。

15 事例T・Iは山上皓の報告にかかる母子心中未遂（殺人）事件。札幌弁護士会会報1988年11月号参照。

16 福島章「拘禁反応」懸田克躬ほか編『現代精神医学大系（6B）』（中山書店、1978年）は1871年のReich論文を紹介している。彼によると、19例の未決囚・短期囚のうち、4例が拘禁後1時間以内に、6例がその日のうちに、9例が1週間以内に異常状態に陥った。拘禁後、あるいは強い感情動揺ののち直ちに、心的硬直が起こる。囚人は静かで寡言、ぼんやり不注意となり、顔は硬ばり、目は何も見ない。意識は次第に混濁し、錯覚・幻覚、霊魂や悪魔に迫害されているという被害妄想などが出現し、間代性座撃、激しい運動性興奮が起こる。
そして、この状態に関しては後に完全な健忘が残される。しかし、予後は概ね良好であった。彼はこの反応の原因として強い情動を重視した。
本論文は初期反応の重要性を教えており、我国においても警察医・拘置所医務官に精神医学の専門家を加えるべき必要性を理解させる。

17 V・フランクル（霜山徳爾訳）『夜と霧』（みすず書房、1956年、原著『強制収容所における一心理学者の体験』1947年）はフロイト並にアードラーに師事した精神科医であ

るが、本書において、この極限状況においても失われなかった人間的良心＝自由について述べ、これに働きかける独得の精神療法〈実存分析〉を発展させた。我国における団藤重光の主体性理論はこれに一脈通じるものがある。

18 E・A・コーエン（清水幾太郎＝高根正昭＝田中靖政＝本間康平訳）『強制収容所における人間行動』（岩波書店、1957年、原著1953年）。コーエンは一般開業医であったが、解放後フロイト理論を学び、概ねその立場から本書を記述した。

19 原著は acute depersonalization. 前記清水らの訳は〈急性人格分裂症〉であるが、精神医学の一般の例に従い、〈離人症〉とした。

20 津川武一「意思の自由について──松川事件の精神医学的考察」日本医事新報1848号（1959年）。
　松川事件における自白につき、札幌弁護士会会報1988年2月号の拙稿参照

21 Grinker, R.R. & Spiegel, J.P. : War Neuroses, 1945. Ed. by Kohn, R.H., American Military Ser. 1979.

22 この実験については幾つかの紹介があるが、私はP・G・ジンバルドー（古畑和孝＝平井久監訳）『現代心理学（Ⅲ）』（サイエンス社、1983年）によった。

23 安田一郎「心理学から見た不安と恐怖」思想360号（1954年）。

24 ゴールドシュタインはナチに追放され、米国に亡命した脳病理学者。ゲシュタルト心理学を脳病理学に適用した人として知られる。引用句は安田・前掲注23論文による。

25 菊地甚一『思想犯罪の諸問題』（日本犯罪学会出版部、1934年）。

26 吉益脩夫「拘禁性精神病に就て」刑政48号（1935年）。

27 中脩三＝左座金藏「犯罪性変質者及拘禁精神病の研究」福岡医科大字雑誌29巻11号（1936年）2267頁。

28 野村・前掲注11論文。

29 現時点に於てこれらの論文を読む場合、少くとも次の二点に注意が必要である。第一に、研究者において社会主義の思想や運動に対する理解が充分ではなく、警察側の資料を無批判に用いているので、一面性を免れないこと。第二に、これらの患者の入院は長期拘禁の後なので、初期の拷問等に対する恐怖・不安反応が殆ど記録されていないことである。

30 中本たか子「受刑記」中央公論1937（昭和12）年6月号〜8月号。中本については野村・前掲注11論文、菊地・前掲注24論文にも詳しい紹介があり、中本自身の体験記も興味深いが、彼女に加えられた肉体的拷問・性的拷問についての記載はない（但し、中本の手記には若干の伏字がある）。拷問の実態については赤旗社会部編『証言特高警察』（新日本新書、1981年）に中本の証言があり、女性被疑者に対する同種拷問については他にも多くの報告がある。

31 転向問題は本稿の主題ではないので立ち入らないが、我国の転向研究が拘禁精神病について余り学ばないことは残念である。それは少くとも転向の心理を解く鍵の一つを提供するはずであり、また我国の政治運動の弱点を直視するはずであるから。
　なお、私には非転向者を称揚する気持はあるが、転向者を批判する気持はない。彼らに拘禁反応が多発したことは、一面において弱さの表現であろうが、他面において、彼

らの転向が精神異常を介して初めて可能であったということであり、彼らの思想の純粋
さの表現でもあるのではないか。私は、このことが我国の社会主義運動にとって救いで
あると思う。徳田や宮本など非転向の指導者は当然のことながら、佐野・鍋山のように
逸速く転向し、しかも転向においても指導性？を発揮しようとした者には拘禁精神病の
徴候はない。

32 Lifton, R. J. : Thought reform and the psychology of totalism. New York. W.W.
Norton 1961.

なお、リケット夫妻（阿部知二訳）『解放の囚人──中国革命にまきこまれたアメリカ
人夫婦』（岩波書店、1958年、原著1957年）も概ね同旨である。著者はスパイ容疑を
もって革命後の中国で囚われた経験を通じて中国革命に深い理解を持つに至った人であ
るが、著者らに対する取調状況もリフトンの記述するところと概ね同様のようであり、
肉体的拷問を伴わずとも、長時間の理詰めの尋問によって、被疑者が〈真実と半真実と
真赤な嘘との入りみだれた迷路──著者の言葉〉に落ち込むものであることを教えてい
る。

33 感覚遮断は洗脳から示唆を受けて、米国・カナダで心理学的実験として行なわれるよう
になった。軍事目的にも供されているようである。被験者を防音装置を施した小室とか
暗室に一定期間起居させると幻覚などの異常心理をみせるようになる。但し、洗脳や取
調は複雑な要素をもっており、感覚遮断的要因だけでその心理の全てを理解することは
出来ないであろう。感覚遮断の実験報告として、J・A・ヴァーノン（大熊輝雄訳）『暗
室のなかの世界──感覚遮断の研究』（みすず書房、1969年、原著1963年）。

34 E・ゼーリッヒ（植村秀三訳）『犯罪学〔第2版〕』（みすず書房、1963年、原著1951年）。

35 花井卓蔵『木内前京都府知事事件を論ず（訟庭論草）』（無軒書屋、1929年）。

36 「帝人事件公判廷における特別弁護人穂積重遠博士の弁論速記」（1937年）。

第9章 異常心理体験下の自白

Ⅰ　はじめに
Ⅱ　私のケース──もうろう状態下の妻殺し事例Y・S
Ⅲ　異常心理体験下の自白の任意性

Ⅰ　はじめに

1　幻覚・妄想等の異常心理体験ゆえに防御能力を失っている者の自白を如何に考えるかということは刑訴法上重要な問題であると私は思う。しかるに、残念なことに、我国の実務においては、理論的反省を欠いたまま任意性を肯定しているのが実情であると思われる。

また、幻覚・妄想等の陽性症状がなくとも、(統合失調症による)著しい自閉や(主として内因性躁うつ病による)重度の躁状態もしくはうつ状態故に被疑者が取調並に自己の防御に全く無関心である場合も精神病的に防御能力を喪失しているという点においては同様であるが、かかる状態でなされた自白についても従前の実務は簡単に任意性を認めてきたのではないかと思われる。

本稿はかかる自白の任意性・信用性についてささやかな検討を試みるものである(因みに、統合失調症の本態は外部に表出された幻覚・妄想等の陽性症状にあるのではなく、連合障害・情動障害・自閉・アンビバレンツ〔E・ブロイラー[1]〕等として表現される主観的体験としての世界の変容それ自体にあり、幻覚・忘想などは世界との正常な関係を絶たれた病者において〔客観的には歪んだ形で〕それを回復する試みにすぎないと解すべきであるから、統合失調症者の責任能力について我国の実務で屢々見られる手法、即ち、〈①統合失調症者であれば原則として責任の減免を考える立場と、②個別に症状と犯行の関連性を検討すべきとする立場とを対比したうえ、②を採る旨宣明する方法〉は部分的には正しいものを含んでいながらも、精神医学の皮相な理解のうえに立っており、問題のたて方自体に不正確な点がある。しかし、この問題は機会を改めて詳しく検討したい)。

2　異常心理体験による自白にも色々な場合がありうる。

極端なのは、うつ病者や統合失調症者が罪悪妄想から全く架空の犯罪を自首

して出る場合であろう。

【事例・食人者ブラートゥシャ(以下Bという)】

　本例はゼロ[2]やヘンシェル[3]の報告する古典的症例である。1900年にB
の12歳の娘が行方不明となり、暫くして破損した少女の死体が発見され
た。Bは自ら出頭して、その死体と着衣が娘のものである旨申告し、飢え
のために娘を絞殺して一部を食った経緯を詳しく自白し、妻も共犯である
と述べた。妻は最初否認したが、間もなく罪(死体遺棄)を認めた。妻の自
白は、夫婦の犯行を信じ切っていた牧師が赦罪を拒み、自白を強く勧めた
故であるという。Bは死刑・妻は懲役3年の判決を受けたが、2年後に殺
された筈の娘が発見され、両名は再審の結果無罪となった。吉益[4]による
と、Zingerle教授の鑑定意見は精神病質人の偽記憶によるものであった
ということであるが、山上[5]は恐らくは統合失調症による追想錯誤である
という。

　罪悪妄想による自首・自白は時折見られるようであるが、非疾病者にお
いても一時的な社会的葛藤などから衝動的に不可解な犯罪申告がなされる
ことがあり、横路[6]はかかる一例を報告している。このように進んでなさ
れた自白の任意性は当然に肯定されるべきとの意見が多いかもしれない。
しかしながら、真正の妄想による場合には、それは精神病の所産なのであ
り、しかく簡単に任意性を肯定すべきか検討の余地があると言うべきであ
ろう。

3　犯行が幻覚・妄想を契機としてなされた場合には、その影響が取調時にも
及ぶことが少なくない。かかる場合、自白は幻聴の命ずるままになされたり、
幻視の状況や妄想内容のとおりなされている可能性を否定できない訳であり、
このような自白の信用性はおろか任意性にも問題があると思うのであるが、私
の知る限り、この点を深く検討した裁判例は見当らない。また、陽性症状がな
くとも、自閉や抑うつ故に被疑者が取調に対して無反応である場合も少なくな
い。

　私のケース(38歳男性被告人による10歳少女の監禁致傷例[7])はこのような事例
であり、被告人は当時重度の内因性うつ状態にあって、取調に無関心で殆んど
反応せず、被害者や妻の供述にもとづいて取調官が誘導するままに自白調書が
作成された。犯行動機については捜査官の想像のままにワイセツ目的が記載さ

れたが、被告人がそのように述べたかは疑わしい。被告人は、かかる供述をしたことはおろか、かかる質問を受けたこと自体をも記憶しておらず、被告人の無反応を黙示的肯定と解して調書が作成された可能性の方が大きいと思われる。——私は右動機部分の自白の任意性に疑問を呈したうえで鑑定を申し立てたが、裁判所は調書全部を証拠採用したうえ鑑定を採用した。

4　犯行時の責任能力には特段の問題がなくとも、拘禁反応や犯行自体が精神的負担となって新たな心因性の異常心理を招いたり、あるいは犯行前から存した異常心理が更に激しい内容に変化する場合もある。

　山上[8]の報告する母子心中未遂例(S・K並びにT・I)はその典型的事例であるが、私も最近興味深い事例を経験したので次に紹介しよう。

II　私のケース——もうろう状態下の妻殺し事例Y・S[9]

1　被告人Y・S(42歳・男)は18歳ころから大量に飲酒し、33歳ころ突然「殺してやる」等の幻聴が出現して、それが1週間程続くに至ったが(アルコール幻覚症)、その後も大量飲酒を続けたため、38歳ころにも同様の幻聴に見舞われ、事件の1年9カ月前には「死ね」等の幻聴に耐えかね、包丁で自己の頸部を切りつけて自殺を図ったこともあり、爾来事件当時まで精神科に受診していた。

2　被害者である妻との間には二子があったが、被告人の飲酒がもとで協議離婚したのち、事件の1年前に禁酒を誓って復縁したものの、事件の4カ月前ころから隠れて1、2合の焼酎を飲むようになり、これに伴うトラブルから事件の前々日には家を出る決意をし、前日には主治医にアルコール専門病院への入院紹介状を書いて貰ったりしていた。而して、その頃、被告人が出て行くことを話題にしているらしい妻の声(幻聴の可能性が大)を聞いたり、受診のさい主治医が他の患者に対してアルコール中毒ではないと述べたらしい言葉を自己に関係づけて聞き、医師に不審の念を持ったこともあった(幻聴もしくは妄想様観念)。

3　事件当日の朝、近所の酒屋で200cc入りの焼酎2本を一気に飲み、帰宅して前夜の幻聴について妻に問い質そうとしたものの妻が相手にしなかったことから掴み合いの喧嘩となったが、前記自殺未遂による頸椎疾患のため劣勢となり、更に子供ら(7歳と5歳)が妻に加勢してビニール紐で被告人の足を縛ろ

うとしたり、頭から掛布団を被せたりした。

4　布団から抜け出した被告人は台所の文化包丁を右手に取り、そのまま妻の側に寄って腹部等を数回立て続けに突き刺し、更に倒れた妻の体をなおも数回突き刺し、頸・胸・腹・背部に合計8個の刺創・刺切創を与えて、即時同女を両側性気胸により死亡させた。なお、妻は椅子やテーブルを投げつけて反撃したが、被告人はものも言わず一気に犯行に及んでいるのみならず、妻のこの行動を全く記憶しないと述べている。また、右犯行は子供らの面前でなされ、子供らは犯行の中途から近所の知人に助けを求めるため現場を離れたが、被告人は子供の動静も全く認識しなかった。

5　被告人は犯行直後に逮捕され、同日の調書から一貫して犯行を自白しているが、布団を被せられてから犯行直後に倒れている妻に気付いた時点までの供述は非常に簡単であり、公判供述および鑑定人に対する供述によれば、この間の記憶は全然なく、犯行状況にかかる起訴前の自白は自己の想像に基づいて述べたという。また、冒頭の認否において、殺意につき「かっとなっていたのは事実ですが、殺す意思があったかどうかはよく覚えていません」と述べたが、犯行直前や犯行当時は幻聴はなかったという。

6　私は被告人における統合失調質との親和性・アルコール幻覚症の影響・情動性興奮や複雑酩酊的な軽度意識障害の複合による心神耗弱を予想して鑑定を申し立てたが、第一鑑定人である小片基教授、再鑑定人である上野武治教授の各鑑定意見はいずれも犯行当時（即ち、布団を被せられてから、倒れている妻に気付くまでの数分間）被告人はもうろう状態にあり、その間の記憶欠損は真性であり、事理弁別能力・制御能力とも欠損もしくは重大な障害があったとなし、一審判決は右鑑定意見を容れて心神喪失・無罪を宣告した（なお、小片氏と上野氏の意見には微妙な違いがあり、小片氏は心因性もうろう状態であるとなし、上野氏は、心因の関与は明らかであるとしながらも、もうろう状態発現前の病的基礎を重視すると述べているが、小片氏も、戦争や災害の恐怖が原始反応[10]としての深い意識障害を招く場合と同様に、本件における幻聴や酩酊が同様の基礎になったとしているので、疾病概念の用い方に若干の差異あるは格別、鑑定意見としては概ね同旨であると考えられる）。
　また、両鑑定の明らかにしたところによれば、被告人は、事件直後から、小

片鑑定人によって抗幻覚剤を投与されるまで、「殺す気でやったべ」「殺してやるから死ね」「なして死なないんだ」等と自己処罰を求める激しい幻聴の支配下にあり、現に警察留置場で左腕の血管を歯で噛み切って自殺せんと試みているし(被告人はこの事実を誰にも話さず、小片氏の鑑定において発見された)、また「分かんないくせに分かったふりをして」「分かっているのに何故言わないんだ」「自分で思い出せ」等という自白を促す幻聴も続いていた。これらの幻聴は自分の考えが他者の声となって聞こえてくるもので(思考化声)、K・シュナイダー[11]によって統合失調症の一級症状とされているものであるが、これ以外には統合失調症の診断根拠となるような症候はない(なお、小片氏は抗幻覚剤に偽薬を交えて経過を観察したところ、真薬は著効を有したが、偽薬には全く反応しなかった。従って、被告人の幻聴が真性のものであることは明らかである)。

7　本件は私としても反省を迫られる事案であり、小片鑑定によって認識を改める以前の私の理解は不十分かつ皮相であった。即ち、
(1)　アルコール幻覚症に特異的な幻聴の外、犯行の前後に亘って統合失調症近縁の思考化声的幻聴が続いていることを知らなかった、
(2)　アルコール幻覚症と酩酊にのみ捉われて、情動の深さを看過し、心因性意識障害の深さも理解しなかった、
(3)　夫婦喧嘩と殺人行為を連続的に把えたため、殺意発生の不自然さを良く理解しなかった、と言わなければならない。
　私は右の反省に基づいて記録を読み直し、主として法医学的見地から被害者の創の形状・深さ・方向・出血状況を詳しく検討したところ、自白による犯行態様によっては、かかる創は生じ得ないことが判った[12]。検察官は一審の最後まで完全責任能力を主張したけれども、この点に関する具体的反論は一切しなかった。
　而して、本件の主要な問題点は次の如くであると思われる。①自白の任意性・信用性、②責任能力、③もうろう状態における犯意認定の可否。

8　本件における自白の任意性・信用性について

　検察官は本件の問題性を理解せず、被告人の記憶障害は虚偽(詐病)であるか、あるいは忘れたいとの心理機制から事後的に追想能力を失ったものであり(心因性健忘)、起訴前の自白は正しく記憶に基いてなされたものであるとして、

完全責任能力を主張した。即ち、犯行時に記銘力があったとすれば、もうろう状態の認定と矛盾する訳であり、白白の評価は本件において最も重要な問題であると言うことができる。

而して、許病や心因性健忘は小片・上野両鑑定が明確に否定するところである。小片鑑定によって幻聴の真性であることが客観的に証明されている本件においては許病の可能性は考えられないし、また、心因性健忘の場合には、忘れることによって精神の安定を得る傾向が強いところ、本件では犯行状況を想起できないということが却って異常心理を激しいものにしていると見られるうえ、オコンネル[13]の指摘する心因性健忘の徴候も全く認められないのである。

私は右の事情に鑑み、自白に信用性なきは勿論、被告人は幻聴の命ずるままに自殺未遂と自白を併行してなしたのであるから、精神の自由は存せず、自白の任意性も否定すべきと主張したのであるが、一審判決は、「かかる幻聴の存在は任意性を否定する事由とはなりえず、その他本件において右各供述調書の任意性を疑わせる事由は見当たらない」と明言して任意性を肯定し、その信用性のみを否定して心神喪失・無罪を宣告した。

9 責任能力について

周知のとおり、ドイツにおいては改正前の刑法51条の「意識障害」の解釈をめぐって論争が重ねられたが、我国では心因性意識障害に関する研究は少なく、裁判例で自覚的にこれを検討したものも少ない。我国では武村[14・15・16]、中田[17]、村松[18]、仲宗根[19]、植松[20]、植村[21]などが論稿を公表しており、最近では林[22・23]が包括的研究を行っているけれども、我国の実務に最も大きな影響を与えているのは武村と植松であると思われる。

武村は〈正常人の情動は責任能力の減免を招くような意識障害をもたらさない。心因性の情動反応が意識障害を招来するのは、心因と同時にアルコール酩酊や極度の不眠・疲弊・飢餓などの生理的付置条件が認められる場合に限られる〉となし、植松は(ヴィッターを援用して)更に極端に〈激情状態は学問・芸術に没頭している者の心理状態と共通のものであり、意識の領域は狭窄するが、その範囲内においては清明であるから、弁別能力には影響はなく、広い意味での期待可能性の一般思想を酌み入れることによって例外的に制御能力の面において責任減免を考慮すれば足る〉旨を主張し、また、ヴィッター[24]は〈心因性に完全な健忘が生ずることはなく、多くは麻酔分析や催眠によって回復で

きる〉と主張するのであるが、本件一審判決が被告人のもうろう状態発生原因について「小片の鑑定意見は被告人の犯行前の精神状態を正常人とほぼ同様にとらえ、心因に過度に重きを置きすぎるものと考えられるため採用し難く、本件犯行は上野の鑑定意見のとおり、被告人の前記のような病的基礎にもとづくものと考えるのが相当」としているのも、右の問題に配慮したからであろうと思われる。

　而して、心因性意識障害者の責任能力については機会を改めて検討する予定なので、ここでは次の点を指摘するにとどめたい。

(1)　ヴィッターは確かに戦後ドイツにおける有力な司法精神医学者ではあるが、右の見解は必ずしもドイツの通説ではなく、判例や改正法においても身体的基礎のない意識障害による免責を肯定していること。

(2)　麻酔分析や催眠術の利用は、ナチ時代の反省から、西ドイツ刑訴法が明文をもって禁止するところであること。

(3)　私としては、催眠や麻酔分析によってのみ記憶を回復できる(その場合に表象されたものが客観的事実であるという保証はない[25])ような意識状態を清明と言えるか疑問を禁じ得ず、やはり、かかる場合には精神の上部構造が視野の狭窄をきたし、下部構造の支配を受けて意識が混濁し(クレッチマー[26]、ブラウン[27]、レルシュ[28])、その結果意識の清明さを失って完全な記憶障害も生じうる(中田[29])と考えた方が自然であると思われること。

(4)　ヴィッターや植松に従うとすれば、医学的基盤が失なわれて責任能力の概念が規範化することになり危険であること。

(5)　植松らは情動犯罪(激情犯)の免責が法秩序の弛緩を招く旨を恐れているのかと思われるが、情動が本件のような深い意識障害を招来することは稀であるのみならず、通常の激情犯の場合には、犯意成立と実行着手の時点においては最小限度の判断力を有しており、着手後に比較的軽度の意識障害をきたしたり(それ故、本件のような記憶の遮断と完全な脱落は生じず、島状の記憶を残すことが多い)、または自己の犯行自体が新たな心因となって犯行の中途から錯乱の程度を深めるにすぎないものであること(いわゆる血の酩酊――なお私は血の酩酊のケースの多くは既遂罪が成立し、かつ完全責任能力の認定が可能であると思う)。

10　本件における殺意認定の可否について

　本件犯行が原始反応の結果としてなされたとすれば、かかる錯乱状態におけ

る心理をもって刑法上の殺意と評価しうるか問題とする余地があろう。私は本件の弁論でこのことを指摘したが、一審判決は何の判断も示さなかった。我国の実務上この問題は余り検討されていないが[30・31]、米国のように謀殺と故殺を区別する立法のもとでは日常的な問題となるであろうし、我国でも刑法改正草案のように保安処分を導入するときは重要な問題となる可能性がある。責任無能力による無罪は保安処分を要請するが、犯意なき故の無罪は否だからである。しかし、この問題も詳細は別の機会に譲る[32]。

Ⅲ　異常心理体験下の自白の任意性

1　本稿の課題に戻ろう。前叙のとおり私は実務の現状は問題が多いと考える者である。以下は、自白の任意性に関する医学・心理学的な側面と法学的側面の各々についての現時点における私の意見であるが、僅かな実務経験を通じて漠然と考えているところを試論的に述べるにすぎず、向後これを深めてゆきたいと念ずる次第である。批判をお願いしたい。

(1)　自白任意性の医学・心理学的側面について[33]

　この問題は取調の際の被疑者の精神状態ひいては脳神経の働きを問うことに帰着するので、精神科治療との対比が示唆を与えるように思われる。人間の精神が原始的・動物的な下層から高度の抽象的思考や情操・価値判断を司る上層(表層)に亘る無限のニュアンスに富んだ層構造をなしていることは近代精神医学・心理学の一般的知見であるが、かかる精神に対する治療方法につき、ドレー[34]は次のように述べる。「精神治療的方法は暗示の方法と合理的の方法を含んでいる。合理的方法は被治療者の理性的な協力に訴える。暗示による治療は、あるいは覚醒状態において、あるいは催眠の状態においておこなわれる。前者の場合には補助手段として感伝通電を用いることもあり、後者の場合には、物理的方法またはペントタルのような薬物の力を用いてつくり出された部分的睡眠の下におこなわれることもある。合理的精神療法は説得すなわち論理的証明に立脚しており、これは古来の弁証法である……」と。

　比喩的に言えば、刑事手続における取調は精神療法と類似の構造を持ち、任意の自白は右の理性的方法に、不任意自白は右の暗示の方法に各々対応すると言えないであろうか。若しそうであるとせば、任意の自白は脳の高次の作用であるが、不任意自白は、高等な脳が機能せず、より原始的な脳の作用としてな

第9章　異常心理体験下の自白　187

されると言えるのではあるまいか。勿論、その間に無限の中間段階があるであろうが。なお、脅迫などによって、理性的に不任意自白がなされることもありうるが、不任意自白の多くは右のようなものではないかと思われる。拷問の予告などによる脅迫は恐怖反応を招いて、それが瞬間的に原始的な層に影響を与え、人格を解体することが多いからである。また、かかる脅迫がなくとも拘禁による初期反応が原始的なレヴェルに生じれば、高次元の精神作用を失ったまま、ボーとして何を聞かれても反射的に「うん。うん」と答え、自白調書が作成されてしまうこともありうるであろう。結局、不任意自白の多くは高等な脳の作用に基づく防御能力が何らかの理由によって失なわれた状態における自白であると言えるのではないか（なお、拘禁反応、特にその初期反応につき、拙稿札幌弁護士会会報1989年2月号を併せ検討願えれば幸いである）。

　人間精神と原始的脳過程の関係を少し検討しよう。フランツ・ファノン[35]の伝えるところによれば、植民地時代のアルジェ大学教授ポロは、被抑圧民族である現地アフリカ人の暴力衝動を評して、「アルジュリア人は大脳皮質を有さない。あるいは、より正確に言うならば、下等脊椎動物におけると同様、間脳の支配下にある」と主張して、1935年の仏語圏学会でバリュック[36]と論争した由であり、またWHOの医学専門家カロザースは、1954年に至って尚且つ、「アフリカ人は自己の前頭葉をほとんど使用しない。アフリカ精神医学の全ゆる特殊性は、前頭葉の機能低下に帰することができる」と述べているのであり、彼らの主張がアフリカ人に対する不当な差別観念に発する謬見であることは説明不要であろうが、ロボトミーなどの精神外科はかかる思想の産物なのであり、精神と脳の構造的関係を考えるうえで参考になろう。また、最近サポルスキー[37]は「ひどいストレスの極端な例として、拷問の犠牲者に脳委縮や痴呆が高率に見出されるという報告があるが、その一部には一時的変化にすぎないものもある」と述べているし、パヴロフ[38]の発見した犬の催眠性睡眠や動物ヒステリーが人間のそれと殆んど同様の構造を持っていることも参考となろう。

　要するに、人間心理は決して下層の原始的機構から自由ではないのである。そして前叙の精神科治療において、神経症の精神療法は基本的には理性的方法（あるいは上からの働きかけ）に立脚しており、統合失調症などでこれが困難であるときは直接人格の深部に働きかけるために電気ショックやインシュリンショックなどの方法を用いる訳であり（尤も、現代の薬物療法によって方法がソフトになってはいるが）、神経症の精神療法も、病因が人格の深部（尤も、一般の神経症は内因性精神病や原始反応のような最深部に発する訳ではなく、これらと表層の

中間に位置すると考えられる。この点についてはブラウン[39]が有益である)にあると思われるときはこれに達する必要があるが、催眠法やカタルシス法と呼ばれるものは人格の表層に細い穴をあけ、深部に達する方法であり、刑事手続における麻酔分析は暴力的に人格の上層を剥ぎ取り、上層の作用である理性的抵抗を奪う方法であると思われるのである[40・41・42]。そして催眠や薬物が用いられない場合でも拘禁反応等によって人は容易に上層の働きを失うことがあるのみならず、そもそも、精神病の状態にあっては精神が退行して上層が働いていないのであり、幻覚・妄想等の異常心理体験はその結果として下層の原始的な機構の作用として生じているのである(なお、この点を理解するために最も有益なのはアンリ・エー[43]であろう。彼は言う。──精神疾患は、それがどのような形をとろうと、身体的下位構造の病的状態であり、それが心理学的上位構造を下位段階に退行させる。その結果、症状は病的過程から構造的に組織された結果および残存する下位段階の抑制解除の両者にはって形成される、と。彼によれば、E・ブロイラーの業績[44]が近代精神医学の中で最も記念すべきものである理由は、統合失調症過程の陰性および陽性の二重構造を指摘したことであり、マイヤーーグロス[45]がブロイラーとジャクソン[46]の思想の類似性を述べたのも極めて正当であるという)。

従って、前叙の「食人者ブラートゥシャ」や「私のケース──Y・S」のように内部からの命令によって自白している場合であっても、そこに精神の理性的作用は存在せず、防御能力を喪失しているという点においては被拷問者や重度の精神薄弱者と全く同様なのである。

(2) 自白任意性の法的側面について

私は、従来の視点に加えて、防御能力の視点から任意性を審査する必要があると考える。我国の実務には大別して２つの問題があると思う。第一に、精神薄弱者や精神障害者(一過性のものを含む)の多くが防御能力を有さず、それが訴訟能力を失なわしむるものでさえあることを解さぬこと、第二に、不任意性の意味を捜査機関による強制の面から見るのみで、被疑者の能力的欠陥によっても、その主体性を失うという面を直視しないこと、である。以下に、少し詳説しよう。

i 第一の点について

自白法則の意義につき如何なる立場をとるにしても、有効な手続の追行が被疑者の訴訟能力を前提とすることは当然であろう。訴訟能力は、被告人と被疑者とを問わず必要とされること、防御能力がその核心をなすことは異論のない

ところであり、また、能動的行為と受動的行為あるいは法律的行為と事実的行為の別を問わず必要とされることは一般に承認されている。而して、前叙のとおり精神障害者が防御能力ひいては訴訟能力を欠くことは少なくないのであり（なお、刑訴法の心神喪失概念は刑法上のそれと異なるから、以上の訴訟無能力は責任無能力の状態であるを要しない）、かかる者によってなされた自白の証拠能力を否定すべきは当然の理ではなかろうか。また、我国の学説上、捜査構造論に関連して被疑者の取調受忍義務の存否が論じられているが、いずれの立場をとるにせよ、訴訟無能力者にかかる義務なきは自明であり、その意味においても、その自白を排除すべきは当然ではないか。訴訟無能力者が有効に取調拒否権並に黙秘権を放棄するということは背理であるから。

なお注意すべきは、訴訟無能力は一定期間に亘って継続する場合ばかりではなく、一過性(極端な場合は数分間)に生ずることもあるということである。このことは、取調中に被疑者がてんかん小発作を起こした場合を想定すれば良く解る。そして、精神障害者でなくとも、逮捕・勾留期間中の初期拘禁反応のため取調中に一時的に訴訟能力を失うことは少なくないと思うのである。

次に注意すべきは、取調中の意思能力・防御能力の低下が訴訟能力の喪失には至らなくとも、それに近い状態に至ることは多く、かかる状態でなされた自白についても、その任意性を疑うべきということである。

このように、多くの冤罪事件における虚偽自白は訴訟無能力もしくはそれに近い状態において、しかも取調官がそれを利用することによって、なされていると私は思う。無実の被疑者は心の準備(防衛機制)を有しないため、取調の圧力が強烈に作用するからである(この点につき拙稿・札幌弁護士会会報1989年2月号を参照願えれば幸いである)。冤罪事件の多くの判決が自白の信用性のみを否定し、任意性を肯定するのは、以上の理を解さない故と言うべきであろう。

ⅱ　第二の点について

不任意性の意味を取調側の強制の面だけから見る実務の大勢は被疑者の主体性において刑訴を把えず、被疑者を法手続の客体とする思想を克服していない(但し、いわゆる足跡裁判事件控訴審判決〔東京高判昭43・2・15判時535号〕は、精神薄弱者の自白につき、被疑者の能力的欠陥故に取調が強力な暗示作用を持ったとして任意性を否定しており、注目に値する)。

また、取調官が被疑者の能力的欠陥を知り、これを利用するときは、強制と同視されて然るべきではないか。

私の主張に対して、かかる場合に取調ができないこととなり不都合であると

の批判をなす向きがあるかも知れない。しかし、この批判も失当である。被疑者に十分の防御能力がなければ、取調官の予断によって容易に事案が歪められ、却って実体的真実から遠ざかるであろう。のみならず、このような場合にまで自白を求めるからこそ、我国の刑事司法がいつまでも自白裁判を脱却できないのだと言うべきではないか。

　最後に、被疑者・被告人の主体性について付言したい。起訴前と公判段階とでその現象形態が異るということである。即ち、起訴前にあっては、被疑者が捜査に対して理性的な防御をなしうることが主体性の本質的要素であり、これが全うされない供述調書は排除されるべきであるが、起訴後にあっては、心神喪失の状態(刑訴法314条)にあるのでない限り、自ら公判で弁明する機会を与えられねばならない。公判廷外での取調に対しては防御能力を有しない場合でも、公判においては弁護人の活動と裁判所の後見的機能によってこれを補強され、訴訟能力について別個の評価をなす余地があるように思われるのである。(勿論、公判廷における自白についても、それが任意性を欠くことがありうることは別論である。)

　この点につきソ連の刑事司法に関する幾つかの報告が[47・48・49]想起される。これによれば、〈改革者妄想〉という概念のもとに反体制活動家に統合失調症診断が濫用され、訴訟能力の欠如を理由として公開法廷での弁明の機会も与えられぬまま特殊精神病院に収容された事例が少なくないというのである。近年のロシアがこれをどのように改善しているであろうか。なお、かかる問題はソ連だけのものではない。我国の二俣事件[50]においても、拷問捜査の状況を証言した警察官が逆に偽証罪で逮捕されたうえ、起訴前鑑定のパラノイア（妄想症）診断をもとに不起訴とされ、公判での弁明と正式鑑定の機会もないまま社会的に抹殺されたのである。二俣事件の鑑定人が地域における指導的な教授であったということ、ソ連においてセルプスキー研究所という最も権威ある研究機関がかかる野蛮に加担しているのをみると、精神医学ないし精神鑑定学が如何に危険と隣り合わせの学問であるかを想わない訳にはゆかず、それ故我々法律家もまた重い責任を負っているのである。

【注】

1　E・ブロイラー（飯田真ほか訳）『早発性痴呆または精神分裂病群』(医学書院、1974年、原著1911年)。ブロイラーは連合障害・情動表現の統一性の欠如・自閉・両価性を分裂病（統合失調症）の基本症状（特異的症状）、幻覚・妄想等のその余の症状を副次症状（非

特異的症状）とする一方、分裂病性症状の発現機制を明らかにする見地から一次症状・二次症状の理論を展開し、基本症状のうち連合障害のみを未知の身体的疾患過程（脳過程）に直接由来する一次症状となすが、その余の基本症状と副次症状の全てを二次症状として心理学的に了解しようとした。即ち、ブロイラーはクレペリン以来の疾患過程論を堅持しつつ、力動的見方をもって病者の内的世界を理解せんとしたのであり、ここに彼の偉大さがある。ただ、彼が〈分裂病群〉として把えたこと自体が示唆するとおり、かかる見方がクレペリンの疾患単位論を解体する可能性を孕んでいることも事実であろう。而して、ブロイラー以降の現代精神医学は〈現実との生ける接触の喪失〉を基本障害としたＥ・ミンコフスキー（村上仁訳）『精神分裂病』（みすず書房、1954年、原著『分裂性性格者及び精神分裂病者の精神病理学〔新版〕』1953年）や、内的世界を世界内存在という一つの人間存在の統一的形成として理解しようとしたＬ・ビンスワンガー（新海安彦ほか訳）『精神分裂病』（みすず書房、1959年・1961年、原著1957年）のように、自閉を中心とする心理学的概念をもって把握する方向に向かうことになる。

　因みに、〈自閉〉がフロイトの〈自体愛〉とほぼ同義であり、Ｐ・ジャネが否定形で〈現実感喪失〉と名付けたと同じものを肯定形で述べたものであることはブロイラー前掲書が自認するところである。また、ブロイラーの〈アンビバレンツ（両価性）〉概念に関するフロイトの意見については拙稿・札幌弁護士会会報1989年8月号注17参照。

2　Sello, E.：Die Irrtümemer der Strafjustiz und ihre Ursachen. 1911. なお、私は原著を見ていないので、山上・後掲注5論文から転用。

3　Henschel, A.：Der Geständniszwang und das falsche Geständnis, Arch. Krim. 56-10, 1914. なお、私は原著を見ていないので、吉益・後掲注4書から転用。

4　吉益脩夫『犯罪心理学』（東洋書館、1948年）。

5　山上皓「精神鑑定と誤判」日本弁護士連合会編『現代法律事務の諸問題〔昭和61年度〕（第一法規出版、1987年）。

6　横路民雄「虚偽の自首」札幌弁護士会編『無罪事例集』（1986年）。札幌高判昭51・9・2判時853号106頁（現住建造物等放火事件無罪判決）。

7　拙稿「精神鑑定について(2)」札幌弁護士会会報1987年1月号。

8　山上皓ほか「母子心中の知見補遺」犯罪学雑誌41巻2号（1975年）228頁、拙稿「精神鑑定について(11)」札幌弁護士会会報1988年11月号参照。

9　札幌地小樽支判平2・10・8（殺人被告事件無罪判決）。私は一審の国選弁護人であった。

10　原始反応は強烈な体験刺戟が直接無媒介的に精的的深層機構に作用し、瞬間的・短絡的行為として現われてくるもの。拙稿「精神鑑定について(12)」札幌弁護士会会報1989年2月号のクレッチマー並にブラウンの引用文を参照願いたい。

11　Ｋ・シュナイダー（平井静也ほか訳）『臨床精神病理学』（文光堂、1957年、原著1950年）。シュナイダーは最もオーソドックスな立場をとるドイツ・ハイデルベルク学派の巨匠。20世紀を代表する精神科医の一人である。

12　私のＹ・Ｓケースにおける自白を法医学的見地から検討した文献として、南部さおり「精神鑑定における自白内容の法医学的検討」季刊刑事弁護32号（2002年）。

13　O'connell, B.A.：Amnesia and Homicide, A Study of 50 Murderers: British J. of

Delinquency 10-262, 1960. オコンネルの指摘する心因性健忘の五徴候につき拙稿「精神鑑定について(11)」札幌弁護士会会報1988年11月号参照

14 武村信義「情動行為の刑事精神鑑定」犯罪学雑誌29巻1号（1963年）。

15 武村信義「情動行動と責任能力」植松還暦『刑法と科学（心理学医学編）』（有斐閣、1970年）。

16 武村信義「情動行為」懸田克躬ほか編『現代精神医学大系(24)』（中山書店、1976年）。

17 中田修『犯罪と精神医学』（創元社、1966年）。

18 村松常雄＝植村秀三『精神鑑定と裁判判断』（金原出版、1975年）。

19 仲宗根玄吉『精神医学と刑事法学の交錯』（弘文堂、1981年）。

20 植松正「激情行動と責任能力」佐伯還暦『犯罪と刑罰（上）』（有斐閣、1968年）。

21 村松＝植村・前掲注18書。

22 林美月子「情動行為と刑事責任（1〜3）」神奈川法学18巻2〜3号・19巻1号（1982〜1983年）。

23 林美月子「情動による意識障害」堀内捷三ほか編『判例によるドイツ刑法（総論）』（良書普及会、1987年）。

24 Witter, H. : Affekt und Schuldfähigkeit, Mschr. Krim. 43-20, 1960.

25 俗に麻酔分析が〈自白剤〉とか〈真実の血清〉と呼ばれることがある。前者は或る意味で正しいが、後者は正しくない。麻酔によって人格の表層に属する意思的な統制の機能が排除され、平素言わないようなことを述べたり、覚醒中は忘れられている体験が再現されることはありうる。このことはアルコール酩酊でも見られることで、〈酒は本性を表わす〉とか〈酔えば真実 in vino veritas〉という言葉はこの間の事情を物語っている（酒は効力の弱い麻酔薬である）。かかる状態でなされた供述は（主観的真実である）人格深層の表象には合致するとしても、客観的真実に合致するとは限らない。また強力な暗示が働いて供述が歪められても、事後において、その供述が真意に反する旨を証明することは殆ど不可能である。このことは、人が泥酔時の言動について説明を求められた場合を想定すれば容易に理解されよう。その意味においても、麻酔分析や催眠分析中の供述を有罪立証に用いてはならず、また私はヴィッターの意見に左袒できないのである。

26 E・クレッチマー（西丸四方ほか訳）『医学的心理学〔第10版〕』（みすず書房、1955年、原著1950年）。

27 Braun, E. : Psychogene Reaktionen, Bumkesche Hdb. d. Geisteskh. V. 112 1928. なお、私は原著を見ていないので、中田修「深層心理学(2)」井村恒郎ほか編『異常心理学講座(1)』（みすず書房、1966年）から転用。

28 Lersch, Ph. : Aufbau der Person. 10. Aufl, J.A. Barth, 1966. なお、私は原著を見ていないので武村・前掲注14論文から転用。

29 中田・前掲注17書。

30 激情犯罪者や窃盗初犯者における極度の緊張と興奮ゆえの犯行の瞬間における意思能力の欠如については、既に佐伯千仞「原因において自由なる行為」日本刑法学会編『刑事法講座(2)』（有斐閣、1952年）の指摘するところである。佐伯は実行行為と責任能力の同時存在が必ずしも必要でないことの論拠として述べているのであるが、本件のように「犯意」の発生自体が原始反応の一要素ないし結果であって、その時点において既に責

任能力が欠如している場合について可罰性を認める趣旨ではないであろう。

31 高松高判昭31・10・16高刑裁判特報３巻20号は「殺意は、必ずしもそれが犯人の意識の表面に明確に現われたことを要するものではない」と述べたうえ、当該事案について「その意識の深層における殺意を認めて殺人罪の成立を認めざるを得ない」と結論しているが、判決文による限り、精神鑑定がなされた形跡はないのみならず、意識障害の原因・その深さ・その発生時期・記銘障害の存する期間などは一切検討されておらず、一般的な激情犯にすぎないようにも見える。また判示における〈意識の深層〉は恐らく精神分析理論の示唆によるものであろうが、これを正確に咀嚼しているかは疑わしい。ただ、それにしても大胆で興味深い判決であることは否定できず、植松正「無意識と刑事責任」日本刑法学会編『刑法講座(3)』の栞（有斐閣、1963年）が「たとえ無意識でも、ここまでは責任を負うべきだとする公準 postulat が必要になってきているのではないか」と述べるのと一脈通じるものがあろう。私はかかる見解を支持できないが、仮にかかる立場に立つとすれば、罪体の事実認定についても精神分析家による鑑定や催眠証言を採用せざるを得ないのではなかろうか。

32 この問題を自覚的に論ずるものとして、林美月子「責任能力と故意——カリフォルニア州の判例をめくって」神奈川法学21巻１号（1986年）。

33 私は医学（生物学）と心理学が責任能力や自白任意性の事実的内容（経験科学的内容）を定めるために不可決のものであると考える。その場合の心理学は医学その他の科学的裏付けをもったものでなければならないはずであり、しばしば主張される責任能力の生物学的要素＝記述的、心理学的要素＝規範的という把え方には賛成できない。我国の実務においては、かくして科学的心理学が欠落し、心理学的問題が価値（評価）の問題に変質し、しかも価値の規準が明らかでないため無原則的で恣意的な判断が放置されていると思うのである。このことは〈心神喪失・心神耗弱〉が法的概念であることは勿論、生物学的要素についても究極的には裁判官が判断すべきものであることを否定する趣旨ではない。ただ、法的評価の前提たる事実認定の次元で経験科学としての医学、心理学的知見が活用されなければならず、このため法律家が鑑定意見を正確に理解するとともに、司法と鑑定家が生き生きとした双互批判を交わすことが不可欠であるが、現状は悲観的印象を否めないということである。

34 J・ドレー（三浦岱栄訳）『人間の精神生理』（白水社、1952年、原著1945年）。ドレーは現代フランスを代表する精神科医の一人で、クロルプロマジンによる薬物療法の開拓者である。

35 F・ファノン（鈴木道彦＝浦野衣子訳）『フランツ・ファノン著作集(3)地に呪われたる者』（みすず書房、1966年、原著1961年）。ファノンは仏領マルチニック島生まれの黒人精神科医。リヨン大学に学び、フランス側からアルジェリアの医療現場に臨んだが、やがて独立闘争に身を投じた。

36 アンリ・バリュックは現代フランスを代表する精神科医の一人。動物のカタトニーで知られる実験精神病理学者であるとともに、精神療法シタムニー chitamnie —— chitah（方法）と amen（アーメン）の合成——の唱道者でもある。ユダヤ教の伝統とともに、ピネル以来のフランス精神医学の人道的側面を最も良く伝える人ではないかと思われる。

37 Sapolsky, R.M., et al: The neuroendocrinology of stress and aging: the glucocorticoid cascade hypothesis. Endocr. rev. 7-284, 1986.

38 I・パヴロフ（林髞訳）『條件反射学』（新潮文庫、1955年、原著『大脳両半球の働きについての講義』1927年）。

39 Braun・前掲注27論文。

40 カタルシスは〈瀉出〉ないし〈浄化〉の意。アリストテレス『詩学』の悲劇論参照。彼は人間存在の避け難い悲劇性の自覚が魂を浄化することを教える。大腸カタルが下痢によって有害成分を洗い流す、腸の自己浄化作用であることと基本的には同趣旨。J・ブロイエルとS・フロイトはヒステリー患者精神の深層に本人も気付かない心的葛藤が潜んでおり、これが身体的症状として表出されていること（転換ヒステリー）を発見し、これを催眠術によって外部に放散させ、かくして症状を取り除く治療法をカタルシス法と名付けた（両者の共著『ヒステリー研究』〔1895年〕。なお、この患者アンナ・Oことベルタ・パッペンハイムは自らこの療法を〈煙突掃除療法〉と呼んだという）。

　而して、フロイトは間もなく催眠法を放棄し、患者自身が症状が形成された経路を自覚的に逆行し（自由連想法はそのための手法である）、深層に抑圧された想念・コムプレックスにまで到達すること、即ち、それを意識化することに成功すれば、従来より遥かに賢明な生を獲得することができると考えた。これが精神分析療法の核心であろう（因みにヒステリー少女であったパッペンハイムは後年は著名な社会事業家になり、戦後に記念切手が発行されている程であるが、このように深層のコムプレックスがより高い文化的目的を求めて転位する現象をフロイトは昇華と呼んだ。フロイト自身ははっきり述べていないようであるが、人はこの昇華という概念の基礎にプラトンのエロス＝プラトニック・ラブを見出すであろう。プラトン『饗宴』参照）。その意味で、自由連想法は精神の深層と上層を同時に把えようとする真に壮大な方法であると言えるのではあるまいか。

41 麻酔分析は本稿の課題にとっても多大な参考となるものであるが、分析の報告例は少ない。ナチス、スターリン治下のソ連、各国の植民地支配に悪用され、政治の暗部との結び付きが強い故であろう。尤も、本来はスピードの速い精神分析（ポール・ショシャールの表現）のために考案されたもので あり、純粋に医療目的に使用されるのであれば、非難される理由はないであろう。催眠術も同様である。フロイトも1919年に至って「精神療法が広く利用されるときがくると、精神分析の短期療法として催眠に戻ることは必要であろう」と述べたという（蔵内ら）。要するに、催眠や麻酔分析は精神療法における劇薬に相当するものであるから、本来の医療目的以外に用いることは危険なのである。この問題については、追って詳しく検討したいと考える。

　P・ショシャール（新福尚武ほか訳）『催眠法と暗示──思考と行動の自由』（白水社、1952年）ならびに蔵内宏和＝前田重治『現代催眠学──催眠と暗示の実際』（慶應通信、1960年）参照

42 前掲注25。

43 H・エー（石田卓訳編）『精神疾患の器質力動論』（金剛出版、1976年、原著1950・1963年）。エーは現代フランスを代表する精神科医。ジャクソンの思想を精神医学に再生させ、そ

の立場はネオ・ジャクソニズムと呼ばれることがある。

44 ブロイラー・前掲注1書。

45 ウィルヘルム・マイヤーグロスについては拙稿「精神鑑定について(7)」札幌弁護士会会報 1987年8月号注6及び「精神鑑定について⒁」同1989年8月号注10参照。本稿はエーからの引用である。

46 J・H・ジャクソン(1835年〜1911年)は英国の神経学者。私はH・エー(大橋博司ほか訳)『ジャクソンと精神医学』(みすず書房、1979年、原著1975年)によった。

47 アムネスティ・インターナショナル編著(木村明生ほか訳)『ソ連における良心の囚人』(朝日新聞社、1977年、原著1975年)。

48 S・ブロック=P・レダウェイ(秋元波留夫ほか訳)『政治と精神医学』(みすず書房、1983年、原著1977年)。

49 M・レーダー(秋元波留夫ほか訳)『裁かれる精神医学』(創造出版、1982年、原著1977年)。

50 二俣事件は我国の著名な冤罪事件の一つ。最判昭28・11・27が原一・二審の有罪を破棄、差戻一・二審を経て無罪が確定した。山崎巡査の証言は原一審においてなされたが、有罪判決はこれを一顧だにしなかった。本件の弁護人による報告として、清瀬一郎『拷問捜査——幸浦・二俣の怪事件』(日本評論新社、1959年)がある。

【付記1】

　脱稿後、松尾浩也『刑事訴訟法(上)』(弘文堂、1979年)を参照する機会があった。松尾教授は「被疑者が継続的に心神喪失の状態にあって回復の見込みがない場合は、公訴の提起をすることに疑問がある。被告人が訴訟能力を欠くときは、原則として公判手続の構造的基礎が失なわれるからである。……なお、〈理解〉する能力はあるが、〈権利を守る能力〉が不十分な場合も、稀には生じうる(たとえば、逆行性健忘症のため、〈犯罪〉当時の状況を完全に忘却し、防御ができないとき)。この場合も、〈心神喪失〉に準じて取り扱う余地が絶無ではあるまい」(同書135・137頁)と記しておられる。右の〈理解能力〉と〈権利を守る能力〉は責任能力における弁別能力と制御能力に対応するものと思われるが、訴訟能力の中核をなす防御能力も右の両面を併せ有しなければならないことは全く同感である。

　なお、私も〈事件時の意識障害や健忘による追想不能状態もしくは意識障害下の取調で誘導された自白〉を任意性否定の一指標であると主張したが(「精神鑑定について⑾」札幌弁護士会会報1988年11月号)、私見の要点は、

　①松尾教授の視点が起訴前の全過程にも貫徹さるべきであること、

　②そうとすれば、起訴前の被疑者の方が訴訟能力を否定さるべき場合が多いこと、

③この視点は防御能力の欠如による自白任意性の否定をも促すこと、

④訴訟能力ないし防御能力の欠如は、精神薄弱・内因性精神病・逆行性健忘などによる継続的な状態として現れることもあるが、事件時の意識障害の残遺や初期拘禁反応による一過性の現象として取調中に生ずることも少なからず、冤罪事件における否認から虚偽自白への転落の心理過程は斯様に理解すべき場合が多いこと、以上である。

【付記2】

なお、被告人の催眠証言の採用を認めた米連邦最高裁判決1987・6・22 (Rock v. Arkansas, 483 U.S.44) がある。妻が夫を銃で殺害したとの訴因に対し、被告人自身の催眠証言によって事件は銃の暴発による事故である旨弁明したが、アーカンソー州地裁が催眠術の使用を禁ずる州法に基いて右証言を排除したところ、連邦最高裁はこれを破棄した。おそらくは事案の特殊性が考慮されたのであろう。

翻って考えれば、右判決は我国の実務にも反省を促すものがある。我国で正当防衛を認めた事例の多くは第三者の目撃証言によって防衛の正当性を認定しており、被告人の供述のみによってこれを認定したものは稀であると思われるが、急迫不正の侵害は原始反応のレヴェルにおける急性・一過性の恐怖反応を招来し、被告人から追想能力を奪うことが少なくないため、目撃証言が得られずして誤って有罪とされているケースも少なくないと想像されるのであり、その意味では連邦最高裁判決も理解できる点がある。但し、私は俄かに我国における催眠証言の採用を主張するものではなく、精神鑑定で防御目的に限定せずして催眠や麻酔分析がルーズに行なわれることのある我国の実情は反省が必要であると思うのであるが、他に反証の方法がないような事例では、例外的弁護方法として検討すべき場合はあるかもしれない。

【付記3】

交通事故による頭部外傷もしくは脳震盪性の逆行性健忘については私も簡単に報告したことがあるが(「精神鑑定について(11)」札幌弁護士会会報1988年11月号)、このたび札幌弁護士会の鈴木悦郎会員から興味深い経験が寄せられたので紹介する。この事例でも事故から約30分間遡及して追想能力を失っており、逆行性健忘の徴候が認められる。但し事故状況に照らして居眠り運転のようであり、居眠り状態に入ったのは事故直前であるとしても、それ以前から徐々

第9章　異常心理体験下の自白　197

に意識水準が低下したと考えられるので、その影響も競合しているかもしれない。本件において最も興味深いのは、第一に、事故直後において(第三者の証言によれば)一応まとまった行動が出来ているようでありながら、よく見ると記銘力・判断力の低下が認められること、第二に、事後的に追想できないことである。

　第一の点。右の時点において、一見正常な外見に拘わらず、意識障害が続いていることは、駆けつけた妻に対し「何をしに来たんだ」と述べていることに照らし、明らかである。但し、この時点においても、一応車両を操作したり、〈清田の父さん〉を思い遣ったりしており、部分的には見当識があり、判断力も残されている。このような場合に、部分的に正常な行動から意識障害を全面的に否定し、当事者の弁明を虚言とする裁判例が少なくないことに注意しなければならない。

　第二の点。追想能力の欠如は帰宅後の睡眠が影響しているかもしれない。その意味では初期供述が重要である。但し、事故直後の言動にも意識障害の症候が認められることは前叙のとおりであり、それが影響していることも明らかと思われるし、その言動が客観的状況を誤認している可能性も考えねばならない。

　いずれにしても、頭部打撲者の供述の評価には困難な問題があることを銘記しなければならない。なお、このコメントは私の一応の意見であり、専門家の検討を得る機会があれば幸いである。

《鈴木悦郎会員の報告書》
1　1989年9月24日午前4時婦宅(豊平区西岡)。同6時30分起床。直ちにクラウンロイヤルサルーンを運転して札幌市内のテイネゴルフ場に行く。アクビをしながらゴルフを終え、小休憩の後、午後1時30分ころ車を運転して家路に着く。山の手通りを通過するころ、やたら眠気をおぼえる。タピオラに立寄ってコーヒーを飲んで休むかと思ったが、お墓参りをしなければと考え走行を続けることにした。この辺りから家までは約30分で着くだろう。
2　真駒内の地下鉄ガード下の交差点の横断歩道を超え、3、4m左先の歩道に乗り上げ、水銀灯に車の左前部を衝突させる。シートベルトをしていなかったので、フロントガラスに頭および左コブシを突っ込む。プレーキ痕はない。
　下車し、横断歩道を渡って、反対側の歩道にある公衆電話ボックスに入

り、家に電話する。女房がでる。「真駒内の自衛隊自動車練習場、地下鉄ガード下の交差点で居眠りをし、電柱に衝突した。車は大破したので、レッカー車の手配をしてすぐ迎えにきてくれ」。

そのあと、110番をして事故報告をする。

間もなく、現場に女房と息子がきた。女房が「お父さん！」と声をかけた。私は「何をしに来たんだ」と訝しげに応答した(女房は頭が狂ったかと慌てたという)。

3人で事故車のところに行く。私は、「エンジンをかけてみるか」といって、車に乗り込み、操作をしたがかからず、「だめだ」といいながら下車する。

女房がタクシーをとめ、私を乗せて病院に向う。

タクシーのなかで「ゴルフの帰り、居眠りをして電柱に衝突した」ことを運転手に説明する。

柏葉脳外科でも看護婦にタクシーの運転手にしたのと同じ説明をする。結局診察を断られ、当番医の北野整形外科に行く。そこで、頭のレントゲン写真を2、3枚と湿布薬を貰う。女房が支払をした。

タクシーに乗って帰宅し、すぐごろ寝をした。

3　同日4時半頃起きる。

私は、間違いなく、居眠り運転で水銀灯にぶつかり、ガラスに頭を突っ込んだ。その結果、

(1)　タピオラから事故現場までおよそ30分間の記憶を完全に喪失した。

(2)　ゴチックにした部分は、客観的な事実および女房、息子から覚醒後に聞いたことであって、私の記憶はいまだに甦らない。

(3)　事故後帰宅するまでの経過のなかで、かすかに記憶しているのは、女房が「お父さん、病院に行こう」と言ったこと、病院からの帰途、タクシーのなかで「清田の父さんには、事故のことは喋るなよ。心配するから」と言ったこと、病院で頭のXP 2、3枚を見せられたことだけである。

脳震盪は、逆行健忘、記銘力減退を伴うと本に書いてあるが、自身がこれを体験するとは夢にも思わなかった。

交通事故はとくにそうだが、頭を強打した被疑者、被告人の供述および事故後の言動の評価に当っては、この脳障害を念頭に置かなければ、大きな過ちを犯すに違いない。

私の事故後の言動は、これを目撃している第三者の目からみれば、極め

第9章　異常心理体験下の自白　199

て正常なものであるはずだし、従って私が脳に障害を受けているとは到底理解できないことであろう。しかし、私の人生のなかで、先に述べた時間帯の出来事は、空白なのである。

第 **4** 部
訴訟能力

第10章　刑事裁判と訴訟能力

Ⅰ　はじめに

Ⅱ　訴訟能力論の諸相

Ⅲ　訴訟能力の認定

Ⅳ　訴訟無能力者の訴訟行為の効力

Ⅴ　被疑者の訴訟能力と自白の任意性

Ⅵ　訴訟構造論と訴訟能力論

Ⅶ　おわりに

Ⅰ　はじめに

　国家の公訴権が適正に行使されるための前提として、その対象とされる者はいかなる精神的能力を持たねばならぬか。本稿は被疑者・被告人が自己の正当な防御権の行使のために要すべき精神的能力の内容と、その欠缺がもたらす法律効果について検討するものである。

　　　いうまでもなく人間の精神活動は知・情・意の綜合であるが、責任能力論においては知（弁識能力）と意（制御能力）の面が、訴訟能力論においては知（認識能力）の面が各々前面に出る傾向を否定できないであろう。但し、身体拘束や処罰に対する不安・恐怖や赦免願望などがもたらす（心因反応性の精神障害である）拘禁反応が知的能力を奪うことがあるように、情動面も軽視さるべきではない。また、知情意の精神作用・意識作用は必ずしも均衡的に存在するわけではない。精神医学的にみても、意識清明ながら主として認識や思考面が害される疾病があり（統合失調症など）、同じく意識清明ながら主として感情面が害される疾病があり（気分障害、躁うつ病など）、また、主として意識面が冒される疾病がある（脳器質精神病、外因反応型）。
　　　而して、精神医学は人間の精神作用を障害の側から経験科学的に把えようとするものである。たとえば精神医学において「意識とは何か」との問いが立てられることは少なく、「意識障害とは何か」との問いのもとに、その種々のタイプ（意識混濁、意識狭窄など）が論ぜられることが多い。「意識とは何か」との問いは「人間とは何か」という永遠の問いに転化し、問い自体が拡散されがちだからである。この点において精神医学は心理学と対蹠的であり、了解性の側から人間を見ようとする心理学と、疾病性の側から了解性の限界（了解不能性＝疾病性との境界）を究めようとする精神医学の基本的方法の差異の源もここに存するように思われ

202　第4部　訴訟能力

る。

　本稿は刑事法学の立場から、被疑者・被告人の訴訟能力の中核をなす防御能力の問題について、精神医学的疾病論に照らして検討するものである。

　なお、刑事法学上それは訴訟能力として概念化されるが、本邦の刑事法学において実体法的問題である責任能力論については相当豊かな学問的蓄積がある反面、手続法的問題である訴訟能力論についてはそれが乏しく、とりわけ被疑者の訴訟能力論はほとんど欠落状態といっても過言ではない。以下に司法実務とくに弁護実務を通して看取される問題を概観し、批判を求める次第である。

　刑事手続の進行によって対象者は被疑者・被告人・受刑者としてその法的地位を変えるが、事件時の責任能力、捜査・公判時の訴訟能力、受刑時の受刑能力には共通面と各々に特異的な面がある。なお、無実の被疑者・被告人の訴訟能力の問題が責任能力の問題との連続性を欠くことは自明のようであるが、必ずしもそうではない場合もある。事件現場に居合わせてトラブルに巻き込まれたものが、重度の精神障害や意識障害のため状況を把握できぬまま犯人と誤認されるような場合を考えれば、このことが理解されよう。その意味で、訴訟能力論も責任能力論の学問的蓄積に学ぶべき点が多いのである。

II　訴訟能力論の諸相

　本邦の裁判例については中島直[1]、金岡[2]等を参照されたい。ここでは筆者が理論的課題と考えるところを述べる。

1　訴訟能力の本質とその存在時期

　責任能力が行為時の問題であることは一般に承認されているが、訴訟能力についても、それは防御能力を中核とする訴訟行為能力であるとされているから、論理的には各訴訟行為時の能力が問われるはずであるが、刑訴法314条は「被告人が心神喪失の状態に在るときは、検察官及び弁護人の意見を聴き、決定で、その状態の続いている間公判手続を停止しなければならない」と規定し、それを継続的な状態像の問題としているため、状態像としての心神喪失と個々の訴訟行為の有効要件としての訴訟能力の関係をめぐって困難な問題が生ずる。後述の個別的訴訟能力論はその表われであり、刑訴法が被疑者・被告人の個別的訴訟能力についての規定を欠くため、解釈論によって法の欠缺を補

わなければならないことになる。

　　刑訴法314条の心神喪失概念は刑法39条のそれと一致すべき
必然性はなく、訴訟能力とは「一定の訴訟行為をなすに当り、そ
の行為を理解し、自己の権利を守る能力」（最決昭29・7・30刑
集8巻7号1231頁）とされるが、真に防御をなしうるためには
単なる意思能力では足りず、少なくともコミュニケーション等の
実質的な能力が求められる。聴覚障害・言語障害ゆえに通訳を介
しても各訴訟行為の内容理解や現在おかれている立場を理解でき
るか疑問があるとして、公判停止決定をすべきとした最決平7・
2・28刑集49巻2号481頁）参照。また、知的障害者や発達障
害者についても訴訟能力は重要な問題となりうる。

　　心神喪失による公判停止が長期化した場合、憲法37条の迅速な
裁判を受ける権利との関係が問題になる。中島宏[3]は起訴から30
年、控訴審における公判停止から21年が経過する奥深山事件につ
いて、本件は高田事件判決（最判昭47・2・20刑集26巻10号
631頁）の射程において「憲法的免訴」の可能性を論じることが
でき、裁判所による人権保障機能が再び発動されるべき事案なの
であるとしている。最決平7・2・28にも「その後も訴訟能力が
回復されないとき、裁判所としては、検察官の公訴取消しがない
限りは公判手続を停止した状態を続けなければならないのではな
く、被告人の状態等によっては、手続を最終的に打ち切ることが
できるものと考えられる」とする千種裁判官の補足意見が付され
ていた。これは、公訴提起行為の違法性には還元できないが訴訟
そのものが不当であると評価できる場合には訴訟条件のもつ「実
体判決阻止機能」によって形式裁判が導かれるという寺崎[4]や、政
策的あるいは救済的な側面から正義を増進するために必要とされ
る場合は手続を打切ることができるとする指宿[5]とも共通の思考を
示すものであり、是認できよう。
　　また、近時の新聞報道（2009年3月17日付け朝日新聞夕刊）
によれば、1992年に強盗殺人罪で起訴された千葉県内の被告人
が統合失調症による「心神喪失」であるとして94年に公判停止さ
れ、爾来16年以上も勾留され続けているという。この事件では再
犯のおそれが懸念されているようであるが、それは精神保健福祉
法の措置入院や医療観察法の問題であると言うべきではないか。

　　受刑能力についても、死刑及び自由刑の執行停止にかかる刑訴
法479条・480条は「心神喪失の状態に在る」ことを要件として
おり、法の規定の仕方は訴訟能力に関する同法314条と同様であ
る。受刑者においては被告人のような個別的行為時の能力が問わ
れることは少ないであろうが、しかし、それが全くないとはいえ
ず、同様の問題が生ずることもありうる。

2　個別的訴訟能力論と部分的責任能力論

(1)　部分的責任能力論は責任能力の本質を最も先鋭的に問うている。精神医学
的には司法精神医学の誕生を刻印する19世紀フランス（エスキロール[Esquirol,

204　　第4部　訴訟能力

J.]、ジョルジュ［Georges］ら）のモノマニー論（部分的精神病論）の系譜を引くが、本邦における部分的責任能力論の主唱者である団藤[6]は19世紀末ないし20世紀初頭ドイツの精神医学者ツィーエン［Ziehen, Th.］[7]を援用し、初期のモノマニー論が司法上は免責の原理として作用していたことを逆転させ、加罰の論理としてこれを用いた（モノマニー論においては、例えばモノマニー・ホミサイド〔殺人狂〕、ピロマニー〔放火狂〕、クレプトマニー〔窃盗狂〕はそれぞれその所為について免責的に作用するが、ツィーエンや団藤にあっては、人格の単一性ということから当然に一部責任能力を否定することはできないとし、ある方面についてだけ非難されうる能力があると考えることは可能であるとする。たとえば好訴妄想を有するパラノイア患者は誣告罪などについては責任無能力であっても、妄想と無関係の所為については有責とするのである）。

　而して、モノマニー論争史は個別的訴訟能力論に対しても有益な示唆を与えるものである。後述のピアノ殺人事件における控訴取下げ問題はこのことを教えている。

> モノマニー論の精神医学史につき影山[8]、その司法的意義につき北潟谷[9]、法と精神医学の対話として保崎らの座談会[10]参照。
> モノマニー論は人格の単一性というユダヤ・キリスト・イスラムの一神教の基本思想と対立する如きである（人格の単一性につき、たとえばアウグスティヌス[11]参照）。それは近代の人間中心の思想であろうが（エスキロールはフランス革命を象徴する人の一人であるピネル［Pinel, P.］の直弟子である）、さらに要素主義的な認識論を反映していると思われる。
> なお、ツィーエン説は特異な立場であり、疾患単位論ないし疾患形態論による現代精神医学の確立期において、症候論（すなわち現象論）を徹底させた。ツィーエン批判の代表としてアシャッフェンブルク（Aschafenburg）[12]参照。アシャッフェンブルクは人格の単一性と調和する一時的精神病の概念を提唱している。
> また、団藤はツィーエンを援用するが、両者の思想には大きな隔たりがあるようにみえる。ツィーエンの疾病観・人間観が現象論的であるのに対し、団藤にあっては有責行為能力としての責任能力論を徹底せる行為時（極論すれば行為の瞬間）における人格の統一・人格の収斂による実存的な自由が考えられている。この自由は現代の実存主義よりもカントの実践理性に近いと思われるが、行為の時点における実践理性の要請が行為者に困難を強いることも事実であり、通説が部分的責任能力論に否定的なのは理由がある。

(2)　具体的訴訟行為と行為者能力の関係を問う個別的訴訟能力論は部分的責任能力論と共通の問題意識を蔵するように思われる。刑訴法は継続的な状態としての心神喪失を規定するが、実務的により重要なのは個別的訴訟行為の有効性

の問題である。典型的事例の一つは最決平7・6・28刑集49巻6号785頁であり、死刑判決に不服があるのに拘禁反応等の精神障害を生じて苦痛から逃れるために行われた控訴取下げは無効とすべきとした。田宮[13]は「このように一般的に訴訟を適法に進行させるための『訴訟能力』と個々の行為の有効要件としての『訴訟行為能力』は多くの場合一致するが——区別される場合があるので注意すべきである」と述べ、白取[14]は一般的訴訟能力のほかに個別的訴訟能力を考えることができるとしている。

> 控訴取下げについては、二次的精神遅滞のある重度先天性聴覚障害者について訴訟能力を認めた最判平10・3・12があるが、ここではピアノ殺人事件について検討しよう。パラノイアである46歳男性が1974年に団地の階下の母娘3人を刺殺したが、幼い娘の弾くピアノの音が犯行を触発したことからピアノ殺人事件と呼ばれた。近隣騒音問題と関連づけ論じる向きもあったが、実際は長年にわたり育んだ被害妄想の所産であった[15]。東京高決昭51・12・16及び東京高決昭52・4・11（いずれも判時857号）は控訴取下げを有効としたが、山上[16]はパラノイア患者の行為能力について部分的行為能力を認めるべきであるという見解をひいたうえ、本例の控訴取下げは病的な動機である自殺念慮にもとづいているので訴訟無能力が認められるべきであるとなし、中谷[17]は本件において「行為の法的効果の認識」が訴訟能力肯定の根拠とみなされたことを、最決平7・6・28が「取下げ動機の異常性」に着目したことと対比したうえ、「これは責任能力の場合と同様に論じられる問題でもある。妄想に動機づけられて殺人に及んだ人が、他人を殺せば法によって罰せられることを認識しているという場合はあり得るが、その場合にどちらの面を強調するかによって責任能力の判断は大きく分かれる。死刑を望んで控訴を取り下げるという事例は実際は稀であるとしても、訴訟能力の判断基準について重要な示唆を与える」としている。責任能力と訴訟能力の関連性にかかる筆者の問題関心が理解されるであろう。

Ⅲ　訴訟能力の認定

1　本邦の刑事訴訟において検察官が責任能力（完全責任能力・限定責任能力）について挙証責任を負うことに疑問の余地はないが、訴訟能力については裁判所の職権調査事項であり、また訴訟法上の事実であるから厳格な証明を要さず、裁判所が適当と認める方法によって認定すればよいといわれることがある。

　このように本邦においては当事者（検察官）による訴訟能力の立証ということ自体が観念されていない。他方、米国法においては訴訟能力も当事者の立証事項であり、被告人側に証拠の優越性（preponderance of the evidence）による訴訟無能力の証明を求める州が多いようである。なお、オクラホマなどの一部の

州では明白かつ確信的証拠（clear and convincing evidence）による立証を求め
てきたが、1996年のクーパー対オクラホマ州事件連邦最高裁判決[18]は、これ
が合衆国憲法修正14条違反であると判示した。

> 米国の包括的犯罪規制法（1984年）はヒンクリー（Hinckley）
> 事件の影響をうけて連邦犯罪における責任能力の挙証責任を転換
> した特異な法制度である。本邦においても精神医学者の一部には
> （たとえば小田[19]）被告人に責任無能力の挙証責任があるかの如き
> 理解のもとに、その存否が分明でないときは有責の方向で鑑定意
> 見を述べる例も存するようであるから、法律家はその批判的検討
> を怠ってはならない。訴訟能力についても疑わしきはこれを否定
> すべきであろう。

2　本邦において訴訟能力の認定は裁判所の自由に委ねられるのであろうか。
それが厳格な証明を要しない職権調査事項であるとしても、そこにデュー・プ
ロセスの要請が存することは自明であり、法が裁判所の恣意を許すものである
はずはない。それは被疑者・被告人が主体的に刑事手続に参加するための要件
であって、その重要性は責任能力に勝るとも劣ることはない。

　しかるに、訴訟能力の内容についても、認定手続についても、十分な学問的
検討を欠くがゆえに、ときに裁判所の安易な認定が放置されてきたのではなか
ろうか。近時のいわゆるオウム裁判麻原被告人の控訴審はその典型であるとの
感を深くするのである。

> オウム裁判の麻原彰晃被告人について、控訴審弁護人は親族か
> ら受任し、頻回の接見を試みたが、全くこれが不可であったため、
> 被告人とコミュニケーションがとれない以上控訴趣意書は書けな
> いと主張したところ、裁判官2名と書記官が「控訴趣意書提出に
> 関する手続教示」と称して（弁護人不知の間に）拘置所で被告人
> に面会し、質問に対して「うん。うん」等の声を発したとなし、「被
> 告人が訴訟能力を有するとの判断は揺るがない」と述べる一方、「慎
> 重を期して、事実取り調べの規定に基づき、鑑定の形式により精
> 神医学の専門家から被告人の訴訟能力の有無について意見を徴す
> ることを考えている」とした。西山詮医師の鑑定はかような経緯
> でなされ、麻原被告人の訴訟能力を肯定したが、多くの医師が被
> 告人と接見のうえ西山鑑定に批判的見解を明らかにしたことは周
> 知のとおりである。
> 　この問題の詳細は別稿に譲り、ここでは一点を指摘するにとど
> めるが、西山鑑定書が引用する拘置所の報告には裁判所と西山に
> 予断を与えたと思われる記述がある。即ち東京拘置所長が提出し
> た「被告人の生活状況等について（回答）」と題する書面であり一
> 審判決当日の帰所後に「なぜなんだ。ちくしょう」と大声を出し
> たとされる部分である。この報告は裁判所に強烈な印象を与えた
> と思われ、控訴棄却決定においても決定的な根拠として扱われて

第10章　刑事裁判と訴訟能力　207

いる。

　而して、裁判所のこの証拠評価は公正でない。上記書面を正確に引用すれば、このことは直ちに理解される。書面は「判決当日の帰所後、30分ほど食事に手をつけず、午後6時3分ころ、音が割れてよく聞き取れなかったが、区事務室に設置してある本人の居房モニタースピーカーから「なぜなんだ。ちくしょう」と大声が聞こえたので、職員が居房に赴くものの、その後、大声は確認できなかった。夜間に布団の中で「うん。うん」と声を発したり、笑い声を上げる動静があった」というものである。しかるに、裁判官も西山も「よく聞きとれなかった」という点はすっかり忘れてしまったかのようで、自らモニタースピーカーの音を聴取することはおろか、当該拘置所職員に対する調査すらした形跡がないのである。詳細は秋元＝北潟谷[20]参照。

3　訴訟能力は各訴訟行為時の能力であるが、事件について追想能力を失った場合に訴訟無能力を準用する考えがある。松尾[21]は「理解」する能力はあるが「権利を守る能力」が不十分な場合も稀には生じうる(たとえば、逆行性健忘症のため、「犯罪」当時の状況を完全に忘却し、防御ができないとき)。この場合も「心神喪失」に準じた取り扱う余地が絶無であるまいとしている。

　　　　健忘症ゆえに訴訟能力が争われた事例は本邦及び英米でいくつか知られている外、ニュルンベルク国際軍事法廷においてナチ副総統であったルドルフ・ヘスの弁護人は冒頭手続においてアムネシアを主張し、中立国スイスの医学者による鑑定を求めたが、裁判所はこれを退け、英米仏ソの専門医からなる調査委員会を任命し、結局、弁護人の申立は却下された[22]。

IV　訴訟無能力者の訴訟行為の効力

1　訴訟能力は個々の訴訟行為について考えるべきことは前述したが、訴訟無能力は訴訟行為を無効とすると考えねばならない。而して、手続形成行為についてはこのことに異論はないが、実体形成行為ことに直接に事実認定に向けられた行為(たとえば被告人の供述)については、原則として直接には無効原因とはならぬとする見解もないではない。旧刑訴法時代の団藤(1937年)[23]は「心証形成行為については、その効果の発生が行為者の意思とは全く独立のものであるばかりでなく、そこには強い実体的真実の要求と職権主義とが働くゆえに、訴訟能力の欠缺は無効原因とならぬと解すべきである」となし、現行法のもとにおいてもおおむね同様に主張しているが[24]、現在では是認しがたい。

2　団藤の上記論文は本邦刑事法学の代表的業績であるが、やはり時代的制約のゆえというべきか。団藤説は刑法理論上は行為時における行為者の主体的責任を強調する一方、刑訴法理論上は行為者の主体的訴訟行為能力を軽視するものであり、理論的一貫性についての疑問は別論としても、二重の意味で被告人に過酷な結果を導くものと評する外はないように思われる。

V　被疑者の訴訟能力と自白の任意性

1　訴訟能力は被告人と被疑者を問わず必要とされること、もとより当然である。刑訴法27〜29条は被疑者(及び被告人)が訴訟能力を有しない場合の訴訟進行のための扱いについて規定するのみで、ここにも被疑者を刑事手続の客体とする思想の影響が見えるというべきであろう。

また、被疑者の訴訟能力に関する学問的議論が少ないことも不可解であるといわねばならない。このことは捜査構造論とも密接に関連することであり、諸家の検討を求めたい。

> 捜査の構造について、平野[25]が「糾問的捜査観」と「弾劾的捜査観」を対比し、後に井戸田[26]がこれは真の捜査構造論ではないと批判して訴訟的捜査構造論を提唱したことは記憶に新しい。本稿の問題意識に照らしても、井戸田説は被疑者の訴訟能力論を基礎づけるうえで有益であると思われる。ただ、本邦の司法実務において、検察官をしていかに訴訟的捜査構造における裁判官的役割を担わせるかという大きな課題が残されている。

2　被疑者の訴訟行為にも種々のものがある。積極的な手続形成行為としては弁護人選任の申出や勾留理由開示の請求などが代表的であるが、捜査機関からみて最も重要なのは被疑者の取調であろう。

而して、被疑者が訴訟能力を欠くとき、その供述(とくに自白)はどのように評価されるべきか。前提問題として再確認すべきは、第一に被疑者も訴訟能力を要するとともに、第二に実体形成行為(その典型は供述)においても訴訟能力の欠缺は無効原因になるということである。そうとすれば、訴訟能力なき被疑者による黙秘権の放棄(すなわち供述)はそれ自体が背理であって無効であり、当然に証拠排除されねばならない。また、かような自白の任意性は否定されて然るべきである。

このように考えると、被疑者が精神病性の異常心理体験に支配されていた

り、中等度以上の知的障害者である場合、その少なからざるケースにおいて違法な取調べと公判における自白調書の違法な証拠採用がなされていることが理解されるであろう。

否、問題はこれにとどまらない。健常者であっても拘禁による不安・恐怖ゆえに反応性の精神障害に陥ることがあり、とくに心理的防衛機制(心の準備)を欠く無実の被疑者にその傾向が強い。すなわち冤罪事件における虚偽自白は急性一過性の拘禁反応ゆえの訴訟無能力状態においてなされることが少なくないのである。虚偽自白に対する心理学的な了解性の立場からの信用性批判とともに、精神病理学的な任意性批判が重要な所以である[27]。

> 刑事訴訟の基礎理論上どのような立場をとるにせよ、供述は一般に(法律行為ないし意思表示的行為に対する意味で)事実行為であるとされている。信用性判断はその事実行為性に着目する評価であるといえよう(供述の信用性判断は供述者の誠実性評価と関連しており、従って価値の問題と全く無関係とはいえないが、しかし、その核心は供述内容と過去の客観的事実もしくは記憶という主観的事実との合致の有無にあり、供述を事実性の面からみていることは否定できない)。
> しかるに、少なくとも被疑者・被告人に関する限り、供述のかような理解は、誤りとはいえないまでも、不十分であり、このことは供述が黙秘権の放棄と同義であることに思いを致せば直ちに理解されるはずである。
> すなわち、それはカント哲学の文脈でいえば事実問題(quaestio facti)である前に権利問題(quaestio juris)なのである。
> また、黙秘権との関連において考えれば、供述という訴訟行為においても訴訟能力は継続的な状態像としてよりも個別的行為能力として考うべきことがわかる。すなわち、黙秘権は本来的に1回の取調べや一公判の被告人質問の全体に対してのみでなく、個々の問いに対して行使しうるのであり、被疑者・被告人は答の一言一句について防御能力を要するからである。しかも、取調受認義務を否定すれば格別、それがあるかの如くに取調室に入ることを強制している実務の現状においてはなおさらである。無実の被疑者に対する取調べを想定すれば、黙秘とは取調べの圧力に対する一瞬一瞬、一呼吸一呼吸の闘いの連続であるとともに、その間における防御能力はしばしば変動し、中途からそれを失うことも少なくないのである。
> 結局、被疑者の供述を事実行為性の面から見てきた多くの見解においては黙秘権の権利性についての洞察が皮相であったといわざるをえず、この権利性の認識は自白任意性批判の視点へとわれわれを導くのである。

VI　訴訟構造論と訴訟能力論

1　訴訟構造との関連における訴訟能力論について検討しよう。そもそも被告

人を糾問の客体としてのみ扱う訴訟構造のもとでは訴訟能力という観念自体が育ちにくいのであって、それは訴追者と対立当事者たる被告人という観念の成立と軌を一にする、すなわち当事者主義的訴訟構造を前提とするように思われる（なお、捜査構造論については、被疑者の訴訟能力に関連して先に述べた）。

2　訴訟能力の本質論やその存在時期に関する議論は上記と不可分の関係にある。今日でも訴訟能力の本質は意思能力で足るとする見解が多いが、かような見解は、それを継続的な状態像をもって把える傾向があり、このため被告人が一定の時間的経過を要する公判に耐える精神的能力を有せぬときは公判手続を停止することになる（もっとも、意思能力も本来的には変動的・浮動的でありうるのであるが、訴訟能力論においてこのことは余り自覚されていない）。

　他方、被告人を訴追者たる検察官と対等の当事者と観念するとき、訴訟能力は単なる意思能力では足りず、民法上の行為能力に準じて実質的に自己を防御する能力が要請されるとともに、その存在時期も各訴訟行為の時点でなければならないことになる。

　而して、一般的な訴訟能力は継続性と、個別的訴訟行為能力は一時性と調和しやすいが、両者を別個の存在と考えるべきではなく、一般的訴訟能力と呼ばれてきたものは本来的には個別的な訴訟行為能力が維持継続されたものであると考えれば足るように思われる。

3　状態像としての訴訟能力論の時代的背景について医学と法学の両面から考えることができる。医学的には、1950年代の精神薬理学の成立以前は治療無力論が根強く、長期入院患者の多かったことが影響したであろう。法学的には、状態像としての訴訟能力は訴訟の客体ないし主体的な訴訟行為を著しく制約された者の属性であって、本邦の刑訴法314条はかような糾問的な訴訟構造と被告人の主体的活動を要請するそれとの中間的ないし過渡的な規定であると思われるのである（なお、本稿では当事者主義的訴訟構造を糾問的なそれとの対比をもって述べた。当事者主義という用語を職権主義との対比で用いる場合もあるが、誤解を避けるためここでは職権主義の用語を用いない）。

　　　今日でも刑訴法教科書の多くが訴訟能力の実質を意思能力で足るとしているが、批判を免れない。旧憲法時代の団藤（1937年）[28]は「民事財産法におけるごとく行為能力を意思能力より遥かに高いところへ置くことは当事者主義からは主張され得よう。

……しかしかくのごときは本質的に職権主義・官権主義的な刑事訴訟においては到底認められないのである」とするが、この論理は憲法秩序と訴訟構造の変化に照らし再検討されるべきであろう。

また、平野[29]は、刑事訴訟では被告人の方から請求する行為が多いので、高い能力を要求すると、かえって十分にその権利を行使することができなくなるおそれがあるので意思能力があれば訴訟能力があるとしてよいとするが、この主張も首肯できない。平野は被告人の保護のためであると考えたのかもしれぬが、その結果はむしろ逆である。この論に従えば被告人に意思能力さえあれば判断力が十分でなくとも訴訟行為は有効ということになる。その問題性は上訴取下げの場合を考えれば明らかであろう。この考え方は被疑者・被告人の能力に多少問題があっても迅速に手続を進めたいとの立場からは歓迎されようが、弁護の立場からは然らずである。また、平野は被告人の方から請求する行為の面を見ているが、訴追側の圧力に抗する面を直視していない。特に拘禁状況下の被疑者は後者の面が圧倒的に大きいのであり、上述の主張は平野の訴訟能力論が被疑者を視野に入れていないことを示しているというべきである。

VII　おわりに

弁護実務を通して看取されたいくつかの問題を概観した。筆者がとくに焦眉の課題と考えるのは、不任意自白排除のための被疑者の訴訟能力論、オウム事件にみられるような裁判官の恣意的認定に代る被告人の訴訟能力認定手続基準の確立、そして訴訟能力論の延長上に位置する既決囚とくに死刑囚の受刑能力調査のための司法的関与である。

いずれも全くといってよいほどに学問的検討が及んでいない問題であり、各位の批判をお願いする次第である。

【注】

1　中島直「刑事裁判における訴訟能力についての裁判例の検討」精神神経学雑誌108巻11号（2006年）。

2　金岡繁裕「訴訟能力に関する刑事裁判例研究」季刊刑事弁護47号（2006年）。

3　中島宏「長期にわたる公判手続きの停止と『手続き打切り』の可能性」法学セミナー577号（2003年）。

4　寺崎嘉博『訴訟条件論の再構築――公訴権濫用論の再生のために』（成文堂、1994年）。

5　指宿信『刑事手続打切りの研究――ポスト公訴権濫用論の展望』（日本評論社、1995年）。

6　団藤重光「責任能力の本質」日本刑法学会編『刑法講座(3)』（有斐閣、1963年）。

7　Ziehen, Th. : Neuere Arbeiten über pathologische Unzurechnungsfähigkeit. Mschr. Psychiat. Neur,5-52, 1899.

8 影山任佐『フランス慢性妄想病論の成立と展開』(中央洋書出版部、1987年)。

9 北潟谷仁「弁護実務から見た司法精神鑑定と今後への期待」法と精神医療15号(2001年)。

10 保崎秀夫＝影山任佐＝中谷陽二＝浅田和茂＝北潟谷仁「座談会：司法精神医学と刑事責任能力論の回顧と展望」季刊刑事弁護32号（2002年）。

11 A・アウグスティヌス『告白(8)』10章など（400年頃）。

12 G・アシャッフェンブルク（萩野了訳）「司法精神病学より見たる独逸刑法」精神神経学雑誌41巻9〜11号（1937〜1938年、原著1934年）。

13 田宮裕『刑事訴訟法〔新版〕』(有斐閣、1996年)。

14 白取祐司『刑事訴訟法〔第3版〕』(日本評論社、2004年)。

15 山上皓「ピアノ殺人」中谷陽二ほか編『司法精神医学(6)鑑定例集』(中山書店、2006年)。

16 山上皓「偏執型と殺人」犯罪学雑誌43号4号（1977年）。

17 中谷陽二『司法精神医学と犯罪病理』(金剛出版、2005年)。

18 Cooper v. Oklahoma, 517 U. S. 348, 1996.

19 小田晋編『司法精神医学と精神鑑定』(医学書院、1997年)。

20 秋元波留夫＝北潟谷仁「訴訟能力と精神鑑定——オウム事件を素材として」季刊刑事弁護47号（2006年、本書第13章所収）。

21 松尾浩也『刑事訴訟法（上）』(弘文堂、1979年)。

22 Trial of Major War Criminals before The International Military Tribunal Vol. 1, 1947.

23 団藤重光「刑事訴訟行為の無効」法学協会雑誌55巻1〜3号（1937年）、同『訴訟状態と訴訟行為』(弘文堂、1949年)。

24 団藤重光『刑事訴訟法綱要〔7訂版〕』(創文社、1967年)。

25 平野龍一『刑事訴訟法』(有斐閣、1958年)。

26 井戸田侃『刑事手続の構造序説』(有斐閣、1971年)。

27 北潟谷仁「弁護活動と精神医学」日弁連編『日弁連研修叢書：現代法律実務の諸問題（平成16年版）』(第一法規、2005年、本書第4章所収)。

28 団藤・前掲注23論文「刑事訴訟行為の無効」。

29 平野龍一『刑事訴訟法概説』(東京大学出版会、1968年)。

第11章　被疑者の訴訟能力

> I　はじめに
> II　捜査の進行について被疑者に訴訟能力が求められる
> 　　理由
> III　捜査段階の刑事手続の諸相と訴訟能力
> IV　訴訟能力なき被疑者の自白の任意性
> V　おわりに

I　はじめに

　訴訟能力の観念が被告人のみならず被疑者にも適用されることは自明であるが、講学上、被疑者の訴訟能力について論ぜられることは余りにも少ない。

　訴訟能力に関する刑訴法の規定は総則の27〜29条(被告人又は被疑者が法人であるときと、刑法39条乃至41条を適用しない罪にあたる事件について被告人又は被疑者が訴訟能力を有しないときに関する規定)と、被告人が心神喪失の状態にあるときの公判手続停止を定める314条であり、総則に規定のあること自体、訴訟能力が被疑者にも適用される観念であることを示しているが、問題は314条の公判手続停止と同様の思考は被疑者に対しても必要であるにかかわらず、現状はそれが全く省みられていないところにある。よって、以下に実務的に問題となる事項を略記したい。

II　捜査の進行について被疑者に訴訟能力が求められる理由

　訴訟無能力者は自己を防御する能力を有しないから、かような者に対して刑事手続を進めることは公正の要求にそわず訴されない。従って、訴訟無能力の被告人に対する公判手続停止を定める法314条1項本文は当然のことを規定したまでで、同条の本意は無罪・免訴・刑の免除・公訴棄却の裁判をなすべきことが明らかな場合には、被告人の出頭を待たないで直ちにその裁判をすることができるとする同項但書にあるというべきであろう。

　そうとすれば、捜査段階の刑事手続についても、法314条1項本文と同様の思考が働かねばならないはずである。

214　第4部　訴訟能力

III 捜査段階の刑事手続の諸相と訴訟能力

逮捕・勾留は被疑者の逃亡および罪証いん滅の防止を目的として認められる強制処分と解されるが、逃亡や罪証いん滅は訴訟能力と無関係になされうるから、訴訟能力を顧慮することなく発付される逮捕状・勾留状も直ちに不適法とはいえない(但し、訴訟無能力の中核をなす精神障害や意識障害のため、逃亡や罪証いん滅のおそれが否定され逮捕・勾留が違法となる場合がありうることは別論である)。他の令状も同様である(なお、障害者権利条約〔2006年12月13日の第61回国連総会で採択、2014年1月20日日本政府批准〕14条に関する2014年9月の障害者権利条約委員会は、「刑事司法体制における訴訟無能力あるいは責任無能力の宣告とこれらの宣告に基づいて人を拘禁することは条約14条に違反すると宣言する」としているが、公判における被告人の訴訟無能力判定後の拘束はもとより、訴訟無能力の被疑者の拘束も抑制的でなければならないことを示している)。

問題は被疑者の取調べ、とくに逮捕・勾留中の被疑者の取調べである。取調べこそ、捜査官にとって自白獲得の場であるとともに、被疑者にとっては自己を防御しなければならない最重要の場である。従って、訴訟能力なき被告人に対する公判手続続行が許されないのと同様に、訴訟能力なき被疑者は取調べという捜査方法に応ずる義務はなく、かような被疑者に対する取調べは禁止されるべき理由がある。なお、逮捕・勾留されている被疑者の取調受任義務については議論があるが、現在の捜査実務においては(多くの学説の反対にもかかわらず)これが肯定されている。しかしながら、この理は訴訟能力なき被疑者には妥当しないというべきである。

なお、被疑者の側から積極的になす行為、例えば弁護人の選任や勾留理由開示の申立等の訴訟行為についても、当該被疑者に訴訟能力が欠けていれば、その行為は無効になるというべきか。これらの行為においては取調べの圧力に抗するような防御は要しないから、無効になるということはないであろう。否、そのような訴訟行為をなすこと自体に訴訟能力があらわれているともいえるであろう。

IV 訴訟能力なき被疑者の自白の任意性

まず、自白するということ自体が黙秘権という権利の放棄を意味することに注意しなければならない。而して、その権利放棄は被告人の上訴権の放棄と同

様に、訴訟能力なくしては有効になしえないはずである。従って、訴訟能力なき被疑者の自白は任意性を取得する前提を欠いている。

また、実質的にみても、訴訟無能力者が取調べの圧力に抗しうるとは考えられないし、そもそも訴訟無能力者に対する取調べは禁止されるというべきであるから、仮に訴訟無能力者が自白した場合、その自白の任意性は否定されるべきである。

V　おわりに

被疑者の訴訟能力の中核的問題は取調べの可否と自白任意性である。現在、取調べの録音・録画が進みつつあるが、素人（すなわち法律家や裁判員）がこれを見ても、被疑者の精神病理を見落とす場合が少なくないことに注意しなければならない。このため弁護人としては証拠保全としての鑑定申立を迫られる場合もあると思われる。その場合、拘禁の長期化を避けるため鑑定留置期間を2～3日とする短期間精神鑑定が検討されるべきであるが、死刑が問題となるような重大事件にあっては数カ月の鑑定留置をなす本格的な鑑定を求めるべき場合もあるであろう。また、鑑定申立の資料とするため、弁護人接見時の被疑者の供述内容と動静を録音・録画することも必須である。

第**5**部

オウム真理教
事件に見る
精神鑑定

第12章　死刑と精神鑑定
——集団事件における鑑定の採否

- I　はじめに
- II　麻原彰晃の精神病理
- III　司法精神医学から見た死刑問題
- IV　死刑が想定される集団事件における鑑定
- V　おわりに

I　はじめに

　本稿は、オウム事件を素材として死刑事件における精神鑑定のあり方について論ずるものである。

　もとより筆者らは専門を異にし、問題関心を完全に同じくするものではないが、ともに法学と精神医学の相互対話の必要性を痛感しており、そのひとつの試みとして本稿を提出する次第である(なお、筆者らの刑事精神鑑定にかかる基本的な考え方は、秋元波留夫『刑事精神鑑定講義』〔創造出版、2004年〕に述べた。また、オウムと麻原の精神病理については近刊予定の秋元『〔新版〕空想的嘘言者に蹂躙された日本——麻原彰晃とオウムの研究』〔創造出版〕に詳述している。麻原の裁判が控訴審に移行して精神鑑定の要否が論ぜられていること、また弟子たちの裁判の多くが確定を間近に控えていることに鑑み、本稿をもって急ぎ麻原の鑑定の必要性を訴える次第である)[1,2,3]。

II　麻原彰晃の精神病理

1　麻原に対する一審判決(東京地判平16・2・27判時1862号47頁)は、量刑の理由として、「松本サリン事件および地下鉄サリン事件で多数の訴因が撤回された後においても死亡被害者27人、負傷被害者21人に上るこの13件の誠に凶悪かつ重大な一連の犯罪は、自分が解脱したものと空想してその旨周囲にも虚言を弄し、被告人に傾倒する多数の取り巻きの者らを得ると、更に自分が神仏にも等しい絶大な存在である旨その空想を膨らませていき、自ら率いる宗教団体を名乗る集団の勢力の拡大を図り、ついには救済の名の下に日本国を支配し

ようと考えた、被告人の悪質極まりない空想虚言のもたらしたもの、換言すれば、被告人の自己を顕示し人を支配しようとする欲望の極度の発現の結果であり、多数の生命を奪い、奪おうとした犯行の動機・目的はあまりにも浅ましく愚かしい限りというほかなく、極限ともいうべき非難に値する」と述べた。

しかして、麻原における「空想虚言」の指摘は誤りではないが、「悪質極まりない空想虚言」としているように、それを悪性の徴表と見るのみで、それが本来的に蔵している疾病性を看過しているところに判決の基本的な問題がある。

2　麻原が空想虚言症者であると推定されることは、つとに秋元が指摘してきたところである[4]。

空想虚言という、この「特異な嘘つき」に精神医学の立場からはじめて着目し、空想虚言症(peseudologia phantastica)という概念を提唱したのはデルブリュックである[5]。彼は当時の精神科医によって単なる虚言、記憶錯誤、詐病あるいは妄想として片づけられていた精神鑑定6症例を詳細に検討し、このような当時の精神医学の隙間に注目して、空想と現実の区別のつかない無意識的虚言を「空想虚言症」と呼び、さまざまな精神障害に随伴することのある症候群と見なした。しかし、彼が主張したかったのは、その論文の表題に「正常な心理過程から病的症状への移行に関する研究」とあるように、空想虚言症が精神疾患の病的症状であると同時に「正常な心理過程」としても出現することであり、この提言は空想虚言症がある種の人格類型でもあることを示唆している。

この空想虚言症がネガティブな役割を果たす事例に注目したのが近代精神医学の確立者クレペリンである[6]。彼はデルブリュックの記載したような事例を「虚言者及び詐欺者」と呼び、精神病質人格(今日の人格障害)の一類型として位置づけた。今日のアメリカ精神医学会によるDSM-IVは疾病単位としてはこれを採用していないが、デルブリュックやクレペリンによって提唱された医学的視点は現在も世界的に承認されている。

しかして、クレペリンの精神医学教科書によって、その特異な症状を要約すれば以下のとおりである。

①想像力が異常に旺盛で、空想を現実よりも優先する。
②一見才能があり、博学で、地理、歴史、詩歌、技術、医学等何くれとなく通暁して、話題が豊富である。しかし、よく調べて見ると、彼の

知識は読書や他人の話からの断片の寄せ集めであることがわかる。

③弁舌が淀みなく、当意即妙の応答が巧みである。

④好んで難しい外来語、鬼面人を脅かす言葉をならべる。

⑤人の心を攬(と)り、人気に適合し、注目を惹くことに長ずる。

⑥自己中心の空想に陶酔し、他人の批判を許さない。

　麻原はこのクレペリンの空想性虚言者の特徴6カ条を完全に満たしていると
いってよいであろう。麻原の第1の特徴は「空想が異常に旺盛で、空想を現実
よりも優先する」空想者であるのみならず、これを実際の行動によって実現し
ようとする傾向が顕著であること、第2の特徴は並外れて強い顕示欲、つまり
自分を偉く見せたいという願望、そして第3の特徴は現実認識の甘さ、欠損で
ある。

3　麻原の空想虚言症は他の症例に比して特異的な面もあるように思われる。
秋元が1947年に発表した自称「京都大学教授法学博士土屋濁水」のほか、高
島、菅又、さらにデルブリュックをはじめとする諸外国の報告のほとんどすべ
ては、空想虚言症者の犯罪では経歴詐称、結婚詐欺が多く、軽罪が優先するこ
とで一致している[7]。したがって、秋元の推定に基づけば、麻原は空想虚言症
者が重大犯罪をおかすことがありうることを証明した最初の人物である。

　他方、大きな宗教活動をなした人物として大本教の教祖出口王仁三郎が想起
される。彼の精神鑑定を行った今村によれば、「性格ニ先天異常アリテ、虚言
者ノ傾向ヲ有セルモ、著明ナル病的程度ニハ未ダ達セズ」とされているが[8]、
今村の診断を今日の精神医学的用語に置き換えれば、人格障害の一類型である
空想虚言症者ということになる。王仁三郎はわが国で報告された宗教的空想虚
言症者の先駆けである。しかして、出口と麻原は精神医学の見地からは等しく
空想虚言症者であるけれども、その人物像には極めて大きな差異がある。最も
大きな違いは、王仁三郎は人の生命を大切にする心、自然、芸術を愛する心が
あり、宗教心の真髄である愛を知る人であったのに対し、麻原の場合は、仮に
宗教的才能の一面を有していたとしても、それ以上に世俗的な支配欲が強烈で
あったということである。精神医学でいうところの空想的虚言症者の生き様に
さまざまな違いがあるのは、その人物の知性、感受性に差異があるからである。

4　空想虚言症に加えて、現在の麻原には拘禁反応の顕著な症候が存するよう

に思われる。

　第1回公判(1996年3月27日)においては、裁判長から求められた罪状認否とは無関係であるが、教祖としての「宗教観」を述べている。もっとも、その宗教学的な価値は論評の限りではないが、一応それなりにまとまっていて、法廷で「聖者」のポーズを誇示したものと解され、拘禁反応はあるとしても軽度と考えられる。

　しかるに、1年後の第34回公判(1997年4月24日)における2時間半にわたる陳述は、裁判長から求められた公訴事実17件の罪状認否ではなく、16件についてはすでに裁判で無罪となっており、1件は1年の刑であったがすでに釈放命令も出てマスコミも報道したが、第3次世界大戦で日本がなくなり、釈放命令がそのままになっているという、まったく荒唐無稽なものであった。しかも、自己の陳述が終わり、弁護人が発言しているとき、すなわちもう演技の必要がなくなっても、ぶつぶつ独語し、自問自答していることなどから推定して、幻聴を体験している可能性が大きい。

　拘禁反応は拘禁状況と関連する精神障害で、心因反応の一形態であるが、その病像は多彩で、自律神経症状を主とする神経症状態にとどまるもの(拘禁神経症)から、幻覚(幻聴、幻視など)や妄想(赦免妄想、被害妄想、誇大妄想など)の精神病像を呈するもの(拘禁精神病)までさまざまである。麻原の場合は、幻覚・妄想を主症状とする拘禁精神病の可能性が大きいうえ、その背後に脳の病変の存在も想定される(なお、脳病変のうえに拘禁反応を呈した先例として帝銀事件の犯人とされた平沢貞通のケースがある。ただし、平沢には狂犬病予防注射による重篤な脳炎後遺症に加えて、起訴前の取調時における強度の拘禁反応が認められ、不任意かつ虚偽の自白を強いられた可能性が大きい。冤罪が強く疑われる事例である)。

5　以上のとおり、麻原の精神病理として教団設立の当初から事件当時まで一貫して存したと思われる空想虚言症に加えて、公判中途からの拘禁精神病の可能性が大きいから、事件当時の責任能力と現時点の訴訟能力の両面において鑑定を要するというべきである(デルブリュックもいうように、空想虚言症は症候群であって、人格障害というべきものから、病的な妄想症や、脳に器質的障害のあるものまでを含むのであるから、その存否の判断のためには正式鑑定を必要とする。また、現在の精神状態について法律家の素人判断のもとに訴訟手続を進めることは非常に危険である)。

　さらに、後述するように、オウム事件においては、弟子(実行犯)たちの公判

における適正な責任能力と量刑判断のためにも、(弟子本人のみならず)麻原の精神鑑定が不可欠である[9]。

Ⅲ　司法精神医学から見た死刑問題

　転じて、精神鑑定から見える死刑問題について触れたい。司法精神医学には死刑制度の是非についても示唆するものがあるからである。

1　重罪事件において、被告人の資質が責任能力論と情状論とで矛盾した作用を果たすことが少なくない。

　すなわち、それが「疾病」とされれば責任減免をもたらすが、「非疾病」の精神病質ないし人格障害であるとされるときは、矯正不能の悪しき情状としてしばしば死刑の理由とされるからである(このことは、疾病と非疾病を断続的なものと見るか、移行可能な連続的なものと見るかという、精神医学的疾病観の根本問題に関わる)。

　しかして、それは刑事司法と医療の本来的矛盾の現象形態であって、われわれはこの矛盾を直視しつつ、両者の境界において解決を求めてゆくほかはない。否、現在非疾病とされるものについても、医学の進歩とととともに遺伝的変異や微細脳障害等の疾病性が発見される可能性を考えれば、上記の矛盾は責任能力制度廃止による重罰化よりも、むしろ死刑廃止論の一理由にもなりうることが理解されるであろう。

2　なお、法哲学的には上記矛盾を自覚しつつ、死刑制度を維持する立場もありうるかもしれない。ホームズ判事は、1925年12月17日のハロルド・ラスキ宛書簡において、次のように述べている。「抑制不能の衝動をめぐる貴君のご意見にお答えしますと、法は社会的行動のある最低量を規定しているのであって、人はそれに服さねばならず、違反したときは責任を負う覚悟が必要だと考えます。……その覚悟の最も少ない人々に最も重い責任がかかってくることになりますが、しかし、そのためにこそ法が存在するのです。……もし私が私の判決による死刑囚と仮定の哲学的問答をするならば、私は彼に対して次のように言うでしょう。……君の行動が君にとって不可避であったことは疑わない。しかし他の人々がその行為をより避けやすくするため、公共の福祉のために君を犠牲にせんと提案するのだ。君がそう思いたいなら、君自身を祖国のために

222　第5部　オウム真理教事件に見る精神鑑定

死ぬ兵士だと思ってもよいのだ」[10]。

しかして、ここにはプラグマティックな正義観の精髄が表現されているが、同時に制御不能性が人間の認識能力の彼岸たる一種の聖域（魔女性と同様に倒錯された聖域）とされているように思われる。しかしながら、もしホームズが現存するとして、その後明らかにされた遺伝的疾患や脳病理等の経験科学的知見を前にしても同様に述べるだろうか。もとより現代医学も知ることは少なく、未解明の部分が多いことは否定できないが、福島の微細脳器質性格変化症候群概念などもそのような経験科学的努力のひとつなのであり[11]、それは死刑制度の是非を考える際にこそ最も大きな意味を有すると思われる。結局、ホームズの立場は、少なからぬ事例において疾病を罰することに帰結するほかはないのである。

3 立法論としては、死刑判決の手続的要件としての必要的鑑定制度を採用すべきと考える。われわれの認識能力の限界によって疾病が看過される可能性を否定できないからである。否、時代的制約による疾病の無知によるときは、将来における再審の可能性も開かれるべきであろう。ウィルマンスは、〈発病初期の統合失調症殺人者の多くが鑑定を経ずに処断されており、後世の人間がこれを見れば、我々が過去の魔女裁判を見るのと同じように感じるだろう〉との趣旨の発言をしているが、それはわれわれの法廷にも妥当するのである。

なお、現時点においても、フランスでは重罪について鑑定が必要的であり、ドイツでも重大事犯にはほとんど例外なく鑑定がなされている。わが国の現状はまことに問題が多いといわなければならない。

Ⅳ　死刑が想定される集団事件における鑑定

1　死刑が想定される重大な集団事件においては、精神鑑定についても単独犯とは別個の思慮を求められることがある。集団精神病理の解明のため、当該被告人以外の関係者の鑑定を要する場合がその一例である。

オウム事件に戻って、このことを検討しよう。一審の麻原弁護団は被告人の鑑定請求をしなかったが、罪体を争っているのであるから当然だとの意見があろうし、それを別論としても（死刑事件についても必要的とはされていない）現状において鑑定請求は困難であったかもしれない。他方、一部の実行犯（弟子）の弁護団は、被告人がマインドコントロールを受けていたとの視点から心理鑑定

第 12 章　死刑と精神鑑定　223

を求めたものの、判決への影響は大きくはなかったように思われる。

　しかして、筆者らが思うのは、実行犯の公判においてこそ、より強く麻原教祖の鑑定が必要であったということである。新興宗教団体においては一般に、宗教精神病理性と集団精神病理性(あるいは感応精神病理性)が混在しており、オウムもその例外ではない。麻原においては宗教性(空想的虚言性と両立する意味での)以上に世俗的権力欲が強烈に作用しており、弟子たちは宗教的感化とともに権力的支配をも受けるから、その集団精神病理は相互性よりも教祖から弟子に対する一方向性が強い(その意味ではマインド・コントロールという見方も誤りではない)。したがって、弟子の弁護人が自己の被告人を護るためには、被告人本人の鑑定のみでは不十分で、集団精神病理の根源たる教祖の鑑定が必要なのである。もっとも、かような鑑定請求は前例がなく、また、麻原の公判との関係で困難な問題が予想されるが、しかし、事案の真相に近づくためには、それが不可欠であると筆者らは考える。

2　上記の当該被告人以外の者の鑑定請求は、いわゆる統一公判の論理と共通の思想性を蔵するように思われる。1960年代末期の大学事件とくに東大裁判において、統一公判を求める被告・弁護団に対し、裁判所はグループ別公判を進め、その根拠として「最も本質的なことは、刑事裁判は思想や信条を裁くものではないことはもとより、いわゆる東大問題そのものを直接に審理の対象とするものでもないということである」(東京地裁の1969年4月3日付「東大関係事件の取り扱いに関する基本方針」)と述べたが、佐伯らの「それは当然のことではあるが、それが審理の対象はあくまでも訴因とされた具体的行為であり、その行為に駆り立てた被告らの思想や、その機縁となった東大問題等の社会的背景は二次的な意味しかもたないという形で展開されるところに問題がある。もともと、犯罪成立を阻却する事由は、犯罪類型そのものに内在するものではなく、むしろ、その外にある附随事情なのであり、情状事実の多くも同様であるから、事実に犯罪類型をあてはめて構成された訴因だけの審理で足りるというようなことはありえない」[12]との指摘は傾聴に値する。東大裁判において統一公判論に一定の理由があったように、オウム事件における公判分離された他の被告人の精神鑑定請求にも理由が存するのである。

　なお、東大裁判が思想を裁くものでないのと同様に、オウム裁判も信仰を裁くものでないことはもちろんである。しかしながら、教団内部において計画され、信徒らによって実行された本件においては、教祖と実行犯信徒双方の鑑定

によって集団精神病理が解明されないかぎり、適正な責任判断も適正な量刑判断も不可能なのである。

V　おわりに

オウム事件を素材として、司法精神医学の視点から見た死刑問題の一端について述べた。もとより筆者らの思考は非常に限定されたものであろうが、われわれはあらゆる視点から死刑の存在根拠を検討し、制度の是非を決する必要がある。

【注】

1　周知のとおり「麻原彰晃」はオウム真理教団教祖の教団名ないし通称であるが、本稿においてはこれをもって表示し、実名は用いないこととする。

2　本稿の主要な資料は以下のとおりである。オウムの教説については秋元が教団発行の各文献を検討した。教団史については江川紹子『「オウム真理教」追跡2200日』(文藝春秋、1995年) および元信者の林郁夫『オウムと私』(文藝春秋、1998年)、裁判については公刊物登載の各判決のほか、朝日新聞記者の降幡賢一『オウム法廷 (1〜13)』(朝日文庫、1998〜2004年) および江川紹子『「オウム真理教」裁判傍聴記 (1・2)』(文藝春秋、1996〜97年) の各傍聴記、並びに渡辺脩『麻原を死刑にして、それで済むのか?』(三五館、2004年) 等である。筆者らは裁判記録自体は見ていないが、渡辺は「本書の内容は、麻原弁護団の最終弁論をまとめたものである」と述べているので、これによって一審弁護団の考え方を知ることができる。麻原の精神病理については秋元が第253回公判 (2003年4月10日) を傍聴したが、医学的な診察をしたことはない。

3　麻原一審公判長期化の原因として弁護活動に対する批判を散見するので、これについて付言したい。

責任能力や訴訟能力の問題を看過し、もっぱら罪体 (共謀事実を含む) の問題として訴因を争った弁護方針については、筆者らとしても批判がないではない。それは麻原を「偉大な宗教家」とみるか否かという人間認識の差異にも関連するであろう (出口王仁三郎の例にもあるとおり、宗教性が空想的虚言症と両立することはありうるが、麻原にみられるような世俗的欲望が供述の誠実性に及ぼす影響は容易に知りうるはずである)。

しかしながら、もし長期化の批判を免れないとすれば、その基本的責任は検察官にある。すなわち、その最大の要因は検察官が証拠能力を有しない資料にもとづいて地下鉄サリン事件の被害者多数について立件し、後に訴因の撤回に及んだことである。これは検察の失態以外の何物でもない。否、社会の処罰感情に乗じて証拠採否の基準をゆるめようとしたとすれば、動機が不純である。弁護人はデュー・プロセスを通じてのみ職責を全うしうるのであり、検察の安易な訴追に迎合しつつ適切な弁護をなすことなどあり

えないのである。

　次に大きな要因は、捜査機関がなした起訴前の科学鑑定について、再鑑定資料が法廷に提出されず、しかも鑑定経過のビデオ録画等による可視化がなされていないことにある。これは再鑑識資料の保存を求める犯罪捜査規範に反するのみならず、スポーツの世界において被検者に再鑑定請求の権利を保障しているIOCドーピング・マニュアル（反ドーピング国際オリンピック憲章）との比較によっても明白な、世界の非常識である。可視化と検体（再鑑定資料）の保存はそれ自体が起訴前鑑定の公正さと正確さを担保するが、現状は追試の可能性を意図的に排除しており、科学の名に値しないというほかはない。したがって、弁護人としては、麻原の弁護団が行ったような「重箱の隅をつつくような反対尋問」（一部の新聞批評）も不可避であるが、その効果は非常に限定されており、多くの誤判が放置されているのである（筆者北潟谷は1974年の弁護士登録直後から主として覚せい剤鑑定についてかような嘱託鑑定の違法を指摘してきたが、裁判所がその証拠能力を否定したことはない。このような裁判所の態度が科学捜査機関を堕落させてきたのである。詳しくは北潟谷仁「覚せい剤鑑定の問題性」季刊刑事弁護12号〔1997年〕106頁参照）。

4　秋元波留夫『空想的嘘言者に蹂躙された日本』（創造出版、1996年）、同『AUM科学的記録』（創造出版、2002年）を参照。

5　Delbrück, A. : Die pathologische Lüge und psychisch abnormen Schwindler. Stüttgart, 1891.

6　Kraepelin, E. : Psychiatrie. Ein Lehrbuch für Studierende und Ärzte. IV Band Klinische Psychiatrie, III Teil. 8. Aufl., 2043-2075 ,1915.

7　秋元波留夫「虚妄と真実—— 空想虚言症者「土屋濁水」の検診記録から」北国新聞1947年10月20日、高島實「精神病質人格の一類型、空想虚言症者に関する犯罪病理学的研究」十全医学会雑誌55号（1953年）818〜823頁、菅又淳「詐欺累犯者の精神医学的・犯罪生物学的研究—— 虚言性精神病質人格の類型とその社会的予後に関する一寄与」精神神経学雑誌58巻4号（1956年）468頁を参照。

8　今村新吉「鑑定餘瀝㈠—— 所謂憑霊魂現象ニヨル精神作業ノ鑑定」京都医学雑誌33号（1936年）6〜8頁。

9　第34回公判における麻原の陳述について、弁護団は同公判で「被告人の陳述の言わんとしていることは、17の公訴事実のうち16については無罪を主張しているものと考えている」旨を述べた。しかしながら、麻原は無罪を主張したのではなく、すでに判決で無罪となり、あるいは刑期が満了して釈放命令が出て自由の身になり、裁判は終わり、裁判を行った日本は存在しないと主張したのである。両者は別のことがらではないか。筆者は、極めて困難な状況のなかで献身的に弁護にあたられた一審弁護団の労を多とするものではあるが、弁護団が前叙の麻原陳述に正面から向き合い、早期に精神鑑定請求に踏み切っていれば、麻原にとっても、弟子たちにとっても、別の展開が可能ではなかったかとの想いを禁じえない。

10　Holmes-Laski Letters, Harvard University Press, 1953.

11　福島章『殺人という病—— 人格障害・脳・鑑定』（金剛出版、2003年）。

12 佐伯千伋＝米田泰邦「集団事件の刑事手続」法律時報42巻8号（1970年）61～69頁。

【北潟谷追記】

　オウム事件の死刑囚13名は2018年7月6日と同月26日の2回に分けて全員の刑が執行されたが、これによって本件の学問的問題性が消滅する訳ではない。

　責任能力について訴訟上の鑑定がなされたのは坂本弁護士一家殺害事件のＯ被告人に対してのみであったが（但し、鑑定の形式は精神医学者小田晋と刑事法学者土本武司の「心理鑑定」であった）、鑑定結果は「Ｏには精神医学的意味での精神障害による心神耗弱状態の存在はないが、麻原の命令に従って本件犯行を行うこと以外の行動を期待することには困難が存在していた」というものであった。小田・土本はこのことを期待可能性の法理によって説明しているが、責任能力の心理学的要素のうち行動制御能力は広義の期待可能性の思想と密接に関連しているから、小田・土本の見解を一歩進めて制御能力の限定を認める余地もあるように思われる。

　また、オウム事件の実行犯被告人について正面から限定責任能力を認める精神医学的見解もある。被告人Ｔの公判で弁護人は精神科医高橋紳吾の意見をうけて「マインドコントロールを受けて責任能力が減じていた」こと、「マインドコントロールは精神医学的には解離であり、感応性精神病と同様の状態であった」と主張したし、岩波は「犯行時においてＴが一般的な善悪の判断を認識していたことは確かであるが、一方でＴは、オウム真理教の教義がそれらを超越した、より上位のものであると確信していたことから、理非弁識能力は損なわれていたと考えるのが適当である。つまり、オウム真理教を盲信していたＴは、通常の自由意志が奪われた状態であり、刑事的な責任能力は減弱していたのである」（岩波明『殺人に至る「病」——精神科医の臨床報告』〔ベスト新書、2018年〕）とし、制御能力以前に弁識能力自体が限定されていたと述べている。

　本稿にも述べたが、オウム事件の核心はマインドコントロールと感応性精神病にも類する集団精神病理であるから、実行犯の当該被告人のみでなく、教祖の麻原の鑑定も不可欠であって、双方の鑑定によってはじめて適正な責任能力判断がなされる必要条件が充たされるというべきなのである。

第12章　死刑と精神鑑定　227

第13章　訴訟能力と精神鑑定
――麻原彰晃被告人の訴訟能力

Ⅰ　はじめに
Ⅱ　控訴審の審理過程
Ⅲ　麻原彰晃にかかる精神医学的知見
Ⅳ　本件における訴訟能力と精神鑑定
Ⅴ　おわりに――弁護の問題にふれて

Ⅰ　はじめに

　本稿は、オウム事件を素材として、麻原彰晃被告人の控訴審の主要問題とされている訴訟能力と精神鑑定のあり方について検討するものである。

　なお、筆者らは本誌に同事件を素材として死刑事件における精神鑑定のあり方について寄稿したことがあり[1]、本稿はその続編の位置づけを与えられるものである。

　なお、本稿においても被告人の実名は用いず、教団名ないし通称をもって表示する。

Ⅱ　控訴審の審理過程

　弁護人編集の控訴審資料集および控訴棄却決定(東京高決平18・3・27)と異議棄却決定(東京高決平18・5・29)によれば、控訴審の審理経過の要点は以下のごときである。

2004(平成16)年

　　　2月27日の一審判決後に控訴審弁護人らは親族から受任し、頻回の接見を試みたが、7月29日に被告人が接見室に現れるまでまったく接見できず。

　　　6月末、裁判所は控訴趣意書提出期限を2005年1月11日と指定し、「この裁判は2年で終らせる」「ふつうの裁判と同じようにやる」と表明。こ

228 ｜ 第5部　オウム真理教事件に見る精神鑑定

れに対し弁護人は被告人とコミュニケーションがとれない以上控訴趣意書は書けない旨を主張。

　10月28日、弁護人：精神鑑定と第1次公判手続停止の各申立て。

　12月10日、裁判官2名と書記官が「控訴趣意書提出に関する手続教示」と称して東京拘置所で被告人に面会(後日、裁判官は、弁護人に対し、裁判官の質問に対して「うん。うん」等の声を発したとして、「こちらの言っていることは理解している」と述べた)。

2005(平成17)年

　1月6日、控訴趣意書提出期限を同年8月31日に延伸。

　7月29日、弁護人：第2次公判手続停止申立て。

　8月19日、裁判所：上記申立てに対し「職権発動せず」の決定。そのさい裁判所が弁護人とマスコミに配布した書面に(前記面会によって)「被告人が訴訟能力に欠けている疑いはないと判断」したこと、また「当裁判所は、改めて事実を取り調べて検討した結果、被告人が訴訟能力を有するとの判断は揺るがない」と述べる一方、「慎重を期して、事実取り調べの規定に基づき、鑑定の形式により精神医学の専門家から被告人の訴訟能力の有無について意見を徴することを考えている」とした(なお、訴訟記録上は「鑑定」決定とされているが、弁護人立会いの鑑定人尋問等がなされておらず、手続の公正さに疑問なしとしない)。

　8月31日、控訴趣意書提出期限日。弁護人は裁判所に赴き、控訴趣意書を提出しないと言明。

　9月6日、裁判所：西山詮医師に対し鑑定命令。

2006(平成18)年

　2月20日、西山医師：鑑定書提出。

　3月21日、弁護人：同年3月28日に控訴趣意書を提出する旨裁判所に言明。

　3月27日、裁判所(東京高裁第10刑事部)：控訴棄却決定。

　3月28日、弁護人：控訴趣意書提出。

　3月30日、弁護人：異議申立て。

　5月29日、裁判所(東京高裁第11刑事部)：異議棄却決定。これに対し弁護人が最高裁に特別抗告中。

Ⅲ　麻原彰晃にかかる精神医学的知見

1　多数提出された鑑定書、意見書

　控訴審において、裁判所選任にかかる西山医師の鑑定書のほかに多数の医師の意見書（およびその補充書）が提出されている。このうち検察官嘱託にかかるものは佐藤忠彦・古茶大樹の共同意見書1通のみであり、その意見は西山鑑定書に近いといえるが、弁護人提出にかかる6名（本稿筆者・秋元のほか、中島節夫、N、中谷陽二、野田正彰、小木貞孝）の各意見書はいずれも西山鑑定書に対して鋭い批判を加えている。ここでは西山の鑑定主文と秋元の所見を掲記する。

2　西山詮医師の鑑定主文

　以下は、西山医師が2006（平成18）年2月20日付で提出した鑑定書の主文である。

　　「(1)　被告人は、現在、拘禁反応の状態にあるが、拘禁精神病の水準にはなく、偽痴呆性の無言状態にある。
　　(2)　被告人はものを言わないが、ものを言う能力が失われたことを示唆する証拠はない。実際にコミュニケーションする能力があることは、さまざまな方法で証明されている。発病直前及び発病初期からあった強力な無罪願望が継続していると考えられ、被告人は、訴訟を進めることを望んではいないが、訴訟をする能力を失ってはいない」。（引用ここまで）

3　西山鑑定に対する秋元の所見

　以下は、秋元が2006（平成18）年2月28日付で提出した意見書の主要部分である。
　「この西山鑑定人の鑑定は、その結論の誤りに止まらず、それを導いた鑑定の手順についても司法精神医学の知見に反する不備なものであり、到底支持するに耐えないものであるので、厳しい批判、反論を加えなければならない。
　まず、西山鑑定人の鑑定結果について考察を加えよう。

⑴　鑑定主文第1項について

　西山鑑定人は第1項で、被告人の現在の精神状態が拘禁反応であり、無言状態であることを認めながら、この無言状態は偽痴呆性のものであるから、拘禁精神病の『水準』ではないとしている。拘禁精神病の水準とは何かが明示されていないからこれは西山鑑定人の独断に過ぎない。

　さらに問題は西山鑑定人が被告人の現在の精神状態を『偽痴呆性の無言状態』と診断としていることである。いかなる根拠から、被告人の現在の精神状態を『偽痴呆』と診断したかを知ろうとして、『鑑定人の診断』(70頁〜4頁)を読んでみたが、驚いたことに、診断根拠については拘禁反応について多少触れているだけで肝心の『偽痴呆』については殆ど何も述べていないのである。ただこの項の終わりに『被告人の場合は、中心症状は動揺から作話を経て無言まで経過しているが、精神病的要素に乏しく、虚偽性(合理的思慮の介在)及び逃避願望の強い拘禁反応と言うことができる』と書かれているだけである。虚偽性(合理的思慮の介在)では偽痴呆を意味しないし、虚偽性は不合理的思慮であり、合理的思慮の介在ではないことは自明であろう。

　肝心の偽痴呆の診断根拠については殆ど何も述べていないのに、拘禁反応でよく見られるところの『昏迷 stupor』について滔滔と反論しているのはまことに奇異に感じられるが、これは鑑定人が偽痴呆と診断する根拠を見出していないからであり、昏迷ではないから偽痴呆であるという牽強付会のやり方に陥っているとしなければならない。そもそも偽痴呆なる鑑定人の診断が間違っているのである。偽痴呆とは痴呆、ぼけ(最近認知症と改められた)と呼ばれる脳の病気を偽装することで、解離性障害(ヒステリー)や拘禁精神病に見られる症状であるが、その診断は『的外れ応答 Vorbeireden』といって、分かりきった簡単なことに間違った、見当はずれの、でまかせな返答をしたり(たとえば、自分の名前のかわりに他人の名前を言ったり、ごく簡単な計算を間違える)、間違った動作(たとえば、洗面所と便所を間違える)をしたりするといった会話や行動上の異常の存在に基づかなければならない。とくに的外れ応答は偽痴呆診断の決め手といってよい。ところが鑑定人も認めているように、無言なのである。従って偽痴呆診断の根拠は存在しない。西山鑑定人の主張する『偽痴呆性無言』なるものは論理的矛盾そのものである。何故ならば、これまで述べてきたように、無言では偽痴呆か否か診断のしようがないからである。それゆえ、被告人の現在の精神状態を偽痴呆とする西山鑑定人の診断は明らかに間違いであり、誤診である。

私は2006年2月1日、小菅の東京拘置所で被告人と30分間面接したが(週刊朝日2006年2月24日号参照)、その所見に基づいて現在の精神状態は拘禁精神病であり、拒否と無言の主要症状は昏迷状態であり、意思疎通が著しく困難であり、従って、訴訟能力の欠如した状態であると意見を公表したが、西山鑑定人の鑑定が私の意見にまったく反することはまことに遺憾と言わなければならない。

　西山鑑定人は、被告人の現在の精神状態を偽痴呆性無言と診断する自説を補強するためか、昏迷説を否定する意見を述べているが(『鑑定人の診断』の項、74頁)、要するに、『昏迷とは、意識が清明であるのに表出や行動など意思発動が全く行われなくなった状態であるのに、被告人の場合、言動(身振りも含めて)や排泄のコントロールについては意思発動が殆ど全くなく、排泄に至っては全介助を受けている。食事や自慰行為に関しては意思発動が自在であり、介助を全く要しない。入浴や運動は一部介助で足りている。意思発動性のこのような偏りは不自然である。被告人の今日の状態を昏迷とすることはできない』と言い、意思発動が表出や行動のすべてに及ばなければ昏迷ではないと決めつけているのだが、これは昏迷の臨床に関する見解とは相容れない鑑定人の独断である。昏迷は意識障害なしに意思表出が欠如するか、きわめて乏しい状態を意味し、総合失調症の緊張病型に見られる昏迷は別として、うつ病性昏迷や拘禁性昏迷では周囲との交流が完全に途絶するとは限らない。つまり、『意思発動性の偏り』は昏迷を否定する理由とはなりえない。

　この鑑定人は『診断』の項の末尾(鑑定書74頁)で『黙秘で戦うというのが、被告人の平成8年11月以来の決心なのである』と述べているが、これが鑑定人の診断であるとすれば、被告人の無言は『偽痴呆性無言』とする鑑定主文の見解とは相容れない。どっちが本音なのか鑑定人尋問で明らかにされなければならない。

　さらに私が驚いたと言うよりは呆れたのは、鑑別診断だといって自分の意見ではなく、これまでに公表された精神科医の意見書(大部分が弁護団依頼)、すなわち、中島節夫意見書、N意見書、佐藤忠彦・古茶大樹意見書、野田正彰意見書、中谷陽二意見書の批判を行っていることである。鑑別診断はあくまでも自分の考えで行うべきで、他人の褌で相撲をとるこんなやり方は精神鑑定の邪道であるばかりか、意見書を公表した諸君に対して僭越であり、非礼を犯すものとして糾弾されなければならない。

⑵ 鑑定主文第2項について

次いで、第2項では、鑑定人は、被告人はものを言わないが、ものを言う能力が失われたことを示唆する証拠はない、実際にコミュニケーションをする能力があることは、さまざまな方法で証明されているとして、訴訟能力ありとする検察、裁判長の主張を支持、裏書しているが、拘禁反応の『無言症mutism』が緊張系統合失調症の患者に見られるものと同様、失語症のようにものを言う能力が失われたためでないことは当たり前ではないか。ものを言う能力があるのにものを言わないのが無言症の特徴である。ものを言わなければコミュニケーションがとれないことは西山鑑定人が『鑑定人の診断』の項(鑑定書69頁)で『3回の面接で、「痛い」、「ちっと」及び「しなくて」の3語が明瞭に聞きとれた。面接中、独語はなかった。何を話しかけても意味ある返事がないので、鑑定人との間で意味ある会話は殆どできなかった。意味ある身振りもなかった。被告人はものを言わないのである』と意味ある会話、意味ある身振りがなかったこと、すなわちコミュニケーションがとれないことを記載しながら、鑑定主文では一転して『実際にコミュニケーションをする能力があることは、さまざまな方法で証明されている』となっており、コミュニケーションが可能か否かの問題が『コミュニケーションをする能力』の問題にすり替えられている。鑑定人に求められるのは、抽象的な『コミュニケーションをする能力』ではなく、『コミュニケーションが可能かどうか』を具体的事実(診察、日常生活の観察、参考人の陳述)などに基づいて判断することである。鑑定人は『被告人は現在訴訟を進めることを望んではいないが、訴訟をする能力を失ってはいない』と結論し、その理由は『コミュニケーションをする能力』の存在に帰しているのだが、はたしてそれは法にいうところの訴訟能力の要件なのであるか、このことから検討を加えなければならない。

西山鑑定人は、訴訟能力に関して司法の定義である『被告人としての重要な利害を弁別し、それに従って相当な防御をすることができる能力』(最三小決定平成7年2月28日)が被告人に保持されていると強調し、その証拠として次のように述べている。『被告人の訴訟能力については、その訴訟行為をするに当り、その行為の意義を理解する能力は保たれているであろう。少なくとも普通知があり、1審において訴訟過程については実際に学習もしているから、訴訟状況を理解する能力に不足はないであろう。精神医学において、高齢者でもなく、脳疾患もない者が、10年の拘禁によって痴呆に陥るという法則は知られていないから、上記の理解力は今日でも保たれていると考えられる。問題は「そ

の弁別に従って相当の防御をすることのできる能力」、とりわけ弁護人とコミュニケーションをとる能力であるが、この能力が失われたという証拠がないことはこれまで縷々述べてきたとおりである。ものを言う能力のある被告人がものを言えば、当然に自己の見解を明らかにし、自己の立場を説明し、弁護人の協力を得なければならなくなるであろう。極めて危険な裁判(死刑を確定させる可能性がある)から逃避したいという動機、あるいは過去の苦い経験から弁護人に不満・不信・不安があるためにこれに協力したくない、又はコミュニケーションを取りたくないという動機は、大多数の人に了解可能である。このような状態(拘禁神経症)にある者が、単に今ものを言わないからといって、これに訴訟無能力を認めるとすれば、訴訟無能力(心神喪失)概念を承服できないほどに肥大化させることとなるであろう』。

　これを読んだ『大多数の人に了解可能である』どころではない。まず、被告人の訴訟状況を理解する能力に不足はない理由として、一審において訴訟過程については実際に学習もしているし、高齢者でもなく、脳疾患もない者が、10年の拘禁によって痴呆に陥るという法則は知られていないから、上記の理解力は今日でも保たれていると考えられるとしているが、とんでもない話で、一審の公判記録(鑑定人も「公判記録から」29頁〜41頁で記載している)が物語るように被告人はすでに裁判を無視した拘禁精神病の状態に陥っており、『訴訟過程の学習』などあり得ることではない。さらに、防御をすることができる能力の現れともいうべき弁護人とコミュニケーションをとる能力について、鑑定人は、この能力が失われたという証拠がないことはこれまで縷々述べてきたとおりであると言っているが、弁護団は大変な努力にもかかわらず、コミュニケーションがまったく取れないで困惑しているのである。弁護団の意向を無視した鑑定人の勝手な推測であり、失礼というほかない。

　鑑定人はしきりに被告人のコミュニケーション能力に欠損はないと主張するが、鑑定人との面接がたったの3回で終わりを告げたのは毎回まったくコミュニケーションがとれず、面接の意味がないからではなかったのか。最後の面接記述の終わりに『話す気になったら、12月末までに担当さんなり誰か職員にその旨伝えてください、と言っておいたが、その後なんの連絡もなかった』と書かれているが、鑑定人が面接をたった3回で打ち切ったのは被告人のせいであるかのような言い分である。ふざけた話である。

　西山鑑定人は、訴訟能力判定の要件として司法の定義にしたがってコミュニケーションの能力を重視するが、コミュニケーションの能力があるとしても、

この能力が抑圧され、発動しなければ、その結果はコミュニケーションが困難、不可能となるのは自明のことである。拘禁精神病の昏迷性無言症はまさにこの場合に該当する。現実にコミュニケーションが取れなければ、訴訟能力が失われているのとまったく異なるところがない。それをコミュニケーション能力があるからといって訴訟能力を付与する主張には精神科医である私はどうしても同意することができない。『このようなことは、訴訟無能力（心神喪失）概念を承服できないほどに肥大化させることとなるであろう』と西山鑑定人は心配するが、これは司法の問題で、鑑定人がとやかくいうことではない。余計なおせっかいというものである。精神科医である私たちは精神医学の立場から発言すべきである。

西山鑑定人の鑑定は、その結論の誤りに止まらず、それを導いた鑑定の手順についても司法精神医学の知見に反する不備なものである。第一に鑑定事項の被告人の現在の精神状態の鑑定がわずか３回の面接に基づいて行われているが、面接時以外の監房での被告人の日常生活が東京拘置所の記録、診療録（鑑定書41頁〜50頁）を引用しているだけで、鑑定人自身の直接の観察が行われていないのは致命的欠陥というべきである。拘置所では被告人の身の回りの世話をする衛生夫がいるのだから、鑑定人は彼の証言を求めるのは当然のことではないか。さらに、問題なのは西山鑑定人が、接見を許されている被告人の子女と面会することなく、彼らの父親との面接の様子を確かめていないことである。

西山鑑定書の目次から、この鑑定書全体を通覧して分かることは、鑑定書88頁のうち34頁（29頁〜63頁）が鑑定事項である現在の精神状態とは直接関連の無い公判記録等に費やされ、肝心の鑑定事項に関連する精神的現在症はわずか４頁（65頁〜69頁）、説明と考察２頁（69頁〜70頁）を加えても６頁に過ぎず、まともな精神鑑定書とは程遠い作文にすぎない。

以上に論じたように、西山鑑定書なるものは、その診断に明白な誤りがあり、したがってその鑑定主文は採用すべきではないというのが私の意見である」。
（引用ここまで）

Ⅳ　本件における訴訟能力と精神鑑定

以下に、他の医師の意見も参照しながら、本件における精神鑑定の手続的公正さと内容的妥当性、ならびに訴訟能力の存否について法学的検討を加えよう。

第13章　訴訟能力と精神鑑定　235

1　鑑定採用手続の問題

　本件においてなによりも奇異な点は、裁判所が「訴訟能力を有するとの判断は揺るがない」と明言しながら、他方で「慎重を期して」精神医学者の意見を徴するというところにある。しかも、「鑑定」といいながら、刑事訴訟法所定の鑑定人尋問は行わず、鑑定人の人選や鑑定事項の特定についても裁判所が密行的に行っている。これでは裁判所があらかじめ表明した見解に賛同する精神科医の意見によって裁判判断の表面的な相当性を取り繕おうとしたといわれてもしかたあるまい。

2　西山医師の鑑定人適性の問題

　西山はそれなりの鑑定経験を有する精神科医であり、総合失調症患者の責任能力をめぐる最決昭59・7・3刑集38巻8号2783頁の批判的研究は有益である[2]。
　しかるに、本件の鑑定書を見る限り、西山は拘禁精神病についての十分な経験と知見を有していなかったと評さざるをえない。西山鑑定書の用いる医学的概念に不正確な点があることは秋元の指摘のとおりであるが、他の医師の批判も有益である。とくに小木(作家名・加賀乙彦。法務医務官の経歴を有し、『死刑囚と無期囚の心理』〔金剛出版、1974年〕の著者)は西山鑑定が麻原被告人の基礎性格である空想虚言症を見落し、それが拘禁反応に及ぼす影響に無知であることを指摘しているし、中谷は西山鑑定における診断と説明の不一致、無言の性質の理解の恣意性の指摘に加え、中谷自身の貴重な鑑定例を紹介している。そのケースは殺人事件の被告人で、拘禁反応と診断され、勾留執行停止のうえで拘置所から病院に移送された。独語、奇声、興奮、徘徊、弄便、的外れ応答などの幼児的な異常行動が容易に改善しなかったが、薬物療法と看護を工夫することで劇的な改善をみて拘置所への還送が可能となった。ちなみにこの症例は、興奮状態では芝居がかったわざとらしさが顕著であったが、回復後はおとなしい青年に戻った。つまり詐病を思わせる"わざとらしさ"は、それ自体が拘禁反応の症状であることが証明された。横断面の印象に基づく詐病の推定が危険であることの実例である。西山はかような症例に学ぶ必要があるであろう。

236　第5部　オウム真理教事件に見る精神鑑定

3　西山鑑定の鑑定手法の問題

　鑑定書によれば西山は2005(平成17)年9月5日に鑑定を受諾し、同年9月26日、10月5日、12月12日の3回にわたり東京拘置所において問診、行動観察、理学的検査を行った。問診状況からみて心理検査は不可能と思われたので実施しなかったという。

　而して、この鑑定は面接回数が少ないことも問題であるが、拘置所における面接のみでは本来的に無理がある。無言症を問題とする以上、医療施設に収容してスタッフによる24時間の動静観察が不可欠なのである(西山の日常的診療の場はクリニックなので、他の施設を借りる必要があるであろうが、それが困難であれば、最初から鑑定を受諾すべきではなかったのである)。

4　鑑定資料と裁判資料の問題

　鑑定面接がわずか3回で、問診状況の記載もほとんどない反面、西山鑑定書は裁判記録と拘置所の報告書を大量に引用している。そして、拘置所の報告には裁判所と西山に予断を与えたと思われる記述がある。

　すなわち、東京拘置所長の裁判所に対する2004(平成16)年11月29日付「被告人の生活状況等について(回答)」と題する書面であり、その文中の一審判決当日の帰所後に「なぜなんだ。ちくしょう」と大声を出したとされる部分である。

　この報告は裁判所に強烈な予断を与えたと思われ、控訴棄却決定においても決定的な根拠として扱われている。

　而して、裁判所のこの証拠評価は公正でない。上記書面を正確に引用すれば、このことは直ちに理解される。書面は「判決当日の帰所後、30分ほど食事に手をつけず、午後6時3分ころ、音が割れてよく聞き取れなかったが、区事務室に設置してある本人の居房モニタースピーカーから『なぜなんだ。ちくしょう』と大声が聞こえたので、職員が居房に赴くものの、その後、大声は確認できなかった。夜間に布団の中で『うん。うん』と声を発したり、笑い声を上げる動静があった」というものである。しかるに、裁判官も西山も「よく聞きとれなかった」という点はすっかり忘れてしまったかのようで、自らモニタースピーカーの音を聴取することはおろか、当該拘置所職員に対する調査すらした形跡がない。

第13章　訴訟能力と精神鑑定　237

そればかりでなく、このことは司法精神医学上も重大な問題である。一般に被告人の自白調書が鑑定資料とされるが、鑑定人はそれを無批判に鑑定判断の根拠としてはならない。精神医学的見地からかような自白がなされたことが自然であるか否か、また、その供述がなされたとすれば、その精神医学的・心理学的理由如何を批判的に検討することこそ鑑定人の使命であり、自白は鑑定資料である前に鑑定の対象である。幻覚や妄想の命ずるままに供述したり、うつ病性の悲哀感や思考停止ゆえに容易に誘導され虚偽自白することは、決して珍しいことではないのである。本件も同様の問題を蔵することは説明不要であろう。

5 日常的動作と訴訟能力の落差の問題

裁判官は拘置所で面会した後、弁護人に対し、質問に対して被告人が「うん。うん」と声を発したから、「こちらの言っていることは理解している」と述べたという。これは驚くべきことで、もし真にこのように考えているとすれば、この裁判官の人間理解はあまりにも皮相であると評するほかはない。「うん。うん」という反応は問いかけの声(音)という物理的刺激に対するそれと考えるほうが自然であり、もし(裁判官が疑っているように)被告人の無言が意図的な詐病であるとすれば、裁判官の発問に対するときこそ無言を貫くはずだからである。

また、拘置所職員の指示によって摂食等の日常的振る舞いをなしうるとしても、それが訴訟能力を裏付けるものではない。それはおむつへの弄便にもみられる幼児的退行の表われであり、取調べや公判における防御能力との落差は大きいのである。

6 意識の変動と一時的訴訟無能力の問題

本邦においてはこの問題の存在自体がほとんど認識されていないが、訴訟能力が人間の意識作用である防御能力を中核とする以上、心身の状態による変動を免れない。したがって、我々は被告人の刻々と変化する当該時点の能力に着目する必要があるのであって、本件の裁判官が1度面会した際の印象(しかも極めて素人的な印象)に頼って現在の訴訟能力を考えているとすれば安易すぎるといわねばならない。

参考事例を示そう。筆者の担当した国選無罪事件で、被告人は起訴前の取調中に時々「ぼー」として捜査官の質問がよく理解できなくなり、よくわからないうちに自白調書をとられたという。筆者はかねて被告人のみならず被疑者の訴訟能力の観念が重要であると考えているところ、本件は取調中の一時的訴訟無能力であり、訴訟無能力者が黙秘権を放棄するということは背理であるから、このような自白に任意性は存しないと主張したが、裁判所はこれを容れず、信用性のみを否定した。無罪判決後に精密検査を受けたところ、軽度の意識障害を伴うてんかん性の疾病が発見された。問題の所在が理解されるであろう。

　なお、これと類似の問題として、拘禁反応による妄想に支配された被告人の控訴取下げを無効とした最二小決平7・6・28について、田宮[3]は一般的訴訟能力に対する「訴訟行為能力」の、白取[4]は「個別的訴訟能力」の各概念を提唱しているところ、もとより、これらの意見は誤りではないが、訴訟能力論は本来的に(責任能力よりも)個別具体的な訴訟行為について考えるときにこそ、その理論的意義を発揮するものであろう(この問題は責任能力に関するツィーエン[5]や団藤[6]の部分的責任能力論とアシャッフェンブルク[7]の一時的責任無能力論の論争を想起させるが、稿を改めて検討したい)。

V　おわりに──弁護の問題にふれて

　以上のとおり、本件の控訴棄却決定や異議棄却決定は明らかに訴訟能力の判断を誤っている。麻原は公判停止のうえ専門医の治療に委ねられるべきである。しかも、拘禁反応は半年程度の入院によって一定の治療効果を期待できるのであって、訴訟を遅延させるものではないのである。そして、公判再開後には事件当時の責任能力を評価するための精神鑑定がなされるべきであり、それは筆者らが指摘したように[8]、集団精神病理の解明によって麻原の弟子らを含むオウム事件全体の病理性を解明するものと期待されるのである。なお、その際には中島節夫医師の指摘する脳器質障害の存否について詳細な調査がなされるべきであろう。麻原の視力障害は脳に由来する可能性を否定できないからである。

　最後に、弁護の問題にふれたい。控訴審弁護人は被告人とコミュニケーションがとれない以上は控訴趣意書を書けないと主張したが、そうであろうか。もとより、控訴審弁護人には異論のあるところではあろうが、国選や親族からの弁護人選任が可能である以上、訴訟無能力であることを主たる内容とする控訴

第13章　訴訟能力と精神鑑定　239

趣意書の提出も可能なのではなかろうか（なお、控訴趣意書提出問題の経緯の詳細については、弁護人編集の資料集を参照されたい）。本件における控訴趣意書の不提出が控訴棄却の口実を与えたことが悔やまれる。最高裁が本件の訴訟能力の問題に正面から向き合うことを期待する次第である。

【注】

1 秋元波留夫＝北潟谷仁「死刑と精神鑑定――オウム事件を素材として」季刊刑事弁護42号（2005年、本書第12章所収）。

2 西山詮『精神分裂病者の責任能力――精神科医と法曹との対話』（新興医学出版社、1996年）。

3 田宮裕『刑事訴訟法〔新版〕』（有斐閣、1996年）。

4 白取祐司『刑事訴訟法〔第3版〕』（日本評論社、2005年）。

5 Ziehen, Th. : Neuere Arbeiten über pathologische Unzurechnungsfähikeit. Mschr. Psychiat. Neur., 5-52, 1899.

6 団藤重光『刑法綱要総論〔第3版〕』（創文社、1990年）。

7 G．アシャッフェンブルク（荻野了訳）「司法精神病学より見たる独逸刑法」精神神経学雑誌41巻9号～42巻11号（1937年～1938年、原著1934年）。

8 秋元＝北潟谷・前掲注1論文。

【北潟谷追記】

　筆者はオウム裁判には全く関与したことがないが、麻原が重大な罪悪を犯したことはおそらく事実なのであろう。しかし、そのことと訴訟能力が存したか、また、その認定手続が適正であったかということは別の問題である。本稿にも述べたとおり麻原控訴審の訴訟能力鑑定は種々の問題があったが、それ以上に問題なのは、訴訟能力の延長上に位置する受刑(死刑適応)能力に関する法務大臣の判断がどのようになされたか全く公開されていないところにある。受刑能力鑑定がなされたのか、なされたとすれば、鑑定人が誰で、どのような判断であったのか何ら明らかにされていない。

　死刑囚が受刑能力を有しないときは(刑訴法479条の心神喪失)、法務大臣は刑執行をなしえないのであるから、受刑能力についても責任能力と同様の鑑定と弁護が求められるはずである。米国ではヘイビアス・コーパス(人身保護令状)の審理のため裁判所における弾劾構造が堅持されているが、本邦においては上記のとおりで法的正義が全く顧慮されていない。麻原については、日弁連人権擁護委員会に対する一市民からの人権救済申立によって、日弁連も2018年6

月18日付で法務大臣に対し刑の執行停止を勧告しているが、法務大臣は受刑能力鑑定結果があるのであればそれを明らかにし、仮に鑑定をしていないのであれば直ちにそれを行ったうえ、日弁連とも意見を交わすべきであった。

　新聞報道によれば、刑執行の直前に執行後の死体の引き取りに関して麻原が述べた言葉なるものを法務当局が明かした由であるが、その真偽を判断する何の資料もないのみならず、刑執行の法律要件(受刑能力の存在)認定の資料と判断過程を秘匿したままで、最後の言葉なるものを明かすなど、法務当局の態度はまことに遺憾という外はない。

事件索引

＊は筆者担当事例。

【あ行】

愛妻焼殺事件 ………………… 97

アイヌ民族女性のイム ……………………… 9、91

足跡裁判 …………… 33、34、40、49、101、102、124、130、190

池田小学校児童殺傷事件 ……………………… 67

池袋通り魔事件 ……………………… 83

意識の深層に殺意ありとして殺人罪の成立を認めた事例 ………………… 194

うつ病による子殺し事例 ……………………… 39

オウム真理教事件 ………… 43、85、104、112、132、207、212、218〜241

大本教弾圧事件 ……………… 159、220、225

奥深山事件 ……………… 204

【か行】

鹿児島ホステス殺人事件 ……………………… 164、176

金閣放火事件 ……………… 83、89

けん銃強取目的の警察官2名殺害事件 ……………… 83

高知県5名殺人事件 ……………… 69

神戸市5名殺傷事件 ……………… 63

国鉄三河島事故 ……………… 6、120

【さ行】

静岡大生による強盗殺人事件 ……………… 76

島田事件 ……………… 48、58、62、85、112、122、159

少女の監禁致傷例＊ ……………… 181

食人者ブラートゥシャ ……………… 181

窃盗無罪（知的障害者の虚偽自白）＊ ……………… 125、164、176

【た行】

高田事件 ……………… 204

帝銀事件 ……………… 46、80、112、154〜161、221

てんかん性意識障害による取調べ中の一時的訴訟無能力* ················· 239

【な行】

永山事件 ················· 77、87

ニュルンベルク国際軍事裁判 ················· 50、51、86、123、208

【は行】

袴田事件 ················· 131

ハルスマンケース ················· 88

八丈島事件 ················· 34、40、49、102、124

ピアノ殺人事件 ················· 84、89、121、205、206

弘前事件（弘前大学教授夫人殺し事件）
················· 11、16、41、45、58、63、81、102、112、141〜153、158

ヒンクリー事件 ················· 8、109、207

二俣事件 ················· 50、191

母子心中未遂（子殺し）················· 37、127、169、177、182

【ま行】

前橋の連続強盗殺人事件 ················· 77〜78

マクノートン事件 ················· 3、8、109

魔女裁判 ················· 8

松川事件 ················· 164、171、176、178

みどり荘事件 ················· 48、58、62、85、112、123

宮崎家族３名殺害事件 ················· 79〜82

酩酊冤罪事件 ················· 49

【や行】

山下事件 ················· 164、176

夢に起因する妻殺し事例 ················· 49

幼女連続誘拐殺人事件 ················· 23、25、60、80、95

【ら行】

ルフェーブル事件 ················· 81

事件索引　243

ロック事件 ……………… 42、86、197

【わ行】

Ｙ・Ｓ（もうろう状態下の妻殺し）* …………………………… 38、39、120、129、182〜187

著者略歴

北潟谷 仁（きたがたや・ひとし）

1947年　北海道に生まれる
1971年　立命館大学法学部卒業
1972年　司法修習生
1974年　弁護士登録（札幌弁護士会）
現在に至る

秋元 波留夫（あきもと・はるお）　第 12・13 章共著者

1906年　長野県に生まれる
1929年　東京帝国大学医学部卒業
1941年　金沢医科大学（現金沢大学医学部）教授
1958年　東京大学医学部教授
1966年　国立武蔵療養所（現国立精神・神経医療研究センター）所長
1979年　東京都立松沢病院院長
2007年　死去

刑事司法と精神鑑定

2018年10月25日　第1版第1刷発行

著　者　北潟谷 仁
発行人　成澤 壽信
編集人　北井 大輔
発行所　株式会社 現代人文社
　　　　〒160-0004　東京都新宿区四谷2-10八ッ橋ビル7階
　　　　振替　00130-3-52366
　　　　電話　03-5379-0307（代表）
　　　　FAX　03-5379-5388
　　　　E-Mail　henshu@genjin.jp（代表）／ hanbai@genjin.jp（販売）
　　　　Web　http://www.genjin.jp
発売所　株式会社 大学図書
印刷所　株式会社 平河工業社
装 画・装 幀　Malpu Design（高橋 奈々）
部扉デザイン　Malpu Design（陳 湘婷）

検印省略　PRINTED IN JAPAN　ISBN 978-4-87798-708-4　C3032
©2018　KITAGATAYA Hitoshi

本書の一部あるいは全部を無断で複写・転載・転訳載などをすること、または
磁気媒体等に入力することは、法律で認められた場合を除き、著作者および
出版者の権利の侵害となりますので、これらの行為をする場合には、あらか
じめ小社また編集者宛に承諾を求めてください。